湖北省学术著作出版专项资金
Hubei Special Funds for Academic Publications

唯识学丛书

王恩洋唯识论著集

王恩洋 著

长江出版传媒 | 崇文书局

图书在版编目（CIP）数据

王恩洋唯识论著集 / 王恩洋著 .
—武汉：崇文书局，2019.9
（唯识学丛书）
ISBN 978-7-5403-5616-3

Ⅰ. ① 王…
Ⅱ. ① 王…
Ⅲ. ① 唯识论－文集
Ⅳ. ① B946.3-53

中国版本图书馆 CIP 数据核字（2019）第 165679 号

2015 年湖北省学术著作出版专项资金资助项目

我思

敢于运用你的理智

王恩洋唯识论著集

出　　品　崇文书局人文学术出版中心 · 唯识学小组
策 划 人　梅文辉（mwh902@163.com）
责任编辑　梅文辉
装帧设计　甘淑媛
出版发行　长江出版传媒 | 崇文书局
地　　址　武汉市雄楚大街 268 号 C 座 11 层
电　　话　(027)87680797　邮政编码　430070
印　　刷　武汉精一佳印刷有限公司
开　　本　880mm×1230mm　1/32
印　　张　8.625
字　　数　196 千
版　　次　2019 年 9 月第 1 版
印　　次　2019 年 9 月第 1 次印刷
定　　价　88.00 元

（读者服务电话：027—87679738）

我
思

敢于运用你的理智

唯识学乃佛学中最精细、最系统的学说。“唯”乃“不离”之意，万法唯识即万法不离意识，其对意识结构及由意识所构造的世界之剖析，可以说是对宇宙和人生给出了最彻底且理性的解释。

唯识学在近现代中国的思想潮流中发挥了重要的作用。近现代的大学者大多重视唯识学，并借助其理论来构建自己的思想体系。如章太炎的得意之作《〈齐物论〉释》，以唯识学的义理来解《齐物论》；熊十力的代表作《新唯识论》，以批判唯识学来建立自己的新儒学。

唯识学与西方的科学、心理学和哲学等最易沟通。面对近代以来的西学大量传入，思想界高举唯识学的旗帜，正是因为唯识学思辨、理性、逻辑、系统的特征可与西学有效对话。而20世纪西方哲学中最有生命力的“现象学”，与唯识学更是达到了理论共鸣。

鉴于唯识学本身的理论透彻性、其在历史上的重大影响及在当代社会中的理论生命力，我们特策划此“唯识学丛书”，相关图书将陆续分批出版。

目　录

唯识通论

第一章　佛法总论

将通论唯识，先总论佛法，支由本起故，学从教生故。

何故名佛法？何因说佛法？何者为佛法？

诸法实相因果体用究竟证觉，一切智智，如是觉者是称曰佛。佛既觉证如是实相，还以世俗言说诠表其义，开示众生，是之曰法。此法佛之所说，依主得名，故名佛法。

何因说佛法者？悲众生故佛说于法。众生云何足悲？苦故足悲。众生有何苦？曰：生苦，老苦，病苦，死苦，怨憎会苦，爱别离苦，求不得苦，一切无常五取蕴苦；广而言之有百一十苦（见《瑜伽》），约而言之曰苦苦、坏苦、行苦。佛视众生无处无时而非苦者，是故兴悲。兴悲何故说法？曰：为拔彼苦故说于法。盖众生一切苦由贪瞋恶行之所招也，贪瞋等行缘愚痴而起也；由愚痴故迷谬法性，由迷谬故兴起执著，由执著故而起贪瞋，贪瞋故恶行，恶行故招苦；将拔其苦，当拔其因，愚痴者一切苦之因也；对治愚痴必由智慧，引生智慧必由于教；佛为对治众生根本愚痴而拔彼一切苦故，以是因缘而说佛法。

何者为佛法者？曰：佛法无边，区以别之曰教、理、行、果。所云教者：我佛世尊，动止语默，放光变化，无非教也，然今所说指佛音声名句种种施设，释迦如来以声为教体故。如是圣教谓即十二分教：一契经，二应颂，三记别，四讽颂，五自说，六缘起，七譬喻，八本事，九本生，十方广，十一希法，十二论议。如是十二分教二藏所收：曰声闻藏，曰菩萨藏。于二藏中又各分三：曰素怛缆，曰毗奈耶，曰阿毗达磨；初谓契经，次云调伏，次云对法。由义事体制别故教分十二，由乘别故藏分为二，由戒定慧三学别故藏分为三。如来一代教法此中求也。

所谓理者：即教所诠，二谛四谛，缘性缘生，三性三无性，无量无边皆理也。然略说少分，大小乘共，不共外道，有四嗢陀南：曰一切行无常，曰一切法无我，曰涅槃寂静，曰有漏皆苦。

何谓一切行无常？诸有生者必归灭故相续，转变不常住故。知无常者有二利益：一了缘生实相，二得贪瞋痴对治。所谓了缘生实相者：世间万象建立于因果，由因招果，由果酬因，因果感赴万象森起而秩序不乱，是故善有其果，恶有其报，转变生起功不唐捐，相似相续妙用无尽。此之因果，依无常立。诸有怖畏无常者，以为诸法凝然无坏无灭，而不知使世间万法皆凝然者，则一切事象皆无变转，无变转故即无有用，恶者常恶不可改故，劣者恒劣不可进故，用义既无因果即失，因果既失则善可无功恶亦无报，含识精进努力奚为？抑使诸法恒不灭者，灭既不成生亦不立，待生有灭，待灭有生故。譬之稼穑，由种而芽，由芽而根茎花叶，转变相续终复成种。使原始种子恒无灭者，则芽不生，芽如常芽则根茎花叶亦复不生，世间万象恒尔顽然。是故诸法相生，即迭相灭，若无有灭，即无有生，妙用既无，乾坤顿息，以是因缘背无常义即背缘生，知无常者即达缘生实相也。所谓得贪瞋对治者：一切恶业由贪瞋起，一切贪瞋由执著诸法恒常可信保起，苟知诸行无常义者，了达盛衰电转暂有即无，有生必灭无可信保，我我所执便尔轻微，然则何事足贪复足瞋者？恶行既息，善法斯生，善法既生，恶行斯息，喜、舍、慈、悲成出世种，是为对治贪瞋义。

何谓一切法无我？曰：一切法者谓有为无为，有为法者即前诸行，诸行流转不恒不常，因果感赴有功用故，是名有为。此无为者，即彼诸有为法实相实性，周遍恒常无转变故，无有起灭无作用故，故名无为。何者为我？曰主宰义是我义，实体义是我义，如世间言我作我受我欲我行，皆谓有其实体能主宰事物故名我也。然此我者实为妄执，诸法中求皆不可得。所以者何？诸有为法待因缘生，生已即灭，无有主宰，不常住故。诸无为法即有为法实相实性，无有作用无别实体故。既都无我，亦都非我，故曰一切法无我。知法无我者有二利益：一者通达诸法实相，二者遍能对治一切遍计所执，遍能息除一切贪瞋痴慢；义趣无边此不具述。

所谓涅槃寂静者：梵云涅槃，此谓圆寂，圆谓圆满不可增减，寂谓寂静不可变坏，是即诸法真实体相圆成实性也。亦即前云无为法也，即此又名自性涅槃。自性涅槃者，自性即涅槃也。盖诸法法性安住恒然，本无有生后亦无灭，无增无减，无欠无余，故谓圆寂。即以是故，涅槃寂静。盖诸法法性虽自清净，然诸众生愚痴所覆恒起种种遍计所执，烦恼颠倒无静息时。然此众生虽于法性恒起颠倒，然彼法性非即随彼而有颠倒而有损益，性常恒住不可破坏，故曰涅槃寂静也。即依此自性涅槃寂静义故，有余无余无住择灭得涅槃名，功德圆满故曰圆也。烦恼断净故曰寂也。即此涅槃断障证果，无颠倒，无增减，如如相应，寂然安住，以是因缘得名涅槃寂静也。证自性涅槃故得证法身，得择灭涅槃故得解脱身。

何谓有漏皆苦？曰诸有为法又别二种：一者有漏，二者无漏。漏者流转义，烦恼杂染是为漏因，业果异熟是为漏果，因则取相执著缠缚结使自恼恼他，果则生老病死愁叹忧悲无安无乐无不皆苦；善等心心所法虽非烦恼，然有无明俱故，取相执我，仍非寂静，是三界因；静虑无色受果有尽，还归堕落；善恶无记若因若果无不皆苦，故曰有漏皆苦也。知有漏皆苦者，于世间法无贪无恋，勤求出离。

即此四嗢陀南，印诸法理，周尽无遗，顺之者为佛法，背之者为外道。表之如次：

一切法	有为	有漏……皆苦……	诸行无常……	无我
		无漏…………………		
	无为…………涅槃寂静…………			

所谓行者：佛法言行依教理出，有其宗旨，有其方法。言宗旨者：趣涅槃故。涅槃寂静是安乐解脱身故，有漏皆苦不可希恋故，流转还灭为内法外道圣人凡夫之分途，故佛法言行以证涅槃为唯一宗旨也。然在佛法虽同向涅槃，然有以自度自了为究竟者，有以一切众生同得解脱为究竟者，前者智悲薄弱是称小乘，后者悲智广大是为大乘。又小乘人怖畏生死耽著涅槃故，烦恼既尽身智亦灭。大乘人双证二空我法俱遣故，生死亦不怖，涅槃亦不耽，生死也而无染污，涅槃也而起妙用，即于生死而证涅槃，善根无尽，悲愿无边，此菩萨所以称摩诃萨也。所云方法者：将证涅槃须用功力，必有能证方证所证故，此能证者是为无漏智慧。是故佛法修行非断有为以求无为，但兴起引发无漏有为以对治有漏

有为耳。无漏既起，有漏即灭；有漏既灭，执障即破；执障既破，真性即显；无为涅槃，由斯遂证。佛法修行，方法如是。又清净智慧从定乃生，寂静禅定从戒所获，是故戒定慧三功夫渐次。又修所成慧依于闻思，故闻思修又为修行必经之次第也。至于大小乘人志愿既异，故其行也广狭亦殊；小乘人但观四谛缘起修三十七菩提分法等而获圣果，大乘人则须六度万行始成菩提也。

所云果者：菩提涅槃为二转依。然又随大小乘修行不同而证果有异。声闻菩提不证法空，镜智等智亦不能起，功用狭劣斯为小也，于四涅槃亦缺无住。唯大菩萨证佛果时，四智四涅槃一切圆证，是之谓大菩提大涅槃大转依也。

佛法者，闻如是教，达如是理，修如是行，证如是果，毕竟离染，毕竟证净，拔一切苦，得究竟乐。我佛以大悲而兴如是教，菩萨以大愿而宏如是法而学如是法，所谓佛法如是如是。

第二章　略述诸宗

总论佛法已，次略述诸宗。支互相生，增上引发故；展转破立，胜义乃彰故。

述宗有二：初述诸宗缘起，次述诸宗宗义。

我佛说教，殊胜真实；依而行之，断障证果；可尊，可崇，可依，可恃，故名宗也。然佛在世，以一切智应一切机，以一音声说一切法，是故机感虽殊，宗唯是一。自化缘既毕，金躯匿影，于是传法摄生者有赖于众圣，摧邪显正者责在乎菩萨。是故饮光、庆喜集结三藏，迦旃尼子制作《婆沙》。至乃龙树、提婆晖光般若，无著、世亲阐演《瑜伽》，遂使微言绝而复续，大义隐而复彰，小宗当锋而靡旗，外道闻声而变色，至功弥乎天地，大德润及群生，诸宗之兴其何能已。然佛法无边，而闻者量局；至理无相，而言诠难兼；是故信乎此者或惑于彼，明于俗者或昧于真，遂至小宗互谤，空有相讥，疑云纠纷，凝结不解，分隔圣言，感匮法业，盖自大天五事以还而法门以之多事也。虽然，至理因诤论而弥明，思辨以破难乃益精，自小乘而般若，自般若而瑜伽，终之以唯识。千余年间，展转破立，智海腾波，潮音竞响，溢溢洋洋，诚壮观也哉？是故欲窥佛法之广大，不可不知诸宗之缘起。《异部宗轮论》曰：

> 佛涅槃后，百有余年，摩揭陀国，俱苏摩城，王号无忧，统摄瞻部，是时佛法大众初破。谓因四众共议大天五事不同分为两部：一大众部，二上座部。后即于此第二百年，大众部中流出三部：一一说部，二说出世部，三鸡胤部。次后于此第二百年，大众部中复出一部，名多闻部。次后于此第二百年，大众部中更出一部，名说假部。第二百年满时有一出家外道，舍邪归正，亦名大天，于大众部中出家受具，多闻精进，居制多山与彼部僧重详五事，因兹乖诤分为三部：一制多山部，二西山住部，三北山住部。如是大众部四破，或五破，本末别说，合成九部。……其上座部经尔所时一味和合。三百年初有少乖诤，分为两部：一说一切有部，一名说因部；二即本上座部，转名雪山部。后即于此第三百年中，从说一切有部流出一部，名犊子部。次后于此第三百年，从犊子部流出四部：一法上部，二贤胄部，三正量部，四密林山部。次后于此第三百年从说一切有部复出一部，名化地部。次后于此第三百年从化地部流出一部，名法藏部，自称我袭采菽氏师。至三百年末从说一切有部复出一部，名饮光部，亦名善岁部。至第四百年初从说一切有部复出一部，名经量部，亦名说转部，自称我以庆喜为师。如是上座七破，或八破，本末别说成十一部。……

如是小乘诸部，大众有九，上座十一，合二十部，如次兴起，蕴处界三言多溺有。龙猛菩萨证极喜地，七百年时出生于世，采集大乘无相空教，宗《般若经》，造《中论》等，究畅真要，除彼有见。圣提婆等诸大论师，造《百论》等，弘阐大义。由是众生复恶取空，无著善萨位登初地，证法光定，得大神通，事大慈尊，远宗释迦《深密》等经，近依慈氏《瑜伽》大论，宏大乘三性唯识非空非有之教。其弟世亲绍隆其学，作《唯识论》等，广演厥旨。由是以还，大乘教中般若、瑜伽两宗对峙。然各行其道，未见乖诤。至于清辩、护法两论师出，而后互有微辞也。诸宗缘起，如是如是。然此皆限于印土本宗，若夫其流传于中土者，则台、贤、禅、净、三论、慈恩、成实、俱舍、地论、摄论及律宗等，宗派虽多，要皆承西土余绪，不能出此诸宗范围也。又在西方瑜伽宗后，真言继起。此宗亦传龙猛之教，开元之世传来东土，至今犹盛行于西藏、日本也。

述宗缘起已，次略述诸宗宗义。先明同义，次明别义。何谓同义？曰：诸宗大小虽殊，然既同宗佛教，宗义旨趣何能大乖。上章论佛法别以教理行果四事，此之四者皆诸宗所不能背者也，是故诸宗同义即上章所述四事也。一者教，俱宗佛教；二者理，俱明诸行无常、诸法无我、涅槃寂静、有漏皆苦之理；三者行，俱修戒定慧趣出世行；四者果，俱求菩提涅槃之果；是则诸宗同义也。至其别义，以次明之：

一者小乘二十部总以法有我无为宗。所谓法者，有为无为是为法；所谓我者，我及我所并称我。故曰有为无为有我及我我所无也。知无我者，能舍贪痴，能断结缚，烦恼既空，涅槃遂证，经于四向四果而得解脱，是为小宗宗旨也。然云何知法有我无耶？曰由教理故。教如无著《杂阿笈摩》颂言：我实无我性，颠倒故执有，无有情无我，惟有有因法。谓十二有支所摄蕴、处、界，审思此一切，无补特伽罗。理谓一切有者，现比二量可证可觉；如五尘等现量可得，如五根等比量可得，故是有也。所云我者，唯依五蕴聚集相续而假施设。聚集故假，如军林等；相续故假，如流泉等。既假施设，故非实有。若谓实有，必有别体离于蕴等。然离蕴我，实不可得。现量不可知故，比量不可知故。故但随情，依蕴所执。如是道理，诸部俱明；故诸小宗，总以法有我无为宗也。虽然，三世有无，诸部异执，三法假实，又各不同。乃至犊子部等计有实我，与蕴非即非离，是则有同外道。一说部谓世出世法，但有假名，则又邻似大乘。自余诸宗，别义繁夥，余既未能广学，兹亦不能尽论也。

二者般若宗义，总以般若智照实相无性为宗。云何般若？云何实相？般若者，谓能观智。实相者，谓所观性。何者能观智？何者所观性？曰：都无所观，是称能观智；都无有性，是为所观性。是故经言：曼殊室利慧眼何见，答言慧眼都无所见。又说梵志，如来菩提非能现观。契经又言，一切诸法皆同一相，所谓无相，即此无相是法实相。般若宗，即以此等圣教以为宗也。盖一切法，从众缘生，如幻如化，虚妄显现，都无实体，是即无性也。以无性故，相不成实，是则无相。无相故无生，无生故无灭。无生无灭，故本来寂静。本来寂静，故自性涅槃。是即真如法性，当体现成，本自具足，不生不灭、不增不减者也。然诸众生分别戏论，邪见所执故，计有我人法非法等。横兴执著，知见丛生。即此知见，取种种相。由种种相，障法实相。由诸知见，蔽般若见。因缘展转，迭增迭长，而菩提涅槃永难证得，生死轮转无出期也。诸佛菩萨为除众生种种见故，说于诸法胜义空教：内空，外空，内外空，空空，有为空，无为空，乃至无法有法空。了知空故，心无取着。无取着故，无有罣碍。无挂碍故，无有恐怖。远离颠倒梦想，般若智慧即现前也。智生障断诸法实相由斯证得，胜义无边，智者应学。问曰：诸法实相，所谓无相，有固是相，无亦是相，般若言空，云何不堕无见？曰：为除有执，故说于空，非欲执空，而说于空，故空有见不堕无见也。设执空者，亦空空也。复次：为破于有，故说于空。有见既除，空亦自遣。如病服药，病除药止；又如烧薪，薪尽火灭。加行位中，以空遣有；入真见道，空亦自空。有空俱泯，是即般若智照，行无所行，得无所得，都无所观，名真现观也。问曰：般若言空与断见外道有何差别？曰：断见外道于世谛中拨无因果，无罪无福。般若言空，以诸法待缘而生，无自性故，说彼为空；非谓无因无缘，故说为空；以是全异。问曰：既不拨因果，云何复破因果？曰：为彼执因缘有实自性故破于因缘，非为都无所有故破于因缘。复次般若有二谛：就真谛言一切皆空，无生无灭，无因无缘，无诸所有。就俗谛故生灭因缘，一切诸法，皆不遮遣。福德智慧，二种资粮随应摄故。特众生愚痴，多著有见，故中观等多就胜义而说于空。善宗义者，固应知其所破，亦应知其所不破，斯能服药治病，不致药复生病也。广详斯义，如《智度论》等。此非专篇，略不述也。

三者瑜伽宗义，云何瑜伽？曰瑜伽者相应义。教理行果不愚不谬，教则善知依趣应病施方，理则如有尽有不增不减，行则随顺正轨不缓不越，果则用极体圆功不唐捐，如如善巧，方便为究竟，斯之谓瑜伽也。无著受《大论》于慈氏，最胜子等释之曰：此论理无不穷，事无不尽，文无不释，义无不诠，疑无不遣，执无不破，行无不修，果无不证。又曰，……复有二缘故说此论，一为成就菩萨种姓补特迦罗唯依大教，遍于诸乘文义行果生巧便智，断一切障，修一切善，证佛菩提，穷未来际，自他利乐，无休废故；二为成就二乘种姓及无种姓补特迦罗，亦依大教，各于自乘文义行果生巧便智，断烦恼障，伏诸盖缠，修自分善，得自乘果，出离三界诸恶趣故。是知此宗教义普被三乘，群经大义无不备明，未可以何宗赅摄也。虽然，《深密》《楞伽》《阿毗达摩》《华严经》等此宗特崇，求其与小乘般若异者，亦约略可得言焉。则五法三自性，八识二无我，说诸法性非有非空，是为此宗要义也。

唯识之义且待后明。兹特就三性之理，略明其概。所谓三性者：一依他起性，二遍计所执性，三圆成实性。此三自性，总摄世出世间一切法，若有若无，若相若性，若真若妄，靡不尽之矣。所以者何？世间一切法，无有不待因缘而生起者，无有不待因缘而相续住持者，依他而生依他而住，故曰依他起性。即此依他起法，依他生故，都无主宰；依他住故，不得自在；无主宰故，不自在故，故无有我，以凡云我者必有主宰自在义故。又一切法依他而生，生已必灭是故无常，无常故无我，以凡云我者必是常故。既无有我，即无自性。即此无性，是为诸法实性。即依此无性实性，而立圆成实性。圆谓圆满，遍一切法，一切法俱无自性故；成谓成就，恒常不改，一切法常无自性故；实为真实，显非虚妄，一切法真实不虚无自性故；故名圆成实。既诸法圆成，都无有我，都无自性。然而一切众生常于无我无自性之依他起法中，遇事攀援，虚妄计度，谓为有我，谓为有法，不达虚妄，执以为实，则所谓我执法执是也。即以此故，建立遍计所执性，周遍计度，妄执为有，自性实无故。依他起性依一切有为法立，圆成实性依实性真如立，遍计所执性依世间众生愚痴妄情立，摄诸法尽，故曰总摄世出世间法也。又依依他起故，立如幻等义；依圆成实故，立实际等义；依遍计所执故，立空无等义；故曰即此三性总摄一切法若有若无若性若相若真若妄靡不尽之也。问曰：云何知世间一切法皆依他起耶？曰：现量知故，比量知故。如禾稼等，世间现见依种子、土壤、水分、人工等而生起，不自然起故。如宫室等，世间现见由梁柱等相倚相拄始住，不自然住故。物如是心亦然耶？曰：心亦然，眼识之起，要由空明根境等九缘，乃至八识之起要待四缘而得生故（此义，中编明）。世间诸法，如是类知。设有不为世间现量而得知者，如大地等，则可由圣教正理而比量之。此复云何？如契经云“三界唯心，万法唯识”等。既一切法唯心所变，相不离见，色不离心而独起，心既依他起，依此心而起者自亦依他起。诸如是等，理趣繁广，如余处辨。以是义故，依他起性道理安立也。依他起性义安立故，无我无法之圆成实性道理安立。三性俱安立故，依彼之义，依他如幻义，圆成真实义，遍计空无义，道理安立如如不动，不可破坏，是即瑜伽三性义也。（此段多用拙作《佛法之根据》文中语。）

复次，即依此三性义，建立非有非空中道教义。《辩中边论》颂云：虚妄分别有，于此二都无，此中唯有空，于彼亦有此，是故一切法，非空非不空，有无及有故，是则契中道。此中言虚妄分别有者，显示依他起性，依他起性以虚妄分别为自性故，即此亦复现示依他虽有而不真义。于此二都无者，此谓即此虚妄分别，二谓实我实法，于虚妄分别中实我实法二俱无也。是即依他起上无有遍计所执义。此中唯有空者，空谓即彼无我无法二空真理，谓此虚妄分别唯有无我无法之空性也，是即依他起上有圆成实性义。于彼亦有此者，彼谓即彼空性，此谓即此虚妄分别，言彼空性不离虚妄分别而别有体。圆成实性，唯是依他起性实相实理而不相离，故言空性，即有依他，故云于彼亦有此也，是故一切法非空非不空，有无及有故，是则契中道者。第三句中上有谓虚妄分别有，无谓无实我实法二执，及有谓有彼空性，如次即指依他遍计圆成三性也。此中就依他圆成言，不得云空；就遍计言，不得云不空；是故说言，是故一切法非空非不空也。即此非空非不空义，不堕有见，不堕无见，远离二边，正处中道，是故说言是则契中道。此即瑜伽宗依三性义建立非空非不空中道教理也。依是教故，依他圆成有如实知其有，遍计所执无如实知其无；有知有故，能正起功德；无知无故，能证入无得。智慧福德，资粮斯具。菩提涅槃，妙果斯成。此宗大义，略述如是。

上三既明，余可类悉。真言秘密，界别金胎；金刚说有，义本瑜伽；胎藏说空，理依般若。《大日疏》抄云：此经横统一切佛教，如说唯蕴无我出世间心住蕴中，即摄诸部小乘三藏；如说蕴阿赖耶觉自心本不生，即摄诸经八识；三无我性义，即《法华》《胜鬘》等经，《瑜伽》《唯识》等论；如说极无自性心十缘生句，即摄华严般若种种不思议境界，皆入实相中。如说如实知自心，名一切种智，则佛性一乘秘密藏皆入其中。此谓此经可赅诸宗，亦即可知离诸宗义无别教义也。他若佛法之流传东土者，虽复宗派繁衍，然至理要不外此。三论、慈恩、真言三宗直承西土，律悉传逐，可无论也。自余禅属般若，净附真言；摄论、地论，瑜伽之支隅；俱舍、成实，小宗之余绪；皆非能别创义趣者也。独天台颇糅合于性相，贤首渐染习于外议，以是为异耳。虽然，自六代以迄唐宋，此方大德代有其人，或则定水澄清，或则慧辩渊逸，于以轨范四众，阐发群经，宏法度生，教明理达，是真不负如来嘱累者也；至功赫赫可弗念哉！依上所陈，诸宗缘起次第宗义异同，可知如来大法虽性自如如，然发挥阐扬要亦诸尊大士至功伟绩。乃若论义抉择，开避引导；立破综覈，俱有增长；貌若乖而实相成，辞若厉而义弥确；他山之石，可以攻玉，不信然乎？

虽然，往哲说理矜持自宗，意气未融，时亦有越常则者。三时五时之判，了义不了之争，莫不崇自抑他，时或议及佛典。此则君子之过，期尽革之。至其平议失得，则庸拙著《起信论料简驳议答辩》末章，曾详及之。其是其非，所愿就正于有道者也。

复次，当小大共诤之际，小乘辄谤大乘为空花外道，又谓大乘所宗契经俱非佛说。是非曲直已如《庄严》诸论等辨。及至末世，学者风度，蔑神重质；考证动征史实，学说崇于进化。其闻吾诸宗缘起次第，宗义异同之说，必有勃然仍兴其大乘非佛说之狂思，而益张其佛理随时风而演进之异议者。虽然，此事吾既论之，诸取拙著《大乘非佛说辨》而覆观焉，当可判其真似也。

第三章　唯识史略

唯识者，佛法中瑜伽宗之一支，宗祖既陈，次述唯识。先且述其兴起，《华严经》中如是颂言：

心如工画师，画种种五阴，一切世间中，无法而不造。如心佛亦尔，如佛众生然，心佛及众生，此三无差别。诸佛悉了知，一切从心转，若能如是解，是人见真佛。……

《楞伽经》中如是颂言：

由自心执著，心似外境转，彼所见非有，是故说唯心。

《密严经》中说如是颂：

一切惟有觉，所觉义皆无，能觉所觉分，各自然而转。

《解深密经》佛告慈氏言：

我说识所缘，唯识所现故。……此中无有少法能见少法，然即此心如是生时，即有如是影像显现。

《杂阿笈摩》亦作是言：

婆柁梨谛听能解诸结法，谓依心故染，亦依心故净，我实无我性，颠倒故执有。

又诸契经《深密》《楞伽》《阿毗达磨》及《厚严》等，处处说有阿赖耶识。如有颂言：

由摄藏诸法，一切种子识，故名阿赖耶，胜者我开示。

如是类等，繁不具引。唯识一宗，有二要义：一者说三界唯心，二者建立阿赖耶识。如是二义，诸经具明。故唯识言，本自安立非由后起。虽然，如来说教，机感随缘；众义兼陈，初无定范；如摩尼珠，杂彼众宝。当尔所时，诸大菩萨闻是法者，亦各现前受用，或证无生，或具种智；推演系别，盖非所图。此诸宗皆然，非独唯识也。故当尔时有唯识教，无唯识宗；有唯识义，无唯识学。自法王掩迹，法子迁升，众生机劣，唯乐小教；般若开阐，转复著空。于是而此唯识之义，遂珠沉大海，宝落深山；贝叶梵章，若存若失；只词片义，如有如亡；而缘生胜义，无复有人道及矣。不有先觉，谁开我人？绍述微言，有劳大士。至理岂能长没，正法宜应必昌。于是而九百年中，无著菩萨出生于世。诸贤继起，弥加阐扬，约略言之，有三时代。

一者，无著菩萨事大慈尊，受《瑜伽论》，约节错综作《显扬圣教论》，总括法相作《集论》，抉择唯识作《摄大乘论》。摄大乘者，《阿毗达磨经》中之品名。所谓论者，括《瑜伽》《深密》法门，而广演之，境行果三说菩萨殊胜功德，显大乘体大。于中别以十分，于十分中第二所知依分，建立阿赖耶识；第三所知相分，以唯识说三性；第四入所知相分，说修唯识入见道事。建立赖耶中，建立异门，建立自体三相，建立熏习六义，建立本识转识互为因果；复以若离此识烦恼业生杂染不成，世间清净不成，出世清净不成，证知此识决定是有。建立异门中，同时复以六义建立末那。唯识宗说缘生相，广大殊胜，义都在此。集诸经唯识要义，开后世此学权舆。

其弟世亲，先学小乘，谤大乘说；后闻华严十地，涕泪悲泣，欲割舌悔过。菩萨止之，乃造此论令之作释。自尔以往，回小向大，宏《摄论》学后复作《二十唯识颂》，并自释之；推破邪山，解外七难。所谓七难者：一若唯有识，处定时定，相续不定，作用不成难，以梦等解；二现量证境难，以现境非外解；三不知觉境难，以生死大梦解；四友教损益难，以多识增上解；五梦觉异果难，以势力羸劣解；六杀业无罪难，以意业罪大解；七他心智通难，以还取自心解。（论曰，此二于境不如实知，由似外境虚妄显现故，所取能取分别未断故。此意说言，他心智所缘，还自识变也。）由斯七理，释外七难。唯识翳愆，披豁清净；此宗正理，应正安立。如斯论议，虽破敌有余，然可服人口，难服他心。苟不于心识性相，缘生正理，甚深抉择，分别开显，则妙义仍郁而未扬，群生亦信之难笃。是故晚岁精勤作《三十颂》。《三十颂》者，《成唯识论述记》云，科此本教有三种三。第二三云：此三十颂分初中后，初一颂半略标离心无别我法以彰论旨，辨唯识相；次有二十三颂半，广明唯识若相若性，释诸妨难；后之五颂，明唯识行位。广如疏释，兹难备陈。《三十颂》成，未及作释，遂升睹史。渊思妙谛，未畅宏文，吁可惜也。然后起诸师，谈唯识者，虽诸家别说，皆奉菩萨此颂以为圭臬；依而释者，乃至十家。唯识之盛兴，基于此矣。至功奕奕，诚堪仰叹！无著作《摄论》以开宗，世亲颂《三十》以启后，兄弟连翩，辉光法宇，是为此学开宗创始时代。

二者，世亲既没，十大论师咸释《三十唯识颂》，议论抉择，转复精严，是为此学极深研几时代。所云十师者，一曰亲胜，二曰火辨，三曰德慧，四曰难陀，五曰净月，六曰安慧，七曰护法，八曰胜友，九曰胜子，十曰智月。此十师中，亲胜、火辨俱世亲同时，德慧者安慧之师；胜友、胜子、智月，并护法之门人；难陀、净月、安慧、护法年德虽有先后，然并一时人也；火辨白衣，余尽淄侣；七并南学，三系北宗；最初作释，厥为亲胜。虽十大论师，同释彼颂，声德俱高，同有功于此学，然精深广大，最为护法；故玄奘、窥基二师译糅《成唯识论》，独奉以为南指。是斯学之明星，照盲瞽于昏夜者也。此学自十师之外，更有无性菩萨者，别作《摄大乘论释》；陈那菩萨，作《观所缘缘论》《集量论》；亲光菩萨，作《佛地经论》；胜军居士，作《唯识抉择》；俱发挥唯识之理，而陈那二论于识体三分义，所缘识变义，在此宗学理上关系尤为重要。其《因明入正理门论》，与斯学以方轨，彰正义以屏藩，为用亦至宏也。自无著以至胜军，二百年间，斯学推演，云变波腾，抉择甚深，日臻精密。

考其演进之迹，先后不同，诸师异议，略有十端：一者识体一分多分义，二者种子新生法尔义，三者色法有无义，四者见相二分依他遍计所摄异义，五者二执八识有无分俱义，六者外器异地自他识变不变义，七者俱有依开导依多少有无义，八者见道缘如本后二智相见有无，又三心见道真相异摄义，九者五识有漏无漏唯漏通二义，出世末那有无义，十者如来说法不说法义。虽众义甚多，今且言十。所云识体一分多分义者，无著菩萨《摄大乘论》言：云何安立如是诸识，成唯识性？……二由二性有相有见二识别故。……又曰：乱相及乱体，应许为色识，及与非色识，若无余亦无。是无著、世亲言识体二分也。至于陈那乃立三分，能量所量量果别故，于相见外立自证分。至于安慧复依《楞伽》颂，说识一分。至于护法，于三分外又别立第四证自证分。各有理据，中篇广陈。是即识体一分多分义也。所谓种子法尔新熏义者，依《摄大乘》，一切种子皆熏习起，无漏圣道从闻熏生，难陀、胜军咸宗其义。护月论师说法种子法尔成就不从熏生。熏但令长；护法菩萨，则说种子法尔新熏，二俱是有。所谓色法有无义者，如来说法类别三科，蕴处界中，色心并列，故大小乘并言色心各别有体，性相差殊不可乱故。然说唯心，义遣外境，于是十二处教义难和会；故世亲《二十唯识颂》曰：识从自种生，似境相而转，为成内外处，佛说彼为十。陈那《观所缘缘论》亦说颂言：识上色功能，名五根应理，功能与境色，无始互为因。如是即言诸内外处一切色法，唯依于心，密意说有。是即不谓色法实有也。以是义故，成立唯心。后起诸师，咸不遵此，均谓色别有种，从自因生。然言唯识者，以不相离故，识增上力色方起故，故名识变，色实有体；如说唯心，非无心所。于此一义，关系甚深，是唯识中唯一诤论。即复于此，护法门下又有相见同种别种之争。凡此纠纷，皆容后决。所谓相见二分依他遍计所摄异义者，安慧、护法两家异说，安慧说相见俱计所执，护法等则说为依他起。所谓二执八识有无分俱义者，安慧说识相见既俱遍计，故说八识皆有执；然随识有异，八识五识有法执无我执，七识唯内缘第八执为我故但有我执无有法执，第六意识遍缘一切法故通起二执，是为二执俱不俱也。护法则说八识五识俱现量故无我法执，第六遍缘一切法故，我执必随法执起故，六七二识俱有二执，然分别起者唯在第六。是故八识，或有执，或无执也。所谓俱有依开导依多少异义者，于十师中，于俱有依或说五根为有为无，或说七八有依无依；开导依中或说诸识可互为依，或说诸识唯自类前后能作开导；以次难陀，安慧、护法等异。所谓外器异地自他变不变义者，或谓外器现居及当生者异熟识变，如难陀等；或谓一切自地生者同变，如护法等。所谓见道缘如本智后智相见有无者，或谓本智缘如二分俱无，或谓俱有，或谓相无见有；于后智中或说俱无，或说有见无相，或说俱有。三心见道亦各别摄，或说为相见道，或说为真见道。所谓五识有漏无漏通二义者，或说唯漏不通佛果，诸佛如来唯以大定智悲而为体故；或说五识通漏无漏，诸佛如来舍无常蕴得常蕴故，一切法皆界处摄故，十九界等圣所遮故，故佛如来具十八界。出世末那有无义者，或依论说阿罗汉灭尽定出世心三位无末那故，不更说有净末那识。或说末那通世出世，六识八识定有俱有依故，平等智起必有所依识故。如说四位无阿赖耶，非无第八，此识亦尔，无染意位有净末那。所谓如来说法不说法异义者，龙军无性说佛慈悲本愿缘力，其可闻者自意识上文义相生，似如来说，如来唯有无漏大定智悲，无诸漏无记法，故教从自识生，故说名唯识。护法、亲光则说如来亦实说法，名句文声通无漏故，如来身具有十八界故。众生闻者仗托彼质，自识复变文义生起，随其自识漏或无漏，不亲缘故说于唯识。

十义大意，略如此述。二百年间总为诤此。古学今学，于以分焉。总观其异，古唯识学若谓唯识无境故说唯心，今唯识学义谓内境亦不离识故说言唯心；前者色等俱无，后者十二处有。一义之乖，众义多异。详判是非，容中篇辨。略言其意，后实逾先。岂曰至理有时而进化，实后之所抉择更能会通群经，弥符至教也。十义抉择，思想与人以自由，此其异于宗教。标准圣言主张不同于计执，此其异于外学。治学之则无逾此矣。

或有问曰：如上所陈，安慧护法之学既多不同于古，云何依以造论，还本世亲，不别立宗，强事和会？曰：古今不同几希之异，大同有在，仍自本宗。后学之兴，既多承古人之嘉惠；希微有得，无用夸张。但求学理之符契，不务一己之声名，幸有益于群生，能补缺于先哲而已。斯真以学理为大公，而忘相于人我者也，不其厚欤?

三者，译糅宏布时代。斯学研几，极于护法，胜义确陈，靡可移易，然在西土，殊未广行。译而糅之，我玄奘、窥基二师之功也。《成唯识论枢要》述其事曰：

> 护法菩萨果成先劫，位尅今贤，抚物潜资，随机利见。春秋六十有九，知息化之有期，厌无常以禅习，誓不离于菩提树以终，三载之年，禅礼之暇，注裁斯释。……时有玄鉴居士，识凤鹓之敛羽，委麟龙之潜迹，每罄所资，恒为供养，深诚固志，物竭积年。菩萨诱掖多端，答遗兹释。而诫之曰：我灭之后，凡有来观，即取金一两；脱逢神颖，当可传通。终期既渐，奄绝玄导。……五天鹤望，未辄流行。大师玄奘……闻斯妙理，慇俯谛求。居士记先圣之遗言，必今贤之是属；乃奉兹草本，并五蕴论释。大师赏玩，犹睹圣容。……自西霏玉牒，东驰素象，虽复广演微筌赏之以为秘诀，及乎神栖别馆，景阻炎辉，清耳目以渊思，荡心灵以绎妙，乃曰，今者方怡我心耳。宣尼有言我有美玉，韫椟藏之，谁为善贾，我今沽诸。基夙遇单殊，九岁丁艰，自尔志托烟霞，加每庶几缁服，浮俗尘赏，幼绝情分。至年十七，遂预缁林。别奉明绍得为门侍。自参预三千，即欣规七十，必谐善愿。后承函丈，不以散材之质，遂得随伍译僚。事即操觚飡受此论。初功之际，十释别翻，昉尚光基四人同受，润饰执笔检文纂义，既为令范务各有司。数朝之后，基求退迹。大师固问。基慇请曰：自夕梦金容，晨趋白马，英髦间出，灵智肩随，开五分以心祈，揽

八蕴而遐望，虽得法门之糟粕，然失玄源之淳粹。今东出策赉，并目击玄宗，幸复独秀万方，颖超千古，不立功于参糅，可谓失时者也。况群圣制作，各驰誉于五天。虽文具传于具叶，而义不备于一本，情见各异，禀者无依。况时渐人浇，命促慧舛，讨支离而颇究，揽殊旨而难悟。请错综群言以为一本，楷定真谬，权衡盛则。久而遂许，故得此论行焉。大师礼遣三贤，独授庸拙。此论也，括众经之要，苞群圣之旨。……虽复本出五天，然彼无兹糅释。直尔十师之别作，鸠集犹难；况更摭此幽文，诚为未有。……

窥师既糅《成唯识论》，复以所闻作《述记》六十卷，《枢要》《别钞》乃至《料简》，各共多本。胜义浩浩，如长空之靡际，思致渊渊，信大海之无极；恢宏之功，信无量也。别有圆测，亦奘师门人，别作疏文，义或出入。自尔以往，此土说唯识者，略成两派。灵泰、慧沼、智周如理等均主基师者也。道证、慧观、义寂、憬兴或朋测师者也。拣括众义成《学记》者则有太贤。自余奘公门下，多有疏释。自兹以往，治唯识者，有唐一代至数十家，并有著书，咸能自道。郁郁洋洋，兰芬桂馥，声光遐被，东渡朝鲜，至于日本。此学盛兴，于焉极矣。虽然，自奘公而窥基，自窥基而慧沼而智周，四代之后不闻传人，历宋元明清，学绝千载。那烂、慈恩，黍离麦秀，顾念往昔，能不慨然。夫惟天道周星。物极必反，自石埭大师勤劳法事，东瀛取籍，中土刊经。至我竟师，宏瑜伽学，唯识要义，一再提宣，长劫童昏，千载一遇，伏膺感谢夫何可言！仰惟同志，尚念兹哉，继往光宗，匪异人任！

按：唯识传于中国，不始自奘师，觉爱、真谛并译《摄大乘论》《二十唯识论》，然今述此学大成后之宏传，故未及于二师也。

第四章　唯识义旨

史事既陈，次应明义旨。一释名义，次明宗旨。释名义者，云何名唯识？何者名唯识？言唯识者，唯谓简持，识谓了别，简无外境（境者所缘所虑义），持有自性，无有彼法，但有此法，故云唯也。了谓觉了，别谓分别，能觉了境，能分别事，故名识也。即用显体，故说名识，即心异名。说唯识言，即显外境皆无，但有内识也。既诸世间，皆共许知除识以外有我有法，云何说言唯有识耶？以彼我法，性不成故，但由自心执著生故。云何不成？此不详辨，论时至处，当更确陈。彼我法等由执起者，可云非有，色声等法眼识等缘，现所知故，云何非有唯有识耶？被色等法，虽亦非有，然即由识所变现故，离识更无别自性故，即识为性，故名唯识。或复色等，虽亦有性，然识生时必仗识起，心不生时境即不生，心生起时即带色起，为自相分，作亲所缘，故诸色等皆不离识。不离识故，说言唯识。即以此理说如是言：

世间诸法，若有若无，若假若实，或由执起，或随心生，俱识所变，皆不离识，故言唯识。

亦可说言：

世间诸法若离识者，性相体用皆无所有，识以外法一切都无，故言唯识。

是知诸法苟离于识，一切俱无；苟不离识，一切可有。即以是义，知唯识言，非谓世间余法都无但唯一识；又更不可谓但有自识，他识俱无。《成唯识论》为答他疑，说如是义：

> 奇哉固执，触处生疑，岂唯识教，但说一识。不尔云何？汝应谛听，若唯一识，宁有十方，凡圣尊卑，因果等别，谁为谁说，何法何求。故唯识言有深意趣。识言，总显一切有情各有八识，六位心所，所变相见，分位差别，及彼空理所显真如；识自相故，识相应故，二所变故，三分位故，四实性故；如是诸法皆不离识，总立识名。唯言但遮愚夫所执定离诸识实有色等。

又复应知言识有者，亦非遂谓如实为有，但谓依他如幻有耳。故《成唯识论》复作是言：

> 诸心心所依他起故，亦如幻事，非真实有。为遣妄执心心所外实有境故，说唯有识。若执唯识真实有者，如执外境，亦是法执。

唯识意义，略如是说。若如是知，不落疑见。所谓何者名唯识者，既一切法皆不离识，故一切法唯识。然别释者，唯遮外境我法有故，遍计唯识；识表色等不离心故，依他唯识；唯识真如，理遍万法，恒常不改，真实不虚故，圆成唯识。又此圆成实性，是唯识理；诸佛菩萨证斯理已开示众生，名句文义，是唯识教；诸修行者，依此教理，以漏无漏闻思修慧，现比量智，作是观者，曰唯识观，亦曰唯识行；依斯观行入真现观，断障证空，成菩提涅槃，得大转依，曰唯识果；去佛既远，现觉难知，诸大论师以闻思慧，依圣教正理，比度参稽，能立能破，有系有统，以阐明如斯教理行果，令法久住，利乐有情，是曰唯识学。如是一切俱名唯识。

唯识宗旨，有总有别。所云总者，一切佛法无不为令众生拔一切苦得究竟乐故，无不背弃流转趣向还灭故，诸菩萨等六度万行戒定慧三无不为得菩提涅槃二转依故，即以是故，《成唯识论》说如是言：

> 今造此论，为于二空有迷谬者生正解故，生解为断二重障故；由我法执二障俱生，若证二空彼障随断；断障为得二胜果故，由断续生烦恼障故证真解脱，由断碍解所知障故得大菩提。

是即总以生解断障，证二空，得二转依，以为宗旨也。

所云别者，虽诸佛法俱以菩提涅槃为目的，然三藏既殊三学复异，今此唯识既特明唯识理，但属于慧学，故此宗旨亦正以明唯识理得如实智以为旨也。此中又有总别，于中总者，如《唯识论》云：

> 又为开示谬执我法迷唯识者，令达二空，于唯识理如实知故。

此即总以达二空，明唯识理，以为旨也。别中别者，虽诸众生总迷唯识，然所迷谬种种不同，若不能遮种种异执，于唯识理终不能证，故此教旨要能遮遣种种异执，方便令彼于唯识理如实证知，故《唯识论》复作是言：

> 复有迷谬唯识理者，或执外境如识非无，或执内识如境非有，或执诸识用别体同，或执离心无别心所；为遮此等种种异执，令于唯识深妙理中得如实解，故作斯论。

盖大法难言，众生多执，诸佛菩萨为破彼执，说种种言，然彼不能如言遣执转复执堕言中。佛为破我执，说十二处教，众生即依教执心外有境；为破法执故说一切皆空，即复于言中计识亦都无；此小乘人恶取空者，所以迷唯识也。佛为彼迷唯识理故，是故复说三界唯心，染净由心等；然彼不知此唯识言，但遮外境，不表内法唯有一心，一类菩萨遂复执言唯一意识，用别体同；或余部执，但有于心，无别心所；如此二种，是谬唯识。况复外道迷唯识故，起余我法执；诸同乘者谬唯识故，转复执无内境根等。或复闻说唯识，不知但为遣法执故，遂复执有真实唯识可唯，不达依他如幻，于真唯识理又岂能证？夫迷唯识者，固无入道之门；谬唯识者，亦错证真之路；正理既谬，出离何期，故造论者，总以破遣如斯谬执，显示真唯识理以为宗也。

以上三家，言虽有其总别，义实互为因果。盖证菩提，必由智慧；欲成智慧，必遣邪执，迷谬唯识，是邪执也；邪执遣已，正智方生；正智既生，菩提涅槃于焉遂证。本末合说，唯识一宗总以破执达理生智证果以为宗也。虽然，如上唯识三说，《述记》如次说为安慧、火辨、护法之言，即于此中别得一义；盖火辨、世亲同时，唯识之教初明，迷者多而谬者少，故但破外执，不遣内计。《摄大乘》有叙无破，初兴之学，但宜尔也。至于护法，此学之兴已二百年，信者既多，由是谬者亦众。明者已明无事再立，谬者既谬不可长谬，否则真理转复隐没，药复生病也，故护法特以破谬执明唯识正理以为宗也。

第五章　唯识所明

唯识所明者：如前章云，一唯识言总目教、理、行、果及学，故其所明，量亦如是。然就《成唯识论》等所言，可略分为二：一者境事唯识，二者观行唯识。

言境事唯识中，又有二：一遮遣外境，二显识性相。遣外境又二：一者破计所执，如《成唯识论》二卷中所破外小，若我若法，实我主宰，时、方、大梵、极微、外色、不相应行、无为法等是也。二者辨境由识变，如论七卷："是诸识转变，分别所分别，由此彼皆无，故一切唯识。"一颂以往，广以教理释诸妨难，成立唯识。又如《摄大乘论》中说如是颂：

鬼傍生人天，各随其所应，等事心异故，许义非真实。

于过去事等，梦像二影中，虽所缘非实，而境相成就。

若义义性成，无无分别智，此若无佛果，证得不应理。

得自在菩萨，由愿解力故，如欲地等成，得定者亦尔。

成就简择者，有智得定者，思惟一切法，如义皆显现。

无分别智行，诸义皆不现，当知无有义，由此亦无识。

由此诸颂，总以四因知所缘境随心转变，皆不离心，是故无别外境，境但识变。所谓四因者：一相违识相智，二无所缘识智，三自应无倒智，四随三智转智。三智者：一随自在者智转智，二随观察者智转智，三随无分别智转智。如次应知。如是外法非有故，境但识变故，唯识之义理善安立。又如《二十唯识》《摄大乘》等皆广显斯义。此述略义未广宣说，详待中篇。

显识性相中又分二：一者显相，二者显性。显相者，一显能变，如《成唯识论》二卷以往，说三能变，成立八识七识，备明相应诸心所等，乃至第七卷中辨心意八种异同皆是也。二显所变，即如同卷“是诸识转变，分别所分别”颂以下，乃至十因四缘五果广显识变因果，及一切有情生死相续十二有支异熟感赴等，皆是也。显性者，一说三性，二释三无性，三结归唯识实性。如八卷“由彼彼遍计，遍计种种物”诸颂以往，乃至“此诸法胜义，亦即是真如，常如其性故，即唯识实性”等诸颂释所明是也。唯识一宗从法相出，故说识性依三性明，复以唯识摄彼三性，故论说言：

> 谓心心所及所变现众缘生故如幻事等，非有似有诳惑愚夫，一切皆名依他起性；愚夫于此横执我法有无一异俱不俱等，如空花等，性相都无，一切皆名遍计所执；依他起上彼所妄执我法俱空，此空所显识等真性，名圆成实。是故此三不离心等。

诸识性相若有若无若假若实，随应即是三性摄也。余义宏广，如论自明，恐繁且止。

观行唯识者，《摄大乘论》入所知相分，《成唯识论》九卷十卷唯识行位具广宣说。兹略言者，诸菩萨等最初发心求住唯识，乃至成佛毕究证净，位既悬殊，能观所观智境亦异。初资粮位但乐多闻，于唯识教深心信解；次加行位起四寻思四如实智，已能修观而未证得；于见道位真现观中，唯识始证；修习位中，修有差别，初四别证，五地合观，七地长时，八地任运，至究竟位，虽不更修，念念具能缘真俗识。于资粮位，应知即以唯识圣教以为所缘，以闻所成慧而为能缘；虽未现观断伏烦恼所知二种，然信此故，亦能少分伏除二粗现行。于加行位，暖顶忍世第一法，如次能观能取所取唯识无境，乃至观空，识亦都无。最后见道，证无所得。故说颂言：

菩萨于定位，观影唯是心，义相既灭除，审观唯自想。如是住内心，知所取非有，次能取亦无，后触无所得。

修唯识观虽通诸位，然加行位从假入真，功夫次第最为明著。故诸学者，应于此位特寻求也。然即于此而得一义，观唯识者于彼最后当舍此唯识，乃能得证真唯识。亦犹之修空观者，空亦复空，乃能得证如实真空，是知菩萨造论乃至佛说种种施设，皆唯方便，都非究竟。唯为遣执，非诠实相。真胜义中，性离言故，非空不空无识非识，识且难名何唯不唯，故观唯识应于此义谛审研几，庶于真道能速悟入。我佛说言，法譬于筏，岂不然欤？否则药反增病，可哀也已。又复应知，法不孤起，道不单行；戒定慧三，大有渐次。唯识者佛法法门之一门，慧学者六度万行之一学。苟无余法增上资长，真唯识观岂能修证？况加行道中，依明得明增印顺无间四三摩地，乃发四种寻思实智乃得渐次入见道中，故知真智依定起也。而定及慧，又依戒起。菩萨大戒，以菩提为因，以大悲为建立。是故资粮位中，必于福德智慧，善备无边，而后加行乃可引发。修真唯识者，安可知此忘彼，不恳求也？唯识所明，略述如是，于彼正义当应审求，于所未明当详他宗。博大会通，是在智者。

第六章　唯识与余宗之异同及其对佛法之关系

唯识所明遮无外境显有内心，我法非有，空识非无，非有非空，义符法相。故瑜伽唯识，自昔咸皆混为一谈。至我竟师，乃明其非是。《大论序》十义对观，《真实序》六事显别，大小广狭，本原不侔也。今略言其异，亦有三端：一者，瑜伽之教普被三乘，戒定慧三，修行证果无不备明；唯识之教，为大乘说，于三学中唯专于慧，独详于境，行果俱略，是为广狭不同也。二者，瑜伽说俗谛事，三科平列，有十善巧；唯识独详一识，总摄三科。平等总摄，义又不同。瑜伽唯识俱明三性，于三性中俱详依他，然《真实品论》依他起自性，谓从众缘所生自性；《摄大乘论》则谓阿赖耶识为种子虚妄分别所摄诸识，一以一切有为为依他起，一以识言显依他起，亦此义也。三者，世尊设教二谛尽之，胜义谛中一法不立，唯说一空；世俗谛中万法俱显，非唯一识；故瑜伽言，三科齐引，四谛并张，是如实说；唯识遣境，表唯一心，是密意说。权实不同，其异三也。然圣言泛广应病施方，人地时机种种不同，故诸经中多随顺教。瑜伽大论，总抉圣言；抉择分中，又广抉择。至于唯识，时经二百年，人历十数辈，于诸论议尤更研详。缘性缘生，又深抉择。故所立义，弥更精邃。由是应知如实说中多随顺说，密意说中多如实说。斯于佛法大有功欤。又瑜伽说行，发心证果俱广开显；然唯识遣境，加行位中由凡入圣最为深切，观行瑜伽何能少此。是又此学有特胜也。本宗不同，略述如是。

般若明空，当下即是。唯识说空，唯空所执。故《掌珍》《唯识》，互诤是非，两宗不同，于焉明著。详其所以略有二端：若彼空言显实性者，一就胜义说，是故俱空，一切诸法平等一味故，不可施设同异差别故。一就世谛说，有相无相事不同故，有用无用功能别故；龟毛兔角不同羊毛牛角故；依他幻有，遍计空无，故此二法有无非一。彼此两宗，由此说异。若彼空言唯遣执者，一就观行说，是故空有亦复空空，不落二边，不执有无，遣相观空直入实际；故般若言，有深妙用。一就法相说，俗谛三性空有各殊，是故说言有空不空；胜义无相，言诠路绝，是故说言非空不空；法相唯识，至符事理。两宗不同此其由也。乃若闻空言而恶取，闻识言而谬执，自不达于本宗，奚足论于同异，遮而破之，互所宜也。

小宗之义法有我无，唯识说言我法俱空，半满之教自尔差殊。三科假实，在小多诤；其在唯识，依他如幻，亦自不同。然此俱大小之分，非但唯识。若就缘生说二异者，则阿赖耶识，曰所知依；末那思量，为染净依；所缘识变，都无外境；三界虚妄，唯心所作；殊胜无边，缘生至理。彼此判若霄壤矣。又心相应法、不相应行、无为法等，或增或减，说假说实，亦多不同。缘生缘起，立义亦异。俱详诸论，更不详谈。

上述唯识与诸宗异义已竟，然四嗢陀南为内法通义，二空无我为大乘通义，三性八识为法相唯识通义。异者自异，同者仍同，语不违宗，俱是佛法。内外之分，弥彰于此。

或复问曰：唯识之义多由道理建立，展转破立，全凭思辩，此与西方哲学有何异乎？又西方哲学亦有唯心论，彼此之殊，究为何等？曰：唯识之义，虽多由道理建立，然此道理多本圣言量，故推究其根本，此学乃从实证得来也。而诸哲学，全不如是，都不外于凡情遍计，妄所分别，方法不同，此其一也。又彼则泛尔空谈，无关实际，此则加行见道，切身受用，期证涅槃。故一不免于世间戏论，一则正是还灭资粮。用无用别，此其二也。复次，加行道中修唯识观唯遣外境，外境遣已亦遣内识，真见道中非空不空，无识非识，真唯识境于斯始证。是故执有真实唯识可唯，亦是法执。故唯识言，唯遮不执。而彼则坚持固执，究竟兴诤。执不执殊，不同三也。以是观之，两家不侔，如白与黑。若其立说之差殊，问题之解答，种种歧异，略如《佛法非宗教非哲学》中辩，此不更详也。至乃西方唯心论者既哲学之一派，自与佛法唯识不同，以彼同出于遍计无用，有执故。又彼学内容但知六识，八识境界昧焉不明，于是始则拨无本质，继复遁辞逃责，谓诸境界始存自心，自不见时存于他心，俱不见时存于上帝之心，展转支离，复又同于宗教之迷信矣。辨此是非于中篇明。此外宗教则执有主宰，科学则专逐外物，与此学异，更不待言。诸有以唯识作哲学科学讲者，信亦太事牵强矣。虽然世间真实，道理真实，苟不违理，有益于事，佛不违世间，菩萨种智于五明处求，如彼能自守范围不妄谈胜义，则固无事与之兴诤也。

已辨与余宗异同，次明此学与佛法之关系。如上言之，唯识之学最后晚出，时经二百载，人历十数辈，甚深抉择，最为殊胜。则其于佛法之关系，可不难明也。盖佛法有二谛：一曰世谛义，说缘生；一曰第一义谛，诠表法性。然法性理，不离缘生，缘生不明，法性即难安立。是故经言："诸法从缘生，自无有定性，若知此因缘，则达法实相，若知法实相，是则知空相，若能知空相则为见导师。"而《掌珍》立量，真性有为空宗，以缘生故为因，以如幻为喻。即此可知，若昧缘生，即难明法性矣。即此虽言一切佛法建立于缘生可也。然明此缘生义，最深最精，莫唯识若。建立赖耶种子，诸法有其真因；即此遣除无因不平等因。建立唯心，而诸法展转互不相离；即此众生各一宇宙，因果感赴，流转还灭不相掺杂，不断不常，不异不一。因果义成，法性义立。即此而遣除一切科学哲学外道异论。是故此学之兴废，即谓为内学外学之兴废可也。复次，方今科学盛行，专逐外物，不明唯心更何从救？况彼尚论理，非有至精确之析理，又何从引彼入此乎？而唯识者，又特于此擅长者也。是故唯识者，建立佛法之根本，障卫佛法之屏藩，摧伏邪执之利刃，接引新机之方便；其于佛法关系之重要自昔为然也，于今犹急焉；其存其亡，安危共之矣。

虽然，唯识之义信则然也，顾其学术之组织，与所对治之邪见，及所讨论之问题，用之今世，则不无有隔世之憾焉。故初学者每病其难入，或叹其不切，是所谓美中不足者欤。以是因缘，今作通论，谬欲择其义理，释今疑难，更其组织，以应今日之需。庶几大法晦而得明，群疑结而得释。然愧才力短绌，学业荒疏，无以胜其志。正而教之，是所望于同志耳。

自昔古德，判别教时，异说纷纭，莫衷一是。要皆崇自所宗，抑余宗也。故释经论者，文前分别，必广辨之。今通论唯识独于此义未曾道及，似违旧制。然非忽之，诚以义非决定，可不从也。昔作《起信论料简答辩》文中，有评判教一节，兹附录之，以见愚意。

次评判教者，自昔判教，议论纠纷，西方则小大相非，空有互诤，大乘则说小乘为方便之谈，小乘则谓大乘为非佛说，空宗则说相宗空而不尽，未会究竟，相宗则说空宗但偏一空，非中道义。故各自处第三时，而说他宗契经非了义。至于此方先德，议论更复繁多，一时，二时，三时，四时，五时等，杂说不一，具如吾师《唯识讲义》中述。非特判教多时，亦复立宗各异，其在西方，但有大小之分，于大乘中但有空有之别耳。其实大乘之分空有，始自清辨、护法，然清辨固极娴法相，护法亦特精般若，博大宏通，慧智无碍，各据圣言，昌明正理，虽互诤难，真俗两宗精义益彰，而启后学之妙解，皆非守一家之言，而伐异党同者。抑护法、清辨亦绝未自立性宗相宗之名，特学性宗相宗者因二师之论辨特盛缘是而有二宗之分耳，然此但主张教理之异，其他行持戒律都无有异，故那烂陀寺，戒贤、智光齐声扬化，法座数百，小大同光，此盖与东土之各守一经，各住一寺，便自严以某宗某宗者，小大宏局迥不相牟也。其在东土，则同讲法相也，而地论、摄论各自分宗；同宗地论也，而南北两道又自分宗；《成实》《俱舍》，但小乘中一部论议；《法华》《华严》，但大乘教一部经典；所诠教义，各局方隅，或则教理不该，或则行果不备。夫境行果三，学佛之终始；三藏十二部经，圣言之宏规；缺一不全，便难修己化物；譬如人之肢体不具，即人之体用不备，而有颠踬残废之惧。况夫守一遗多，而可自为宗祖者也。夫地论、摄论两宗之兴，固原于佛法初来，经论不备，守缺待全，江汉朝宗，终归于海犹可说也。乃若教典既备，译事已昌，犹复固局一隅而自尊大，则不得不叹其所见之陋矣。宗派既繁，判教愈杂，吾固非但不满于此方先德五教四教而已，即于西土般若瑜伽两宗之互自高下，亦未敢赞同；而一守佛法平等无有高下，佛语圆音随类解别，教唯是一乘则有三之说。多本师闻，非自力也。

何言夫佛法平等无有高下耶？曰我佛说教所为同故，所说一故，随宜应机时无定故，同时听法根有别故，以是四义不特无始终圆顿之分，亦且无大乘小乘之别。

何言夫我佛说教，所为同耶？曰，如来大悲愿，从初发心，以至成佛，常念众生流转生死，沉沦五趣，邪见僻执，虚妄颠倒，心斯悲愍，誓愿拔济。《金刚经》云，所有一切众生之类，若卵生若胎生若湿生若化生若有想若无想，我皆令人无余涅槃而灭度之；《法华经》云，如来出世普为众生开佛知见示佛知见悟佛知见入佛知见是也。以是因缘，可知我佛平等大悲，说法因缘皆为众生入于涅槃，成于菩提，所为是一，无二无三，是为说法所为同义。

何言夫我佛说法所说一也？曰，一切佛教，二谛所摄，胜义明空以显实相，世谛说有以明缘生，是故一真法界，无我无法，无作者受者，而善恶因果法相不坏。《仁王般若经》云："以诸法性即真实故，无来无去，无生无灭，同真际，等法性，无二无别，犹如虚空。（中略）以诸法性悉皆空故。由世谛故，由三假故，一切有情蕴处界法，造福非福不动行等，因果皆有；三乘贤圣所修诸行，乃至佛果，皆名为有；六十二见，亦名为有。（中略）又云，佛言，大王，智照实性，非有非无，所以者何？法性空故，是即色受想行识十二处十八界士夫六界十二因缘二谛四谛一切皆空。是诸法等，即生即灭，即有即空，刹那刹那，亦复如是。（中略）以甚深般若波罗蜜多，照见诸法，一切皆空，内空，外空，内外空，空空，大空，胜义空，无始空，毕究空，散空，本性空，自相空，一切法空，般若波罗蜜多空，因空，佛果空，空空故空。诸有为法，法集故有，受集故有，名集故有，因集故有，果集故有，六趣故有，十地故有，佛果故有，一切皆有。"《无量义经》云："是一法门，名无量义，菩萨欲得修无量义者，应当观察一切诸法自本来今，性相空寂，无大无小，无生无灭，非住非动，不进不退，犹如虚空，无有二法。（中略）又复深入一切诸法，法相如是生如是法，法相如是住如是法，法相如是异如是法，法相如是灭如是法，法相如是能生恶法，法相如是能生善法；住异灭者亦复如是。（中略）次复谛观一切诸法，念念不住，新新生灭。复观即时生住异灭。如是观已，而入众生诸根性欲；性欲无量，故说法无量；说法无量，故义亦无量；无量义者，从一法生；其一法者，即无相也。如是无相，无相不相；不相无相，名为实相。"又云："自从如来得道已来四十余年，常为众生演说诸法，四相之义，苦义，空义，无常，无我，无大，无小，无生，无灭，一相无相，法性法相，本来空灭，不来不去，不出不没。"

如是圣言，妙广无边，不可备述。刻求其义，靡不同一。所谓胜义皆空，一法不立，世谛故有，万法俱彰；空有两轮，摄佛法尽；法性缘生说圣教尽，而此两轮相依而立，依法缘生始言法性，依法空性说实缘生。不即不离，非一非异，故无法外之如，亦无如外之法，离俗无真，离真无俗，世谛胜义，平等平等，此之谓我佛说法所说一义也。

二义既明，则诸契经虽说法无量，妙义无边，然宗旨所在，则咸为大悲度生，使证菩提涅槃；义趣所归，则咸为根本后得二智所照法性缘生。说缘生者，令知法有用，知法用故，则能正起功德；说法性者，令知法无体，知法无体，则能悟入无得。以功德故，加行满而证得菩提；以无得故，烦恼断而毕竟涅槃。诸佛度生，如是如是。是故一切经义，所为所说，靡有不同，平等平等，一切一味，何大何小，何别何通，何顿何渐，何偏何满。诸有于诸契经生高下想者，斯皆凡夫习气，分隔圣言，不善会通，谬生邪执者也。诸魔得便，感匮法业，愚痴可矜互诤无益也。

难曰：既法平等，所说都一，云何佛以四依教人，依了义经不依不了义经？佛既言经有了不了，则古德判教分经高下，何不可然？曰：我佛说教，义趣旨归虽惟一义，而为众生诸根性欲有差别故，即依一义说无量义，于一相中无量相生，由是因缘，各经所明，亦有差别，此则如于《般若》《华严》《深密》《楞伽》等虽并言诸法性相，然轻重不同，于是所明有了不了。了者，显了义，了尽义。夫空而不至般若，法性之义不尽；有而不如法相，缘生之理不显；故言法性则必以《般若》为了义，而《深密》等经未为了义；若言缘生，则必以《深密》等为了义经，而《般若》等为非了义。互有所了，即互有所不了。吾人以法性还《般若》，以法相还《深密》等，则一切契经皆为了义。吾人求法相于《般若》，则三性五法一切法相，因果生起，义都未尽；吾人求法性于《深密》等，则有空不空，有存有遣，以言性真，义亦未显；斯则一切契经皆不了义。了不了义，斯为的释。吾人闻佛圣言，惟应因言求义，不可执言迷理，此则所谓，依义不依语者也。由是可知依义求理，则一切契经皆是了义；依语起执，则一切契经皆不了义。真法王家子，应于此义亟深研几也。

再有难者，经义既同无非了义，所为又一皆为转依，则菩提涅槃一切众生胡不尽证，而三乘道果应无差别可得也。今既证果有别，三乘有殊，即果求因，是佛说法先后大小有差别也。曰此不然，三乘圣果所以别者，缘于众生种姓有殊故耳。是故教惟是一，乘则有三。教惟是一者，一切契经同说法性缘生；乘则有三者，二乘固局人空不达法无，蕴处界三执实执假，三世诸法说有说无，而不了知依他起性一切如幻；就法性说，真如实际平等一空；大小三乘由斯判耳。诸法实相本不可言，借指示月，方便显示，不观月而观指，随言说而生执，此非说法者教不平等，实闻法者根性自差耳。

教一乘三之旨既明，一切疑难并释。然有余义兹再略陈。设谓诸佛说教定有前后，所说教义定有高下者，今当问彼说教时，三乘得同听不，一时闻教三乘得果有差别不，又佛度生初中后时定度何乘不度余乘不？若谓佛说教时定分前后，三乘等众定不同听，既同听者得果必同，又佛度三乘前后定不相杂者，则汝判教定别前后分大小始终顿渐等，斯有可通。然契经云："初说四谛，为求声闻人，而八亿诸天来下听法，发菩提心；中于处处演说甚深十二因缘，为求辟支佛人，而无量众生发菩提心，或住声闻；次说方等十二部经，摩诃般若，华严海云，宣说菩萨历劫修行，而百千比丘万亿人天无量众生得须陀洹、斯陀含、阿那含、阿罗汉果，住辟支佛因缘中。”观此经文则知我佛说教初中后时三乘同听，虽同听一法而以乘异故得果遂差，而佛初度声闻亦即度于独觉菩萨，度独觉菩萨亦即度于声闻菩萨，由此可知一地所生一雨普被，草木禾稼生起不同；佛以一音演说法，众生随类各得解，教惟是一乘则有三，此义坚立靡可动摇。则定判教时大小先后者，全无当矣。是为随宜应机，无有定时，随类闻法得解各异义。

了是诸佛说法所为同，所说一，时无定，解各殊，四义，判教之事都无有当，大小之诤空有之诤都可以已。若夫四教五教则更无辩论之价值矣。所以者何？藏通别圆是称四教，小始终顿圆是为五教。若在我意，则一切佛语无非藏收，岂但《阿含》？一切佛法，三印九事，缘生法性，诸经并说。就事而言，三乘之教无不皆通；就根而言，悟入有殊，得果各异，则一切契经无不皆别；就理而言，则法性圆满妙用无碍，无不皆圆。今以般若为通，方等为别，法华、华严为圆，高下显然。夫然，则般若所陈应非究理，云何得为诸佛智母？既非别教应二乘亦证法空。别者，方等之专名，般若非别，般若应非大乘。夫方等者，即方广之别名，而方广则大乘契经之总名也。般若既大乘，般若何非方等。方等既大乘之总名，又何不可以摄法华、华严。又别而非圆，岂其说理有所未尽。既有未尽，应同二乘有见，有执。如是仍不得名方广。如是之义，都无有当。四教之义，胡能安立？四教之说既非，五教之旨亦破，以五教固抄袭四教而来，而又自尊于圆位者而已。四教之次第既破，五教又何需说焉。况夫吾前既申四义，显示佛法平等，一切一味度生无定时，初中后说法普度三乘非定先度声闻次度独觉后度菩萨得解无定教，初时人天闻四谛而发菩提心，二时闻十二因缘教而成声闻或发菩提心，后闻方等教而或得声闻四果或住辟支佛因缘中。则一切高下先后之论都无待辩矣。

第七章　成立唯识义

唯识义者，可得说言："世间诸法，若有若无，若假若实，或由执起，或随心生，俱识所变，皆不离识。"又得说言："世间诸法若离识者，性相体用皆无所有，识以外法一切都无。"以是之义，说言唯识。有何依据成立是理？

将立此义，文且分三：先述外执，次破彼计，后申正义结归唯识。先述外执者：

一切世间遍计所执虽无量种，然诸恒情总内执有我，外执有物。所云我者，是主宰义。所云物者，有实体义。我为主宰故，能见能闻，能受能想，能行能识，能驱役心识办种种事。物有实体故，可见可闻，所受所想，是所造作，是所了别，为心识等所行境故。若谓无有我者，谁则能见能闻，能受能想，能行能识，谁驱役心办如斯事。若谓无有物者，云何目见之而有色，手击之而有声，身触之而觉寒热，鼻嗅之而有臭香，又谁则为吾人所想象，所造作，所了别，谁则为心所行之境。即以是知，内实有我，外实有物，而此我物各别存在，各有自性。即以是义故，我之心识虽或不起，而彼物色相如色香等仍自存在。故心与物，非不相离。如斯执著，一切凡情共所计有。又诸心物二原论者亦属此计。

依于如上所计执故，随复生于宗教哲学科学家等种种计执，虽与上执有顺有违，然皆俱以上执为本。谓由计有我及物故，即推究此我为是常耶，为是断耶，为有所从来耶，为无所从来耶，此我及物为有造作者耶，为无造作者耶，为有主宰者耶，为无主宰者耶？于是宗教家出而答之曰：我有常，灵魂不灭，有所从来，有造作者，有主宰者；此之主宰谓即上帝，能造众生及世界等，我之灵魂为出于彼。是为宗教家之主张，即哲学家中唯心一派亦属于此。

次复有人推究此我依心识有，而此心识依身而住，而此身者物质所成，又由饮食之所资长，故使无物，即无有身，使无有身，心又何有。故知心者物质所成，由诸物质种种和合即便得有种种用故。彼用殊妙，强说为心，实离物质都无所有。又复审观一切外物可见触者，破裂分析可成细故，应知粗物由细分，成分更有分，成分子原子电子等。一切粗物虽可破坏，性可转变，非是恒常；然原子等，为本质故，恒常不变，无有失坏，展转化合成一切物，由物作用，形于心等。故我虽有断，而物质不灭。一切科学家皆同此计，而哲学家中唯物一派亦属于此，印度顺世外道开其先也。

由第一计有我有物，有色有心，二各别性。由第二计，我之与物俱上帝造，常无常别，故各别有，虽或说唯心，而义不究竟。第三计者，物质是实是常，心用是假是暂，心且不有，何言唯识。一切外计虽无量种，类以纳之不外此述。

述外执已，次破彼计。

初计我物定非实有。以云我者不离心心所等法故，所云物者不离色声香等法故，除彼等法别无实体名我名物，故我与物唯是假立。又心等法与色等法定不相离，故言别有亦妄所计。此复云何？谓诸凡夫计有我者依心用故，依彼心用能见色等，由是执有我见色等。实则能见色者唯眼识用，能闻声者唯耳识用，乃至能思量事者唯意识用，能觉苦乐唯是受用，能施名言唯是想用，能造作业唯是行用，更无余我见于色等，故但有识等别无有我也。若定执有我见色等者，彼眼识等为有为无？若云无者，与世相违，世现证知能见色等是眼识等故，有我无心，故成大过。若云识等有者，既我已能见于色等，此眼识等虽有亦复何用，以彼色等我已见故。既无有用，体亦应无，何复说言有眼识等？若谓我虽能见色等，然要依眼识等始有用故，如识与根齐兴作用，故二并有而皆有用。如是则离眼识等汝所执我应即无用，汝云我用要依识等始有用故。既依识等我用始成，是则汝我失自在义，失主宰义。无主宰故，不自在故，汝所执我意义全失，何得云我？又汝我用既待识等成，则汝我体应亦非常住，如于识等体用不离故，是则汝我应非常法，还非是我。又审问汝，既云识等体用非无，则此识等已能见色等，别执有我，复有何用？若谓识用待我用成，如识依根始见色等者，根有根用彼此极成，为识生长门故，汝我于识用为何等？若谓为生长门者，则即是根；若谓为策发因者，是即作意；何用于我？若谓为主宰者，应知一切法生都无主宰，以要因缘二俱和合法始生故，如眼识生要依根境。复应审思，如我能主宰令识用起者，既我能主宰则识之起可不待余若根若境，有主宰故。又我能主宰故，则应随意于一切时一切识生，有我能为主宰故。然此妄想与世全乖，故主宰用定不能成。又复应思，汝所执我能为识等作主宰者，汝我亦能自主宰不？若云能自主宰者，则汝我用不应待识等成，即彼我体已能见色闻于声等，别说有识还成无用故。若汝我用要待识等始得成者，如是汝我即自无主宰，自我于自尚无主宰用，况复反能主宰于他？故汝我用决定不成，识等之生不依于我，自能见色等。又复应思，执有我者，此我与心为异为一？若云一者，是即识等妄执为我。若云异者，应离心等有别体用。然此体用，如上推证都不可得，故离心我决定不成。复应审思，执有我者，彼我之体为一为多？若云多者，我义不成。多我相合，成假体故；我互相违，失主宰故；数我迭变，成非常故。若云我体唯是一者，我体既一，用亦应然，云何一身善恶前后迭互相违、喜怒爱憎或时并起，理欲交战尤所时闻。我体既一，用胡成多，不见一法有善恶二性故。若云我体虽一虽常，然随外缘异故其用可多，如彼金银成钏环等，又如素绢染苍染黄。是则汝我失主宰义，可随外缘而转变故，如彼金绢，谁许为我？执一执多如是，执常无常亦然。进退推证体用俱失，故但妄情谬执为我，实离识等性相都无。如是略破于彼我执。

云何得知外物非有？有实体物理不成故，除色声等无别物故。谓世共许实有法者，要由现量亲证有故，要由比量比知有故。云现量者，谓现所量境，直接了知，不待推证；如眼识所见色，耳识所闻声，现前现在显现有故，如是境事可说为有。言比量者，依于现量等事以正道理推度思量证成有故，如六根等虽非六识所能现见，然依有发识用，由果推因证知是有。又如远见烟，比知下有火，以曾习见烟火常为缘故。今言外物实有云者，为是现知，为是比得？曰：亦是现知，亦是比得。云现知者，如吾人开眼即便见有瓶衣日月山河等故。云比得者，既彼瓶衣等物眼望之而有色，手击之而有声，乃至身触之而有冷暖等触。使无实物，云何得有如斯等用？谁见龟毛是白是黑，谁觉空花是臭是香，无实物故，用亦无有。故知心外有别实物，汝言非理，以汝所言现比二量俱非真故。

云何非真？且如汝言眼见瓶衣等，理且不然，以眼识所见但为色故，耳所闻者但为声故，乃至身所触者但冷暖等故。如斯色等可云现量等境。汝言瓶等既有多法，而眼等识见色等时但得一分不得余分，云何得言眼识生时现见瓶等？若眼见色即见瓶等者，应一切色俱是瓶等，俱是眼识现所见故。复应当思，眼见色时但有似色行相显现，亦且不作色等名解，以眼识等无分别故，色等实法现了知故；而色等名对待声等不同类法始施设故，纠合众多青黄赤等眼所见法始施设故。待异及同而设施者非现量境，非眼等识所行，是分别境，是意识所行。此眼等识现量证时尚不觉有色声等名，尚不别作色声异解，云何乃能现证瓶等？是故瓶等非现量得，现量决不证实外物。故汝现量言，唯尔妄所执。

次复应辨，比量非真。此复云何？谓如汝言瓶衣等物既眼见其色，耳闻其声等，有多相状显现可得，是故定实有物为彼相体者。今当问汝：汝言实物为即色声等法耶，为异色声等法别有自体耶？若谓即色声等法者，应如于我，揽心心所以成除识等外更无别法故唯假有；汝实物亦然，即揽色声等以为自体故。既除色声等更无有别法，故汝外实物唯尔计所执。若谓异色声等有别实物者，应离色声外别可现量得，以有实体故，如彼色声等。今此外实物既非现量得，故知无别体。又汝若言外物实有，色声等法之所依故，如眼根等为眼识等依比知故有，汝量不然，喻不成故。所以者何？诸所依法依彼生者，决定不能离彼而生，如眼识等依眼根等，决定不能离彼得生。然色等法非定依汝所执实物以为体故而始得生，如镜中像，如水中月，如谷声响，如梦所见，虽离所执实物自体，而彼色等像亦可得生故。若离实物便无色等，云何得有是等境界为眼等识现量等知？又不可言有色等处定有实物。若谓然者，岂彼水中实有多月，梦中实有人畜等耶？由是可知色声等法非定依于实物体生，有色等处非定实有外实物等。故汝比量同喻不成。

若复救言，镜中像，水中月，谷响梦境，彼色等法是假非实；瓶衣上色是实非虚，故喻不成者；汝言非理，云实有者，非现证有耶？言色等者，非眼识等所见耶？既镜中色等现在现前显现可知，眼等识了，云何拨为非实有法？彼瓶衣等非眼识见，非现量知，而翻执为是实有物？如是颠倒，斯为大谬。又复应思：既如汝言实物既离色声等外别有自体，是则色等亦离实物而有自体，体自有故用亦自有，复执实物更有何用？况复许言异色等法物别有体者，既别有体应别有用，然汝物用若离色等，更不可得。是故可知汝执实物都无所有，唯依色等妄所计度，现量不可得故，比量不可得故，如龟毛等。又汝前言谁见龟毛是白是黑，谁觉空花是臭是香，故无实物即不应有色等起者。此难不然，如上所言，虽无实物等而色等生故；如镜中像，水中月等。已释此疑。况复世间眼眩翳者，虽复无有外实物等，而彼识上亦复现有红黄等色显现生故。声香等境亦可类知。故色等法决定不依外实物生，彼外实物决定非有。

上来已破我物非有，即破初计。初计破故，余计亦除，余计要依初计生故。我物本无，云何得有上帝原子等？谓要执有我者，方始推计从上帝等生故。所造既无，能造何有？别我既无，总我何有？一切有情既唯和合众多心心所法而成，即心等中尚自无主宰，离心以外执有上帝等云何得成？今且纵汝许有上帝等能作万物主宰者，彼上帝等性为是仁善，为是暴恶？若是善者，能造既善，所造亦应善，云何世间得有众多恶人恶法？若是恶者，能造恶故，所造亦应恶，世有善人善法为难亦然。况既有主宰，彼造恶业等者云何不立除遣，乃容并生使成恶杂世界。况诸有情生老病死众苦交横，彼主宰者云何不能稍与拔救？诸如是难，主宰不成，故唯妄言非真实有。又复应思，一切有情上帝为因，彼上帝者为复何因？若云有因，因则无穷，亦即应失汝主宰义。若云无因而自生者，彼一切物何不自生，须彼上帝为因生耶？彼此异因不可得故。又复应问，此上帝者为与万物是异，是同？若云是异，是则万物离彼上帝而自有体，云何言从彼生，以彼为因者？若云是同，则万物有多故，彼上帝亦应多，即失唯一义。万物无常故，彼亦应无常；万物自无主宰故，彼亦应无主宰。故彼上帝但尔假立，诸宗教言唯是迷妄。破者众故，此不详言。

诸科学家执有物质原子等成，理亦不然。以彼外物本无有故，要实有外物然后可言彼外物体由原子等成。彼外物体以现比量展转推求皆不可得，云何可言原子等成。如要实有林，然后可言此林多树成；林先不可得，何得别有树等。合别以成总，总无别无故。况彼所言原子等义自不成立，何得执为实物生因。谓诸愚夫于色声等境上执实有物故，继复见彼物可析成多分，由是转计一切外物皆由微细物质和合之所成就，此即极微论分子论及原子电子论等是也。如是等论皆不应理，破极微论，广如《二十唯识》《三十唯识》等论。今略述其意者：谓外道等说有极微性实常住，展转聚集便生子微，子微复聚成粗色等，转更聚积成三千界；极微是常，色等生灭。此理不然。汝云极微展转聚集便成色等者，汝此极微为有方分，为无方分？若有方分，应可分析。可分析故，便非极微。若此极微无有方分不可析者，无方分故，应如虚空，虚空无体，如何可能聚积成色？又汝极微为有质碍，为无质碍？若有质碍，便可分析，诸质碍者遇余碍时两互相撞有破坏故，故可分析。可分析故，仍非极微。若谓极微无质碍者，无质碍物如何集积成色等时便有质碍，如彼虚空岂多和合便成地等？又无质碍故便即无有集聚之用，以聚积用由质碍成故。极微无碍成有碍色理不成就，以果与因不相应故不随顺故。碍无碍如是，常无常亦然，谁见常因生无常果。且既常故便无生用，生义既无因义即失，谁复许汝常性极微生无常色？故诸外物从极微生道理不成。次破原子论等者，西方科学家言，世界万法由三因成，一者物质，二者能力，三者以太；由此三法展转变化聚集和合，而诸世间万法生起，故诸物体均由原子等成。此原子等仍可分析成于电子，和合聚集复成分子，复由分子成色等物。故世间法，由电子成。此亦虚言，都无实义，以彼分子原子电子之说，次第转变自无定故。盖始自希腊创分子说，以诸色法有体质者可分析故，便谓物体由分子成。科学渐进步，分析术益精，便说分子还可分析成于原子。再进步故，再分析故，复说原子成于电子。然科学之进步无已时，方术之进步亦无已时，谁谓汝电子即真法因者。古语有言：一尺之锤，日取其半，万世不竭。原子电子，其义亦然。分更可分，分岂有竭；子更有子，子则无穷。如是展转但儿戏论，欲得真因信如梦呓。故彼电子之说，无复价值。

如上已言极微电子非理，次复应思，诸有主张极微电子成粗物者，唯一理据以为大物由小合成也，此于世事乃大乖理。盖诸实事可由现量五识得者，绝不见有合小成大相故。譬如眼识见色，随识生时即便见有色相显现；彼色相者随量大小皆顿时生，绝不见彼由小聚集。如镜照境，山河人物一切色相虽无量种，而皆顿时随量即现，非是要由众多聚集。色生如是，声香味触等亦然。是故诸法非由小合成。又诸色等性是无常，皆刹那灭；譬如乐音后音生时前音已灭，绝不停住与后和鸣，而诸聚集展转生者，要历时久。历时久故，前法已灭，云何复能和集生后？故一切法非和集成。诸法既非和集所成，故谓实物为电子等成都无意义。

次复应思，彼电子等非五识境，非现量得，一切有情曾未见有。诸科学家所以异于臆想论者以彼尚感觉之实验，故不流于妄测武断也，既彼实物非现量得，成彼之因亦非现量得，又俱不可以比量证成，而必固执谓为实有，是诚所谓披龟毛衣自夸华美而不自知狂梦者也。

物质实在之论既摧，原子电子之说已破，则唯物无心之论自不待辞费而廓清无遗矣。物本无有，何复言唯？心现可知，云何非实？然意趣至故，亦略陈其未尽之义如次：

诸有执著心假物实、心由物变者，意谓吾人之心依身而住，故身若坏心用亦无，生理变时心理亦变，由是推知心由物起也。然彼不知二法相依互损益者，此但增上缘，非即亲生因。如毂与辐两两相依，此一坏时彼用亦失，然非彼此即互变成。又如生物动植相依，非遂可言有此无彼。如谓动植两物相依便可说言有植无动者，亦可说言动植相依有动无植故。然彼生物学家俱不许此，云何可言心依身故，物有心无耶？所以者何？心固依身而有动作，身亦依心持不坏故。如五识托根而得生起，又如意托唇舌手足而有言行，是心依身有动作也。无疾病人或因危怖或因失意狂悖死者，或命尽死者，彼身完固，以丧心故而即烂坏，是身依心而得住持也。诸生理起变化者心识固亦因之而有变化，然心理而有变化者，如极悲欢时身岂不亦随之而起变化？由是可知心固依身，身亦依心。既两相依，互为损益，云何可言身实心假，心从物生耶？若谓心依身故便谓有身无心，岂不亦可身依心故有心无身耶？如是偏执，实为自害。

次复应思，心固多有依身起用如彼五识，然在意识即不尽然。瞑目凝思遐想千里，梦寐之际意境万年。又诸外道亦有神游物表遗蜕形骸者，事多确据，乌可尽非。乃若深明佛法者，则无色界天不依身住，神通境界弥更难思。心既离身而独自在，执唯有物是实大乖。然此等理趣非彼所悉，骤然语之将非极成，故兹不详，更议他事。

诸有主张唯物史观者，谓世界变迁人类进化靡不随经济之变化而变化，是故一切历史皆物质变迁史耳。即人类种种行动思惟造善造恶为智为愚靡不受物质之影响与支配而生其反应，以是推之，实无有心，但唯有物。心也者，物理作用之反应耳。此决非理。所以者何？以彼所云唯物史观自不成故。云何不成？今且不破物质经济之变迁大有影响于历史之演化，而但问彼物质经济云何得有变迁耶？人与禽兽同为动物，千古以来同生息于此天地，彼亦须饮食物质之供求，此亦须饮食物质之供求，然在彼类之经济状态何以永无变化千古如一日？居犹是也，食犹是也，乃至一动一鸣无不犹如是；而此则自穴居野处而巢息宫室，自茹毛饮血而烹饪火食，农工技巧日臻其能，经济变迁至今而极。彼何因缘而无变，此何因缘而日新？虽执牧牛夫等而问之，彼亦将可决然答之曰：是人类心思智力之日有变化，而彼类之心思智力无有变化，故尔不同至于此也。然则历史之演进固多受物质经济变化之影响，然使此物质经济而不得长保旧观以日趋变化者，根本之根本固由人心之不安故常，而贪欲逐逐有以使之然也。今从表面观见社会之变迁有关系于经济，则曰历史唯物质之变化，世界唯有物而无心。苟从里面观见经济之变迁托命于心理之演进，不将转谓历史唯心理之变化，世界唯有心而无物耶？

心理行动受支配于环境，此说吾亦不全反对。然将进而问之曰：所谓环境也者，又岂能离于人群风俗之熏染耶？此人群风俗之熏染，又岂有更重于心理者耶？况夫心之感应于境也固非若机械之共趋于一途，或闻乐音而欢然，或闻乐声而泪下；或瞻明月而人我俱忘，或瞻明月而神魂皆断；其所感也同，其所应也绝异，岂因彼之神经细胞脑膜曲折身体肥瘦肢节长短有殊？毋亦曰，自有不同之心绪情怀有以致然耳。今之人逐境忘心，迷事罔理，闻徇田横之志士五百，则曰此封建制度之环境使之然也；闻节妇之不嫁二夫，则曰此家族制度之环境使之然也。然却不思，同在封建制度之下也，岂不大有盗国之臣？同在家族制度之下也，岂不大有失节之妇？不求之于人心忠奸贞邪之异，而概以物质环境之同；事理俱在，岂一手能掩尽天下智士之目哉？谁谓童骙，愚痴至此。故唯物家言，都无是处。

即于此中有作斯难：既物与我皆非实有，然彼色心等法岂遂无有生起因缘？曰：非无因缘。色心种子，是色心因；即彼色法与余色，心法与余心，又色与心，展转增上而互为缘；故诸世间有色心起，然都不由实我实物。今但破执，故不详言；后时随宜，当广宣说。

三申正义，结归唯识者：如上所言，色法与心俱非无有，心色二故何成唯心？色等诸法不离心故，若离心者性相体用都无有故，以不离故，说言唯识。

云何应知色等诸法皆不离心？曰：由教及理，知不离心。所言教者，如《华严》《楞伽》《密严》《深密》经等，皆有明文，此不赘陈。所云理者，谓诸色等随心生故，心如异者其所见色亦随异故，心亲所缘唯自相故。譬如吾人远见青山，烟霞明灭，景象沉清，恍如画境，咸谓是诚山之真相，天界仙寰不是过也。爱慕之切，将不远千里而往就之，行行重行行，日与之近，则远望之山色景象必随之而迁改。即其足接身亲之，则前之所谓烟霞明灭恍如画境者，今乃石砾遍地、荆棘纵横也。前之所谓天界仙寰者，今乃寒风萧瑟，景物凄凉，而不可终日居也。由是观之，山色虽同，而随人观视之远近而乃绝异。使先之所见而是，则后之所见必非也。使后之所见而是，必先之所见者非也。既境界随观察之处而百千迭变，既不能俱是，必百千所见者而尽非也。此则随一人所见以远近不同而所见有异者也。又此人者，于一生中，年龄少壮衰老有殊，视力明昧即随而异，则虽于一处同见一物，然其所见必又不同，其不同也，随其年之少壮衰老有殊耳。然此少壮衰老，非突焉而少，突焉而老，盖随年月而渐壮渐老。此年月者，又积日时以成。彼日时者，又积分秒乃至刹那刹那以成。则人视力之远近强弱，岂唯随少壮老之时代有异，必也随年月日时乃至刹那刹那而有异。然则吾人所见，直可谓刹那刹那无一相同者可也。今纵承认外境实有，有其实相，然既随人所见之远近先后而不同，是则人之所见必非外境实相也，是即不亲缘外境也。既非亲缘外境，则所见者必自心所变之色相耳。既此色相随心所变依心而生，是故应知色不离心，唯识安立，道理决定。复次，前云见色，就一人言。设于此处有多人者，则所见色必更歧异。所以者何？视力强弱，随人殊故，取境明暗，各不同故。吾近视也，与友人同入讲室，人见黑板有字，吾曰无焉；人见天也，吾曰大焉；与友人同游于野，人见远处有牛，吾曰狗焉；人曰张也，吾曰王焉。人咸笑我，以为不见真实也。然吾友人亦俱常人也，百里以外千里以上彼其曰有曰无曰犬曰牛曰张曰王，不又与吾同欤？是知万象纷呈，而各随人之识力而如量以了。人之识力既万别千差，是必所见亦万别千差。断言之曰：尽聚世人于一处于一时间，使见同境，各人所见之天地人物、大地河山、动植飞走、白黑红黄种种色相，亦无有一同焉者；即各人自有其各人之天地人物、大地河山、动植飞走、白黑红黄种种色相，是即各各众生各有各个之宇宙也。即于此中得二结论：使果无外境耶？则各人所见固尽各自识境也。设信有外境耶？彼外境者，既随各人所见而不同，即各人所见仍各随其自识所变之色相也。既识所缘唯识所变，以是故知唯识之理决定安立。

上来所言，但就眼识所缘以明唯识，余耳识等例此可知，至于意识所缘，通三世境，过未非有，随意得缘，更易可知。

按：此上所言眼见山河人物等相之相但指色相，即青黄赤白等显色是也。此外大小形色及山河等名言，皆非眼识所缘，皆非性境，随应即意识境界带质独影等收也。为对凡俗使易知故，说言眼识见山等，眼识实但见显色等。言总意别，幸勿致疑。

又此所言但言性境，若带质独影境更易了知。如远见杌，执为鬼等；又如梦中见种种相，虽无外境而亦得缘，其为识变不繁言矣。又此中言但就人趣同类有情而言各识所缘色相各异以明唯识，乃若异趣有情则更为差别；故人之矢溺，狗之美食，蛆之安宅；人见清水，鬼见脓河；诸如是等不须广述。又若已得解脱、胜处、遍处、胜定神通者随意念力一切境界无不现前，已得自在智者随欲转变地等可成金等皆有实用，已得无分别智者一切境界皆不显现。如是诸因，已于佛法得胜解者无不净信，然非浅陋所可及知，非彼极成，故不多述。

即于此中有作是难：汝云识所缘境由所见相随时随处由诸有情所见各异种种相转，以是故知识所缘境但识所变者；汝理不然，以我外境原有种种别异相故。一切外境既本有多相，故随有情时处异故而各得其相之一分，故所见虽不同，而非无外境。此如于棹有其坚相是手所缘，有其显色是目所缘，击之有声是耳所缘，即此颜色音声随人所处之位置之远近或打击之轻重等异故，而明暗大小宏细等相又各有异，又此等相非但有识者可以得知，即非有识者亦可得也。如照相机及留声机，亦得取彼种种相故。故知外物非是无有，唯相多故，故见有异。应知合彼种种异相，是即真实外境也。

此难不然。所以者何？汝言外物有种种相者，为是先有实物故然后有众多相生，为是先有众多相故后乃有实物？如先有实物后有众相生者，彼实物者为可知不？若非可知，应如龟毛。既不可知，何执实有？若是可知，还即是相。相有无边，得一相时仍非得实物。今观于相言见实物，是大不可。若先有众相，物合众相成者，多相相合是聚集假（按：一切假法，于法相义略分三种：一聚集假，如军林等；二相续假，如有情等；三分位假，如生老等。此之三法，若离所依色心等法即自无性，是故说言唯是假有），即非实有。如诸凡愚于诸心心所上执有实我，又如于辋辐轮毂之外别执有车，是皆妄执，故汝实物唯诱愚痴。况外实物，如前推证种种破斥，见彼非有，如何今反执实有耶？又如汝言照相机留声机亦能取于色声相故，知实物有，非唯识变，此尤背谬，非如理言。所以者何？照相机中所印色相，留音机中所发声相，非即外物之相，而是别一相故。如人今日照相以明日死，人渐坏烂化为乌有。若谓此所照相即彼人相，彼人之为物即合此多相以成者，相即人故，其人既死，此所印相亦应随灭，云何人死而相可存？相即人故，此相存时其人虽死应实不死，有相存故。如是颠倒理事俱违，谁有智者而信此说？照相机如是，留音机亦然。机所发声自是机声，非人等声，人等死已机仍可续发彼等声故。以是故知照相留音机亦非能亲照取外境，所印色声唯机自所起。以是证知识缘外境时，所见种种色声香味触等亦唯自识所变，非亲缘外境也。

外复难言：既如汝言诸识所缘唯识所变，是则外境一切都无，外境既无应随吾人作意力故随所欲见所见得成，云何吾人欲见泰山唯于山东得见不于余处，欲见满月唯于十五夜见不于异时？又既识所缘唯自识所变，应各所见唯各自知，云何众生得有共尝甘苦共觉苦乐等事？又若所缘唯识所变者，如梦等境虽得刀钱都无刀钱等用，而觉时境非无实用。既有如是种种疑难，云何说言外境都无但唯有识？又如上言照相机等虽无有识而亦得有色相等生，是知色等实自别有，非定识变。又如汝言识见色时不能亲取，既云不亲取明有疏境，但非识所亲缘，彼疏境者即外实物，云何遮无外境但有识耶？

答：处时等难俱如《二十唯识论》中广解。谓如梦中虽无实境所见众相亦有定处定时，非一切处时见一切相故。又如梦中虽无实物作用亦成，损失精血或流泪等俱有用故。又在觉时虽所见境多有作用，然岂遂无无作用者？一切凡夫终日颠倒妄想分别，时时生起错觉幻觉种种不息，岂亦遂有真实用者？又汝所言若无外境应随有情所见各异者，岂不前言一切有情识力异故见亦随异，一切有情各识所变宇宙各别无一同耶？然云有情共见一物共尝甘苦共觉苦乐者，此但相似非真共一。谓诸有情识虽各别，然以业力互相似故，其所受报亦各相似。又由所习名想语言约定俗成可互表示，言互了知言白言黑言甘苦等，实则各所感受各所了知实非是一，如在一人自识前后共见一色随所在处远近异故色亦明暗而先后殊，然由相似故谓后所见还先所见。又如带着色眼镜者，虽所见色绝异常人，然由宿习名言力故，即彼所见还有青黄白黑等分别。又复可告人曰，吾今与汝同见白黑，实各所见白黑各异。言共了者，应知假说。况复多人同听乐音浅深异感，共见明月悲欢各殊，人与犬等香臭异味，谁言众生共证一境也?

上来但就六识境界言诸众生所见各异色不离识，至于疏所缘缘八识相分微妙甚深，故未显示。此复云何?谓我自宗根本建立第八阿赖耶识，此识生时内变根身外变器界，根身器界由大种造色相互合成，根身为依令识等起，器界为依作身住处；即复此根身器界总聚之上别实大种造色为本质故，眼耳等识所变色等相分仗之得起。此眼等识所变相分色等为眼等识亲所缘缘，彼第八识相分色等为眼等识之所仗质，不亲取故名疏所缘缘，故识等生虽亦仗托外境，然彼本质色等仍即第八识相分，随第八识势力生故，仍从识变不离于识。以是义故，唯识义成。此如第六意识得疏缘于眼等识色，然彼色等仍识等生，是故不坏唯识义理。然云何知，有第八识?别有此识，余文成立，此非专论，故不复陈。复云何知彼本质色不离八识?亦随有情所变异故，谓大地等虽诸有情业力同者有共相种互作增上展转变生可互受用，然但相似处所无异，如众灯明各遍似一，非遂有情共缘一境。即于一地趣生异者共中还有不共相故，人天鬼畜虽同欲界，然彼所变互不相同。《摄大乘论》无性释云：谓于饿鬼自业变异增上力故，所见江河皆悉充满脓血等处，鱼等傍生即见舍宅游从道路，天见种种宝庄严地，人见是处有清冷，水波浪湍洄。此等所缘托异熟（八识异名）境，既随趣生不同，而所见有异，明知彼本质色随彼第八异熟识生。理趣繁广，不劳详述。第八识所缘定不离自识，识所缘境故，如五识等境。唯识道理决定得成。即此亦释余所疑难。谓若唯识云何缘泰山必于山东省，缘满净月必于十五夜者，前五识生要托第八识相分色等；为疏所缘缘故，此疏所缘随八识生，八识之生缘宿业起，宿业定故此识生时一类相续，所变色等亦常恒时一类相续，终于一生报未尽时成于定局无多转变。故五识等托彼生时，处所时间亦有定限。此理深邃，未克广陈；非深研本宗，亦未克臻信；论时至故，聊述此耳。即于此亦见本宗唯识与外宗唯心论者不同。盖彼辈拨无疏所缘缘，但可解独影境，带质性境俱难解释。又为避过矫归外境存于上帝之心，斯更无谓也。又汝所言照相机留音机等亦能变生色声等故知离于识别有色等者，此亦不然，以诸色等虽亦互作增上缘展转击发有众相起，然彼所发色声从本质言者是即第八识境故，从眼等识所缘言者是即前五识等境故，各随所应还从识变，非离识有，云何别执实有外色？或复难言：对碍名色，是法相言。既诸色等随自识变，识有多故，色亦应多，即一时处有多色等起，有多山河大地等生，云何由何不相障碍耶？曰：对碍名色虽有是言，然随所应非定实尔。云何知然？此如坚性，能碍余坚，又如色等能互隐蔽，然此皆于自类始有是能，又非必尔，即于坚等同处得有暖等生故，是即地及火等得并时一处生，以异类故不相碍也。然在同时同处即同类者亦非定相碍，如光明等互相交遍不相碍故，故知色碍，但随所应，非定尔也。色法如是，心心所等亦然，诸自类识以同类故不得并生，是故一根一时但发一识。然异类者心王心所可同生故，六七八识及五识等遍行别境及善染等彼此随应相依生故。此在同一有情诸聚相望以类异故既不为障，其在多聚有情既色心等类各不同，如众灯明各遍似一，是故都无障碍等事。若复难言，若余有情色心异故互不碍者，云何有情异类相望得有杀害等事者。此亦不然，谓诸有情界地同者，业力同故，异熟识生有共相种内变根身外变器界，同时自他亦互变起他身扶尘（即根依处），以互可有增上用故。既诸有情色身互变互作增上，故诸有情有杀害事，此但增上力，非亲杀害余，障碍之用实自碍耳。若尔，杀生应无有罪？罪业因缘如余处说，此非时故不更广陈，此处但成唯识义故。

由上所言，一切世间无我无物，但有色心种种相转。此色与心定不相离，色随心生为识所变，若识异者色亦随异，若识无者色亦随灭。种种道理已并略陈，一切疑难已略除遣。由是应知唯识道理决定成立如大王路，诸有智者应共率由。

法相学

叙论：法相学在佛法之地位及与西洋宗教哲学科学之比较观

一、法相学在佛法上之地位

《解深密经》胜义生菩萨言：世尊初于一时在施鹿林中，唯为发趣声闻乘者以四谛相转正法轮。第二时中，唯为发趣修大乘者依一切法皆无自性、无生无灭、本来寂静、自性涅槃，以隐密相转正法轮。今第三时中，普为发趣一切乘者依一切法皆无自性、无生无灭、本来寂静、自性涅槃、无自性性，以显了相转正法轮。初、二有上有容，是未了义。第三时教无上无容，是真了义。

佛初灭度，声闻弟子依阿含教宏宣正法，数百年间分部二十。次有龙树、提婆菩萨依《大般若经》造《中》《百》等论，宣宏胜义空性，拯彼小宗，导入大乘。由是空有互非，小大共诤。后有无著世亲菩萨依慈尊《瑜伽师地论》造《显扬》《中边》《集论》《摄大乘论》《唯识论》等，显《深密》第三时非有非空中道了义之教。融大小，摄空有，被五性，广三乘，缘生法性，胜义世间，教理行果，赅备无余。慧日中天，后先无匹。

二、法相学在中国之兴衰

佛法来东土，初时经典不备，小义粗陈。继有鸠摩罗什法师于姚秦广译《中》《百》论等，大乘般若空教宣昭此邦。至大唐三藏玄奘法师西天求法一十七年，归译《瑜伽论》等千三百卷。而后第三时了义之教、第三代无著世亲之学，悉来中国，丕显一时。古今学者称此为法相宗。

法相宗依闻思修，资粮加行，广行深观，次第证离言实性法界真如，断二障，证二空，成就菩提涅槃广大转依无上极果。其学博，其理深，其行广大，其证长远。中士下士，闻而吓走。于时禅宗以顿悟为捷径，台贤以方便事融通，学者喜其速而乐其易，三宗鼎盛。益以净土仗佛力往生，从之弥便。而教理深广行证长远之法相宗遂音沉响绝，而佛教佛学日就支离暗淡，几至灭亡。

三、法相学与西洋学说之关系

海运开，欧洲哲学科学传来东土。其学严思辩而求实用，扫除一切宗教迷信与不合论理之冥想、不落边际之空谈。于是精神耗散、躯壳徒存、类似迷信、不合理论、不切实用之残余佛教被其打击，几与野蛮民族之多神教拜物教等同被淘汰，不得存留于今之文化昌明时代。

形存实亡之佛教虽被打击，而真正之佛法教理亦正如沉眠深梦之精神，突被迅雷震惊而忽然醒觉。于是此教理湛深行证广大之法相宗乃自旧纸堆中放厥光明照耀尘世。西学之于佛法，摧毁之乎，抑振兴之乎？为罪为功，诚不可思议！

法相学之中兴，非唯住持佛法使免于西洋学说之摧残而已矣。实又能救正西学，调整统摄而推进之，使拔出支离破碎矛盾偏激无行无果之戏论诐辞而入于光明大通之正道。

四、西洋学说之情势

查西洋学说发源于希腊。希腊学说始于天文数理而入于哲理。西洋近代学说咸具雏形，至于亚理斯多德集其大成。希腊衰，罗马蹶起，为统摄人心，升希伯来之耶教为国教，而宗教势力压倒学说思想千余年，称为西欧黑暗时代。自文艺复兴，科学哲学与日俱进，如火如荼，璀璨光明，迄于今日，欧洲文明达于顶点，独霸世界，所向无敌矣！然其学虽已独霸人心，而未能与人心以安定；虽能征服世界，而未能与世界以宁平。由其学教之矛盾冲突，而与人类思想界以极度之紊乱，与人类国际间以空前之大战，行将陷人类于灭亡，斯亦出人意想之外者也。

吾人观于西洋学说思想之历史，盖一宗教哲学科学之冲突史也。宗教者，与人以信仰者也。科学者，与人以知能者也。哲学者，道人以理性者也。人无信仰则心志无归宿，而彷徨无依。无知能则生活无具，而遇事成碍。无理性则行为狂瞽，颠倒而妄作也。使此三者调和统一，或并行而不相背，为理性的信仰而不迷，为理性的生活而不支，情感理智交相养而互效其能，则内心充实而生活恬美矣。无如西洋之宗教，唯神的宗教也；西洋之科学，自然的科学也。唯神者以上帝为万物之主宰，人但当归信而不容思议，其违背理性甚也！自然科学以探究自然物理现象征服天行以利人事为旨者也，不唯无神，又且逆天。故宗教科学始终冲突，而精神之寄托与物质之生活始终矛盾。哲学统摄真理，包举宗教科学而研究之，庶可得一公正之结论。然而西洋之治哲学者必有所依，而互有所偏。其以宗教为出发点而探究宇宙人生之实相者，多为唯心论，归结以上帝为此心之源泉。其以科学为出发点而探究宇宙人生之真相者，多为唯物论，归结必以物质为万事之根本。故宗教科学之争无已时，而哲学上唯心唯物之争亦无已时也。

由宗教科学哲学诸家之互诤而影响及于政治经济社会国家者，亦复思想淆然，主义杂出，壁垒森严，斗争无已。由思想之纷乱，而世界之大难随之。如水益深，如火益热，人类不知伊于胡底，而无教无学足以救之。盖彼之宗教，迷神者也。科学，逐物者也。哲学，戏论而已。何足以安身立命纳人类于正轨哉！

五、法相学与西学之异同

世固有不迷信之宗教，不逐物之科学，精深宏远之哲学，合三者而一之，非宗教非科学非哲学，亦宗教亦科学亦哲学之教理，足以拯拔人类者欤？曰有。是为佛法。尤且佛法中之法相学足以当之而无愧。

六、法相学之方法与宗旨

法相学之治学也，始于观察，严于分析，继以综合，而终于实证。以世间现量为本，以比量为用，以出世现量为究竟，而始终以圣言量为导为范，使无失旨归。以断除一切似现似比之遍计所执之非量，而成正觉，而证诸法实相真理。故佛法为求觉证真之学，为纯粹之哲学也。其勤观察，严分析，谨综合，而取决于实证，则又纯科学的方法也。始以圣言量为导为范，而终以出世现量为究竟，欲求出世现量，又必依戒依定，有修有果，则又最高上纯备之宗教也。此就其中治学方法言者也。

七、法相学之分析宇宙实相

法相学之分析万有也，剖析宇宙而不得一物，分判人身而不得一我，观察世界但有地水火风、色声香味触之大种造色流布积集，而不见有神。此甚合于最新之科学哲学者也。其对地水火风、色声香味触之解释，则又谓为各有自性的各别功能，而非起于一物之实体。既不许有造物之神，又不许有所依之物。原子电子等之玄想假设皆打破无余。但取纯现量——纯粹感觉而不杂以思构者——之所得始谓为有。揆之西洋哲学，大有似于现象论，主张或且过之。其对有情之观察分析也，以为但有色受想行识之五蕴聚集相续，别无主宰常一之实我。此亦甚合于近代心理学所主张者也。其剖析色蕴也，根及根所依处有别。其剖析受想行识四蕴也，心王有八，心所五位，偏行五，别境五，善十一，烦恼随烦恼二十六，不定四。详密精湛，对于心理上认识之能、享受之用、行为之业、善恶之因、迷悟之由，莫不各有所依所据，本本源源，穷其究竟。较之西洋任何心理学派无不精备。又其析识与根，则永拔心理学于生理学外，使唯物的心理学失其根据。乃使心理学得以确然独立。此其对于科学上之贡献，实为西洋科学界所未有者也。彼既立蕴无我，又就色受想行识五蕴分析以为唯有色心心所之功能相用，离相离用更无别体。是又永绝宗教神我之藩离，而捣其巢穴。与西洋唯心派之哲学亦绝不相同者也。

八、法相学之论万法缘起

使佛法而止于此矣，则对宇宙人生但有破坏之用，而无建设之功。立教未周，即对世间真理之发现为未究竟也。故次分析法相，即当观察缘起。法相者，缘所生法。缘起者，法起所因，彼生起之条件因素及其定则也。

世间何由而起，诸法何因而生。宗教则曰神造也。科学则曰物质变化进化也。哲学或偏于宗教，曰心之观念神之观念也；或偏于科学，曰创化进化也。然而神复谁造，彼宗教不能答也。物质何相，彼由何起，科学亦但云假定，不能正答也。心之观念，物之进化，依何由何而迭起不穷，彼哲学亦不能答也。

佛法则曰，一切诸法皆由缘生。何谓缘？曰：因缘，等无间缘，所缘缘，增上缘。缘如何生诸法？曰：诸缘和合而生诸法，故缘不备，法不生也。此诸缘之体复是何等？曰：仍即诸法也。法从法生，不等于神自神生、物自物生耶？曰：一神独立，故不应从神生。物自本有，故不应从物生。佛说诸法为刹那性，为众多性，为别异性。刹那故前后相引，众多故彼此互成，别异故相违相顺也。故法从法生者，谓前前引生后后，次第等流。诸法并时互作增上，展转与力。而非此之一法从自法生也。法从余法生，生已复生余，故诸法皆从缘生，又复作缘生诸法。非神造故，因平等也。非自然故，非无因也。非唯物非唯心故，非杂乱因也。此言其体也。次言其用，则诸法互为缘而互相生，故心心所色相系相属相依相应。心待境起，心依色也。境随心变，色依心也。心所助心，依心而起，心心所法互相应也。种生现行，现行熏种，是自类等流也。业从识起，复能引识，是异类相感也。分析之则法相各别，神我俱空。综合之则诸法为缘，和合不离，相助相生，束芦互依而矗立，焰炷生烧而不穷，有情以之而起，世界以之而成矣。此缘起义也。

九、唯识正义之精深伟大

分析之则为法相，综合之则为缘生，亦合亦析则为唯识义也。次谈唯识义：

佛法不说一切境界皆全无有，许有大种造色积聚流布成器世间，此与西洋唯心论之以世间万象皆为心之观念或上帝之观念者迥乎不同，而甚有近于西洋哲学之实在论者也。然则复何以成立唯识论耶？曰：大种造色之器界是有，而皆唯识变，此一义也。识变器界属阿赖耶识，非在意识，此二义也。识变器界，挟大种造色而变之，非如梦境唯心幻现，此三义也。各识所变各一器界，非一上帝独造世间，此四义也。诸识所变体相交互，如光相网，不相障碍，可互了知，此五义也。凡此所说，大违常情。此极近于神秘主义者也。而彼皆依极精深之认识论、极严正之因明比量以成立之，此又极端异于臆造玄想之神秘主义者也。

唯物论者，以自然造化有情。唯识论者，谓有情变生宇宙。此之有情不同于造物主宰之上帝耶？曰：同而不同。夫阿赖耶识变生山河大地，此阿赖耶识几于神矣。然而非神者，自无主宰，彼复由业感也。由业之善恶有殊，彼识之升沉以异，人天地狱饿鬼畜生之根身器界遂殊。宇宙随识生，识复由业感，虽能变生而不能自主，故非上帝也。然则彼业非上帝耶？曰：业依意识生，意识依根境起，受熏特种，皆在八识，展转互缘，都无自性。始终一缘起无我，完全脱离宗教气味，而又不同于西洋唯心论、唯物论、实在论者也。

又唯识论者，各个有情各一阿赖耶识，变生各自之根身器界。此宇宙人生各成单位，自为系统者也。此阿赖耶识与其所生之六识造业受果生命相续各自成流，自作自受，不作不受，作已必受，如此往复循环，始终一系，终无此人作业他人受果，他人作业此人受果者。故诸有情业果酬引秩然不乱也。唯其生命成流业果不乱，是以善恶功罪无所逃责，福无幸至，福无苟免，三世因果以立，五趣轮回以成。甚类宗教，而成于唯识，极异宗教，不同科学。科学执断，宗教执常。执断者拨无后世，执常者我往他生。经有偈言：无我无作无受者，善恶业报亦不失。无我作受，异宗教也。业报不失，异科学也。始终缘生，而严于唯识。人各一宇宙，生命无穷期。由是而真常主宰之我不有，自他差别之我不无，由是无我真理之下复可鲜明建立有我。世间则界趣以别，出世则圣果以殊，流转还灭皆得成就。此与宗教之一神造万物，科学之同一大自然界陶铸无量有情，哲学之宇宙大心精神总体生命源泉流出分化动植矿物一切有生无生有命无命有心无心等，生从彼生，没还归彼，大海生波，水性不异，体一分殊，乍散乍合，生命乍起，幻灭空无，业报不成，解脱无望，截然异也。

既有情识变业果成流，故有情不隶属奴役于宇宙也。既不隶属奴役于宇宙，故可转化改造其宇宙。盖境随心生，报随业感。心染而境界杂染，心净而器界庄严。故三界可化为净土也。业漏而感果成漏，业无漏故果成无漏，故凡夫可转为圣人也。即依此故，而戒定慧三学以立，而正见正思惟等八支圣道以成，而四向四果十地佛地之圣果可得。于是而佛法有教、有理、有行、有果，有信向，有归趣。岂如宗教之臆想天国，科学之但成工巧，哲学之玄想空谈，穷极思辩而仅成戏论也哉！

十、结论

总观佛法，凡西洋宗教科学哲学之所有者无不有也。而在彼则彼此冲突，各以为是，而莫衷一是。此则亭台楼阁殿宇庄严，一花一木各得其所，内外东西各有其序，调和统一不相乖反。在彼则玄想空谈，逐末忘本，唐劳无功，反增邪见，酿造罪过。此则实证现观成正等觉，断除杂染得大转依，修行有果，功德无尽。是故探求宇宙人生之实相得其究竟，天地以位，万物以育，成功伟大，未有如佛法者也。而此佛法非后彼宗教哲学科学而起，非调和杂凑因袭彼而成者也。

二千年前便已灿烂光明兴起于印度，千余年前尽数译传于中土，彼时正当西洋黑暗榛狉时代也。彼侈谈进化论者，安敢厚诬古人，谓往者尽不如今，前无大圣，一切文明智慧皆由凑集而来哉？彼西洋学者不当退然思返去其骄慢舍其邪执以服从真理皈依正法也耶？苟其能之，彼宗教徒乃得真正之信仰，而不迷谬。彼科学家乃不汩没于破碎支离无益身心但为物役之知识，而得大通之智慧。彼哲学家乃不沉溺于玄想戏论颠倒僻执，而入于精深宏富有行有证之现观正觉。正学昌，正道立，正行起，人心得救，而宇宙可望宁平矣。故佛法为救世之正法。而足以起佛教之衰病、拔救西洋宗教科学哲学之邪见妄执著，尤在法相学也。故吾作《法相学》。义虽略陈，体则已备，扩而充之，请俟异日。卅一年六月二日于龟山书院。

法相义第一

通达我法二空，断除烦恼所知二障，实证菩提涅槃二果，大悲大智，普度无边众生，是法相宗。依如是学，明如是教，名法相学。一切佛法皆法相学。最极成就厥在《深密》《瑜伽》第三时教、第三代学。今特明此法相学，一法相义，二法相体类，三我之假立，四缘起义相，五共业增上，六圣道转依。

《瑜伽师地论》卷十三云：云何假施设，谓于唯法假立补特伽罗。及于唯相假立诸法。此义云何？即说世出世间唯有诸法别无实我。唯有诸相别无实法。所谓我法唯依法相假立施设。

此唯法无我唯相无法是法相义。云何建立此法相义？将欲建立此法相义，当先诠定我法及相三义云何。所谓我者，义谓主宰，潜转身中有作受故。谓诸凡夫于五蕴身执有实我，恒常安住，宰制全身，造作诸业，领受苦乐。设无有我，身应无主，如诸木石，应无觉知，不能言动，不能造作，于诸苦乐亦无领受。此我是一，不同肢体可分解故。此我是常，不同身心有毁坏故。诸宗教家更执此我轮转五趣，死此生彼无断绝故，即此故名补特伽罗。此云数取趣，死此生彼数取诸趣故。

所谓法者，义谓轨持。持守自性，轨生物解，不同幻妄唯虚假故。谓诸凡夫于诸一切，外而天地日月山河草木瓶盆车乘宅舍琴书，内而血肉筋骨手足耳目脾肺肾肝大肠小肠，物理心理，色声香味，思想言行，一切一切，凡有自性前后一致性恒坚住，不同假相幻生幻灭，又能为境界激动心意令生物解，心意于彼起感起觉，实有彼物，不同梦境，但随心生，亦随心灭，离心非有，如是名法。亦即世间所执物质世界客观实在众多事物。

所谓相者，对体而立。体是本有，相属后起。体是实有，相可幻现。体是其总，相属于别。体必有相，相不必有体。如瓶盆等是之为体，色声触等即彼之相。实瓶必有色等相，梦中之瓶则但有瓶相而无体。体者即法自性以立名，相者就法现象以立号。由此法必有体有用有相。相则但有其相，不必有体有用也。如梦中瓶盆无体无用。实瓶不尔。故法是实在，相属虚假。此常人对法相之区别也。

已诠定我法及相三义。云何应知唯法无我唯相无法耶？

破我非有，当先设问：所执实我为离诸蕴有别我耶？为即诸蕴建立我耶？若谓我即诸蕴，即离诸蕴无别实我。是即唯法无我。若谓离蕴有我，复应问汝，所谓我者离诸蕴外其相是何？若谓可见，应即是色。若谓可闻，应即是声。若谓可嗅可尝可触，应即香味触。谁谓色等即是我者。又谁谓见闻非色非声乃至非触之我耶？或谓所云我者非所见等，然即此能见闻者是我实性。此亦不然。何谓能见？眼根眼识是。何谓能闻？耳根耳识是。如是乃至何谓能触能思？身根身识，意根意识是。仍即是法，何有于我？若谓我者能见能闻之体，眼耳根识等但为见闻等之用之具，故别有实我。今复问汝：体之与用是一是异？若谓是一，我即是识，识外无我。若谓是异，应有异相，离识之外别为一物。既为异物，即体有二。体有二故，用亦自分。应我非识体，识非我用。即汝所说异识不成。又我既能见，何假根具。待具起用，失主宰义。既无主宰，我义不成。故汝我体，离法不成。即法亦不成我。根识诸法，待因缘生，无主宰故。众多聚积，非独一故。生灭转变，无常义故。离法既无我，即法又非我。故我非有，唯依诸法假立施设。近代西方心理学者，亦谓依于众多思想情感概念观念前后相属成一系统者，建立人格。而一人之身人格有多，变态心理，其相尤著。即我既揽多法以立，一身复有多我呈现。故知我非实有，唯假立也。

次破实法非有者，一切事物体非有故。且如物质世界，众认为有客观实在性者，彼岂果有实体乎？今且如石，何以知其有是石耶？岂不曰目视之而有白色，手触之而有坚触耶？因白与坚，故为之名曰坚白石焉。坚白者，可感可触者也，此为石相。彼石者，坚白之体也，乃一不可思议之事也。康德辈谓物有体，而不可知，字之曰物如。然而世果有物如乎？设谓离白与坚而别有石体，亦应离梁柱瓦桷而别有屋体也。吾人既知离梁柱等别无屋体，则离坚白亦应无石体也。物如之立，宁非增益非有耶？且夫有之与知，不离者也。既谓物如是有，而云不可知。既谓不可知，复谓其为有。此真自语相违之甚者也。故世间一切事物唯揽诸相而成。如宫室等，自诸相外别无实物。由是说言唯相无法。

没有定性，相唯幻起。既云唯相无法，即但有幻相无实法也。既依诸相假立为法，则一切法皆唯幻相而已。是故经云：

> 一切有为法，如梦幻泡影，如露亦如电，应作如是观。

即此诸法，非有非无，有幻相故，无实性故。故论说言：

> 如实法不有（实法不有），如现非一种（现相是多），非

法非非法，故说无二义。依一分开显，或有或非有（有相无性）。依二分言说，非有非非有。如现显非有（非有实性），是故说为无。由如是显现（幻相宛然），是故说为有。自然自体无，自性不坚住。如执取不有，故说无自性。无自性故成，后后所依止，无生灭本寂，自性般涅槃。

又依此义我法非有，故建立二空。所谓生空、法空。二空所依相非无故，说有依他起事。又彼二空理非无故，说有圆成实性、真如法性。由是建立三性，谓偏计所执性，依他起性，圆成实性。

如是已说法相异义。所谓我法非有，空相非无，非有非空，中道实相。

佛法者何？除二执，断二障，证二空，成二果。二执者，我执法执。二障者，烦恼障所知障。二空者，生空法空。二果者，菩提涅槃。由我执故，起烦恼障。由法执故，起所知障。由烦恼障生死相续，不得解脱。由所知障不证实相，不成菩提。了知我法皆空，便能除遣二执。二执除故，二障得断。二障断故，二果得成。故法相宗可以总括佛法而无遗。法相、佛法平等平等。然在佛法全体系中所以别立法相宗者，则以二十部执唯达我空，执法是实。声闻独觉但证解脱，不证菩提。般若之教但说二空，而于二空所依非有非空依他起事、离言法性、圆成实理略而未谈。此法相宗第三时教对前有空二宗（有者小宗空者初大），故别建立。此中虽已略述法相宗趣，而未广释法相内容。相有几种，依何种相立何种法，相云何生，法由何立。法相纷繁，云何建立有情凡圣尊卑染净差别。云何流转，云何还灭。世间因果，出世圣道，境行果位，各别如何。一切一切，理趣无边。《瑜伽》《杂集》，诸论广明。此非专论，更详别章。

法相体类第二

佛既宣说唯有诸相无有实法。又依诸相假立诸法。相有几种，依何种相立何种法耶?

相有无量，法亦无边。有自相，有共相。有实相，有假相。约此自共实假诸相约总建立五位百法及余假法。

所谓自相者，一事之生，自有性相，自有业用，不待他相显现自有，是为自相。此之自相，有能缘相，有所依相，有所缘相。能缘相中有了别相，有助伴相。了别相中有能了别色相，有能了别声相，有能各别了别香味触法相。有能了别我相，有能了别器界根身种子相。依此诸相建立八识。谓依能了别色相建立眼识；依能了别声相建立耳识；依能了别香味触法相建立鼻识舌识身识意识；依能了别我相建立末那识；依能了别根身器界种子相建立阿赖耶识。如是依了别相建立心法八种。其诸业用，诸论广说。心意识了，名之差别。由了别相建立识名，由思量相建立意名，由集起相建立心名。即一心法总有如是了别思量集起相故，别立多名。

所谓助伴相者，以于心法是助伴故。如臣于王，助理国事。心所于心，其用亦尔。识不孤起，必有心所助令成事。故次于了别相说助伴相。此助伴相有其多种。谓警觉心相，如合触境相，领受苦乐相，取像施设相，造作施为相。依此次第建立作意、触、受、相、思五遍行心所有法。有于境希求相，有决定印持相，有记忆曾所更境相，有专注一境相，有抉择理事相。依此次第建立欲胜解念定慧五别境心所有法。有澄净倚任相，有崇重贤善相，有轻拒暴恶相，如是乃至有悲愍有情相，依此次第建立信惭愧等乃至不害十一善法。有爱著相，有憎恚相，如是乃至有倒执相，依此次第建立贪瞋乃至恶六根本烦恼法。有愤发相，有结怨相，乃至有醉傲相，依此次第建立忿恨乃至骄十小随烦恼法。有轻拒贤善相，有崇重暴恶相，依此次第建立无惭无愧中二随烦恼法。有不寂静相，有无堪任相，乃至有谬解相，依此次第建立掉举昏沉乃至不正知八大随烦恼法。有追悔相，有昧略相，有寻求相，有伺察相，依此次第建立悔眠寻伺四不定法。如是六位五十一心所是八识心王助伴相应，又名相应行法。心及心所俱能缘虑故，统名能缘相。云所依相者，谓即眼耳鼻舌身意六根，是心心所所依处故。谓依眼根生起眼识，依于耳根生起耳识，乃至依于意根生起意识。前五色根，后一非色根，即末那识故。

云所缘相者，谓即眼识等所缘。此又多种，有眼识所缘相，有耳鼻舌身意识所缘相，如次建立色声香味触法。色声香味触为五色境。法通心心所色心不相应行无为诸境，意识能遍缘故。

即依五色根、五色境及法处所摄色，建立十一种色法。

此心心所色，待缘生故，从种起故，有别业用，各有自性，故名自相。

次共相者，非有别事，非有业用，但依诸事共有相状，差别之义，或通有之理，名为共相。如诸法成就不成就相，生住异灭相，流转定异相应势速等相。如此诸相，非离自相法外别有自体，而即诸自相法成就时名成就，不成就时名不成就，生时名生，住时名住，乃至即诸有为法生灭流住其势迅疾名为势速。凡此皆即诸法共有相状，非别实有自体者也。又有诸法品类差别相，谓某某等法其性无常，某某等法其性是常；某某等法其性有为，某某等法其性无为；某某等法其性属苦，某某等法其性非苦；某某可见，某某不可见；某某善，某某不善，某某无记；某某世间，某某出世间；某某法有上，某某法无上。如是等品类无边故，差别亦无边。于其自类中皆共遍故，名为共相。又有诸法真实谛理，胜义之相，所谓空性、择灭、非择灭乃至真如。其理真实，唯一无异，遍一切法，恒常不变，亦为诸法共相。即依此心等诸法共有相状差别之义，通遍之理，约略建立不相应行法二十四种，无为法六种。名义如论显，此不具述。

如是依百种相建立百法，所谓心法八，心所五十一，色法十一，心不相应行法二十四，无为法六。此亦概略而言，实则相有无量故，法亦无量。

云实相假相者，各有二义：一者待因缘生，有自业用，不待余法之所建立，即名实相，即自相也。假法异此，非有自相，即诸自相共有相义，即共相也。此假有三：一分位假，如不相应行，及心所法中忿恨覆等，但于诸法分位立，或依一法分位立故。二聚积假，内而根身，外而器界，手足头目，园林车乘，宫室楼台，瓶盆衣被，大地山川，草木动植，如是等依众多法聚积立故。三者相续假，聚积之假多依色法，相续之假多依心法。命根、数取趣、作者、受者，自类相续，前后等流，业果流转，由斯假立某某有情若天若人，天授德授，如是等。此三种假法，离实法无故，依实法建立故，名依假相建立假法。此一义也。二者证理名真，迷执为假。圣者所证，实有事理，若依他起，若圆成实，名为实相，真实有故。凡外所执，若我若法，名为假相，性相无故。此初实相随应摄入色心心所。此次实相随应摄入色心心所不相应行及无为。此初假相，一分摄入不相应行，一分不摄于自法。此次假相全不摄入百种法中。非自相法，亦非共相故。

复次，有所诠相，有能诠相。能诠相者，即是名句文身言说差别。所诠相者，名句文身言说差别之所诠表。依所诠故，建立能诠。依能诠故，表了所诠。此所诠相，即是世间实有离言安住自性诸相。此能诠相，即是世间随情假立施设之相。有若干种离言实有相，随施设有若干种言说相。此所诠相亦名实有法，此能诠相即名假有法。

如是实相法共有三种：一者有自相法，二者实智现证法，三者离言说相法。假亦三种：一者分位聚积相续相法，二者妄识计执法，三者言说施设法。

云何名为通达法相？谓了知诸法皆依于相而假施设。彼诸施设亦唯是相。云何相耶？谓名言相。依言说相执实有者，即是遍计所执相。不执言说相，通达离言相，由此实证诸法圆成真实相，证实相故，断除一切遍计所执相。已断一切遍计所执相故，于诸自相，了知自相，于诸共相，了知共相，于诸分位相、了知分位相，于诸聚积相了知聚积相，于诸言说相了知言说相，于诸妄执相了知妄执相。观一切相，或随缘起，或随执生。随执生相，如龟毛等，毕竟空无。随缘起相，如梦幻等，都无实性。证无实性故，无取著爱味，无忧恚怖畏，无挂碍障翳，觉慧圆明，心行寂静。由此寂静心行圆明觉慧故，为度有情令彼了知离言说相诸法真性故，复遍施设种种言说，遣诸妄执，诠表实相，于无法中建立无边种种微妙殊胜之法。爱河苦海，长作慈航。黑夜昏衢，永为明炬。谓即三藏十二分圣教，大乘方广无量正法。

我之假立第三

一切经中处处宣说我法俱空。法相义中亦略显示无我之理。然诸经首犹复宣说如是我闻，论中复时建立补特伽罗，其故何耶？

《杂集论》中作如是说："补特伽罗虽非实有，由四种缘，是故建立。谓言说易故，顺世间故，离怖畏故，显示自他具德失故。言说易者，若于无量色等差别无量差别相想法中总合建立一假有情，即呼名往来等，种种言说，遂不为难。顺世间者，非诸世间唯依法想而起言说，多分依有情想而起言说。是故圣者为化世间必应同彼，方便建立补特伽罗。离怖畏者，世间有情未会甚深缘起法性，若闻一切有情无我，便生怖畏，不受正化。显示自他具德失者，若离假立有情差别，唯说诸法染净相者，是则一切无有差别，不可了知如是身中如此过失若断未断，如是身中如此功德若证未证。是故建立补特伽罗。"

此四缘中，初二三缘皆方便立，唯第四缘特具要义，此应重申。

我有二义：一者主宰真常，二者自他差别。由主宰真常之体无故，佛说无我。由自他差别之相不无故，亦说有我。盖世出世间虽但有诸相但有诸法，而此法相非散漫无归，略无统纪。自横一面言，则相应相属合为一聚；自纵一面言，则相似相续因果成流。所谓相应相属合为一聚者，于百法中八识心王各有心所与相应故。心心所法依色根等起故，由心变现诸色法故。心心所法分位差别，由此有诸不相应行法故。八识心王虽各为聚，转识皆从本识种生，所熏种子皆并摄藏于本识故。是一切法非无系统，相应相属各为聚也。故唯识言："一切有情各有八识六位心所所变相见分位差别，及彼空理所显真如。识自相故，识相应故，二所变故，三分位故，四实性故。"如是诸法皆不离识。由此建立三界唯心万法唯识。唯识教理端在显示一切有情各有宇宙。诸法无量，一心总摄。由此而不但心心所法各自不同，所依根身自他差别，即所居器界天地山川亦各自变现，非一世间也。所谓相似相续因果成流者，诸法无常，才生即灭。生已即灭宁不断灭耶？则以种现熏生自类等流也。谓法才生即熏成种。现法虽灭，种子不灭，摄藏于八识，相续等流，遇缘再生，往复无尽。此之等流，不但摄持于今生，又且流转于他世。百千万劫永无断绝。此一法之成流也。既诸有情各具百法，彼诸有为皆能熏变，皆并摄藏于第八识。是各各有情所有诸法合并成流也。种并成流而现生有异者，则业力转移感果各殊也。业有善恶之殊，故果有五趣三界之别。前业即尽，后业复兴。故此生报尽，后生续起。由此三界五趣流转无穷焉。虽则三界五趣流转无穷，而此一有情业报酬感仍唯在此一有情自心种现，终不越其本识而激引他身也。故此作善此受福，彼作恶彼受苦。自作自受，业果不失。终无自作他受，或他作自受者也。由此而五趣轮回之义立。由此而流转还灭之义成。故有颂言："无始时来界，一切法等依，由此有诸趣，及涅槃证得。"此三界五趣世出世间因果感赴各自成流义也。

既诸有情现前则宇宙各殊，三世则业报异流。是则此之五蕴十二处十八界等，终非彼之蕴界处等。彼之蕴界处等，终非此之蕴界处等。对面而天地殊，同床而梦境异。升沉变异，各自为谋。苦乐忧喜，各作各受。过失功德，自造自成。依是而建立自他差别，依是而建立补特伽罗。某也凡夫，某也圣人。凡则三界五趣，圣则十地三乘。胜劣尊卑，高下殊绝。依法立我，是亦理之所必至。非徒顺世情，言说容易，离诸怖畏而已矣。

于此复当郑重宣言者，诸宗教徒执有实我，造业受果，生死轮回。哲学科学说无实我，死后断灭。执实我者，内立小我，外立上帝。上帝为宇宙之主宰，小我为一身之主宰。夫一身之主宰且不有，何有于上帝。佛说缘生，诸法集聚，内除实我之谬执，外除造物之迷信。超然玄觉，我法俱空，可谓至矣！执断灭者，或谓宇宙生命俱出一源，或谓原子电子化生万物。一源则个人之生命为暂有，三世之业果为虚谈，凡圣尊卑，同归混沌。化生则生者物质之聚，死者物质之散，天地为冶炉，有情为溶液。忽生忽灭，暂有还无。野马游尘，云气浮沤而已矣。是皆无流转，无还灭，五趣功罪不立，三乘圣道亦不成者也。佛说三界唯心，万法唯识，因果相续，业报成流；生有因缘，死有趣往，五蕴百法，相应相属。世出世间，相似相续。而各人有各人之生命，可以澄清淘炼，转胜转增，以至于广大高明，庄严殊胜，修圣道，成圣果焉。诚为伟矣！诸经常言：“诸法不有亦不无，一切皆待因缘立。无我无作无受者，善恶业报亦不亡。”由无作者受者，故立无我。由善恶业报不亡，故假立我。初异宗教，后异世学。远离二边，正处中道。此是法相义，为佛教真理。

缘起义相第四

法不自生，必待缘起。缘起有几种，缘起之相复如何耶?

缘起种类或三或八。而最要者，兹说二种：一者自性缘起，二者爱非爱缘起。云自性缘起者，谓即有自相法，从四缘生。

云四缘者，一者因缘，二者等无间缘，三者所缘缘，四者增上缘。所谓缘者，谓诸有法能于余法与力成办，余法待彼而后生起，即说此所待法为余法缘。言有法者，简非龟毛兔角，相用都无，不能为缘生起余法。能于余法与力成办，余待彼起，显作缘义。

言因缘者，谓若有法亲办自果。即是种子生起现行，或诸现法熏成自种，又如种子前后等流，即名因缘。种瓜得瓜，种豆得豆。瓜种于瓜苗，种生现也。瓜苗于瓜种，现生种也。豆种豆苗亦然。自类亲因，亲生自果，故名因缘。外法如是，心等亦然。

言等无间缘者，谓心心所法自类现行，前后引生，中无间隔，等而开导。如见牛迹，忽念牛身。因见牛身，便思耕稼。因耕稼故，便念收获。或因耕稼，思念禹稷。因念禹稷，思济天下。因思济世，转思自济，培养德性，广积学问。如是展转，更互无端。心心所法，前后引生，大略如是。自余寻常心识，前后引生，其相不著，而皆必自前念开导，定有此缘。

言所缘缘者，谓诸境界于彼能缘心心所法作所虑托，令之生起。如色于眼识，声于耳识，乃至法于意识。一为彼所托，不仗色声境，眼耳识不起故。二为彼所虑，眼识起时，即能了别色。耳识起时，即能了别声。了别觉虑，一用异名。所缘虑之缘，故名所缘缘。心心所法无所缘缘定不生故。

言增上缘者，谓法于他有扶持力，助令生长名增上缘。如土壤、日光、雨水、肥料、人工等于诸禾稼。非亲生彼，而助令生。设无此缘，彼不生起。谁见种子自然生者。其在心法，亦复如是。虽等无间缘、所缘缘亦于心心所法助与势力，令彼得生，此但取余眼耳等根，于眼等识。根能发识，识依彼生。俱时而有，非等无间。识不缘根，非所缘缘。及余作意空明、相应心所等。皆增上缘。

心心所生，必具四缘。色法之生，但具二缘。无因不生，无缘不起。因缘具备，诸法乃生。由此遮破无因自然种种妄执。

由引四缘所生诸法，名为自性缘起。所以名为自性缘起者，法从因缘生，有自相业用故。谓识了别相，受领纳相，想取像相，行造作相，色变碍相。如是有为诸法各有自相，各有业用。色非是受，非想行识。识非是色，非受想行，一切亦尔，即此名为诸法自性。自性待缘起故，名自性缘起。

法从缘生，于缘为果。既从缘起，复能为缘转生余法。望所生法，即复为因。譬如识从种生，于种为果。识熏成种，转复为因。豆生苗，苗复生豆。义亦如是。是法从因缘生，能复作因缘也。识从缘生，于缘为果。于后自类，复作等无间缘。于能缘彼者，复作所缘缘。了别领纳，乃至造作诸业，招引余果，是即复于余法作增上缘也。诸外色等作余增上亦复如是。稼墙等从人工等生，复能饲养人畜等。水能滋润，火能成熟，地能持载，风能发动。一切一切，各有功能。各于余法作增上缘故。列图如次：

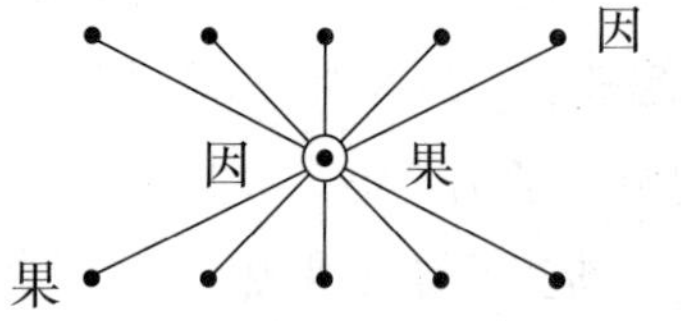

上之诸因，为缘生果。即此一法复为余缘，生余诸果。然上之诸因固非但生一果此之一法非能独生余果也。详图如次：

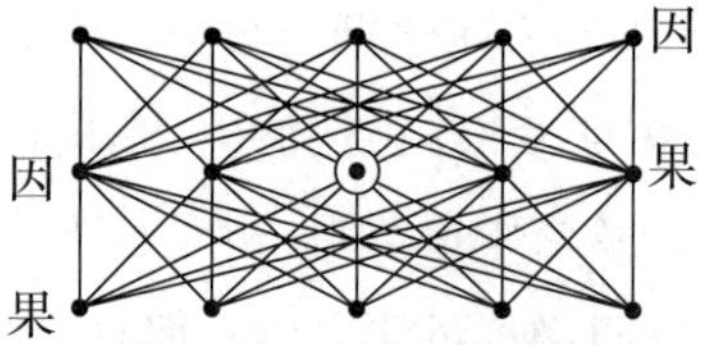

此上之因，非但为因耳，亦于生彼者为果。下之诸果，非但为果也，亦于所生者为因。其图如次：

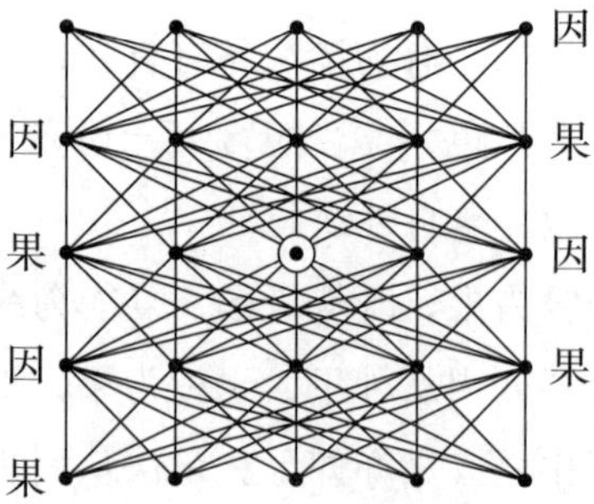

如是因复有因，果复有果，前前无始，后后无终，其义无穷。

由是可知：世间者，诸法之网罗。诸法者，因果之演变。因更有因，其前无始。果更有果，其后无终。广宇以是而相系相继，长宙以是而相生相续。法并从缘生，而自无主宰。法并能生余，而互有功能。无主宰故，神我不立，有功能故，而因果历然。神我不立，而我法执遣。因果历然，而业用不空。因更有因，法非常也。果更有果，法非断也。无我无法，法不生也。有业有用，法不灭也。由斯建立：不生不灭，不常不断，非有非空，中道教义。此自性缘起义也。

言爱非爱缘起者，爱谓可爱果，适悦身心故。非爱谓不可爱果，逼恼身心故。谓三界五趣，根身既殊，境界各异。领受苦乐，种种不同。地狱极苦，刀割火焚。天界富乐，受用自在。饿鬼长时饥虚，终无饱足。畜生互相食啖，服役疲劳。人趣苦乐忧喜，杂受无定，富贵贫贱，阶级不同。以何因缘同属有情而界趣差别？以何因缘同属一趣而苦乐悬殊？寻此正因，穷其实义，是为爱非爱缘起也。

欲明此义，先当了达十二缘起三杂染义。

所谓十二缘起者，谓无明缘行，行缘识，识缘名色，名色缘六入，六入缘触，触缘受，受缘爱，爱缘取，取缘有，有缘生，生缘老死忧悲苦恼。

言无明者，谓于三界五趣异熟愚痴。三界五趣，名异熟果。于彼不了知无常苦空无我，障正智生，不求解脱，故名无明。由无明故缘起于行。行即是业，此业三种，谓福、非福，及与不动。能感三途地狱饿鬼畜生之业，名非福业。能感六欲诸天及人趣业，名为福业。能感色无色界诸天之业，名不动业。定地摄故，受报决定故，名为不动。由行故缘起于识，识即当来异熟果识，于八识中为报主故。识为缘故生起名色。名谓非色四蕴，色即色蕴。由异熟识摄持诸趣五蕴种子令彼生故。名色为缘故生起六入，即内六处，谓眼耳鼻舌身意。六处为缘生起于触，六根发六识触感六境故。由触为缘生起诸受，识触境时有苦乐忧喜舍受生故。由受故起爱，缘可意受贪爱生故。由爱为缘发起于取，由爱增长执取不舍故。由取为缘能起于有，有谓三有，欲有、色有、无色有，彼业种熟能有三有故。由有为缘能起于生，界趣现前正生起故。由生为缘能起老死忧悲苦恼，生已衰变故老，生已坏灭故死，于老死中有诸忧悲苦恼故。

此十二缘起约摄于三杂染：一者烦恼杂染，二者业杂染，三者生杂染。无明爱取为烦恼杂染，行及有为业杂染，识名色六入触受生老死等为生杂染。由烦恼杂染为缘故起业杂染，由业杂染起生杂染。世间缘起，如是如是。

既由烦恼故起业，由业故有生。故随烦恼之浅深，而造业有善恶；由业之有善恶，而生有苦乐。

业之善者，谓十善业道；其恶者，即十恶业道。十善业道，即是福业。随其善之程度三品九品种种不同，而有欲界六天，四洲人趣之报。十恶业道即非福业，随其上中下品或九品别，而有地狱饿鬼畜生三途之报。谓上品恶业尤重故生地狱中，中品生饿鬼中，下品生傍生中。

已造善业，更修定业。谓观下地粗性，上地静性，远离诸欲恶不善法，有寻有伺，离生喜乐，于初静虑具足安住。得此定故，定为因故，于当来世生初禅天。乃至进修非想非非想处定，能生有顶天。此诸定业，受果决定，定地所摄，名不动业。由是可知：有情之升沉堕落，受乐受苦，三界五趣，皆由业力之所决定。此诸业中不但性有福及非福等之不同，力复有强弱胜劣之异。谓强力业，感果决定，感果迅速，感果长远。其劣力业，感果不决定、不迅速，于受果时，时期短促。然无论如何强胜之业，其受果也皆有尽时，业熟而生，业尽而死。其于死没，则复由余业转生余趣。谓生人中者，造诸善故，于死没已即由善业转生人中，或生天中。其修定者，即由定业生色五色界中。其造恶者，于死没已，即由恶业生三途中。其生地狱等者，恶业既尽，复由余业转生余趣。或饿鬼，或傍生，或人天中。生上界者，定业既尽，复由余业生人天中，或生地狱饿鬼傍生趣中。唯识颂云："由诸业习气，二取习气俱，前异熟既尽，复生余异熟。"如是五趣，轮转无穷，生死相续，无穷无尽。

故世尊说：如是有情，皆由自业，业所乖诤，从业所生，依业出离，业能分判一切有情高下胜劣。《杂集论》中如是释言：云何有情皆由自业，由自造业而受异熟故。谓诸有情由其自业，故名自业。自者不与他共受，自业异熟，故名自业。

云何业所乖诤，于受自业所得异熟时，善不善业互违诤故。谓诸有情由业乖诤，故名业所乖诤。随善恶业力自所受异熟爱不爱别故。问：是诸有情受自作业爱不爱异熟时，初从何生，为无因耶，为因世性自在等耶？答：从业所生。云何从业所生？是诸有情远离无因恶因，唯从业所生故。谓诸有情远离无因恶因，唯由业等因缘所生。

如是已说依业流转。为明归灭亦依诸业，是故经言：依业出离。云何依业出离？依对治业，解业缚故。谓依无漏业能断有漏业，故唯依业而得出离。

上已略说爱非爱缘起义。即于此中复有三义，应当了知。

一者苦义。三界五趣爱及非爱果报虽殊，就胜义谛一切皆苦故。所以者何？三苦摄故。谓非福业所感异熟，苦苦所摄，自性是苦故。福业所感异熟，坏苦所摄，人天快乐终不长住，于无常时苦转增故。不动业所感异熟，多分行苦摄，少分亦坏苦摄，纵离苦乐受，而不永断彼，非究竟，非解脱，流转无常，终不离苦故。故说无常，性皆是苦。惑业所感，名为苦谛。

二者染污义。若惑若业五趣之因。惑则无明贪爱，染著沉迷。业则作善作恶，损益自他。虽作善业而有漏故，有求取故，有我执故，非清净，非出离，故是染污，故名杂染。界趣之因，故名集谛。

三者唯心义。世间学说多谓有客观之境界，有情寄生于天地间，造物为洪炉，人物为铁屑，随其陶铸以没以生。生自彼质力变化以生，没还散入于大自然界。此唯物家义也。佛法异此。由无明故缘行，业起于有情心理之愚痴也。由行故起识，果生于有情之行为也。由识故起名色，乃至由生故有老死忧悲苦恼，一切皆自内心为主。由内心之开发，而有名色六入之有情世间及器世间。由内心之转变，而有爱取有生老死之相续。是故经言：三界虚妄，唯心所作。惑故起业，业故受苦，展转循环，不越一心。此唯心义也。

了知苦义杂染义，而世间应求解脱。了知唯心义，而世间之正道可立，出世之妙行可修。所以者何？世间既随心生，亦随心灭。依心故沦没三途，依心故超生上界。依心故三界生死，依心故解脱出离。非天为因，非神为因，不由自然，亦非无因。无有作者，亦无受者。待缘起故，无主宰故，唯心现故。欲得何种果，当造何种业。爱非爱缘起者，祸因恶积，福自善成。自作自受，不作不受。积集不善及有漏善法，自尔三界流转。永断杂染，自尔彼岸超然。此佛法所以不以世间为究竟，不以苦集为皈依，而以出世为究竟，以灭道为归依也。

了知自性缘起故，知诸法之所由生起。了知爱非爱缘起故，知有情之所由转变。自性缘起，所以观因果之等流。爱非爱缘起，所以观业报之酬感。既知其所以生起，又知其所以转变。既知自性之相似相续，又知他性之相引相赴。一切有情一切法，总不越此二缘起。若夫四缘、十二有支、乃至缘生一切要义，具详诸经诸论。拙作《缘生论》及《缘生通释》，亦广明焉。此非专论，不能备也。

共业增上第五

依唯识义，各个有情各有八识。六位心所，所变相见，分位差别。即说有情各一宇宙，客观世界全不成立。又依爱非爱缘起义，业报酬引，自作自受，不作不受。宁非有情与有情间，全不关预，互无损益耶？然而客观世界非全不成立。所以者何？现见有情心识逝已，尸骸坏已，而彼所依器界不随坏灭故。彼未生时，先自有故。又诸有情造善造恶，必尔损益他人，或且普及群众。谓互不关预，理亦不成。是故于此应更了知共业增上义。

《杂集论》云：云何共业？若业能令诸器世间种种差别。云何不共业？若业能令有情世间种种差别。或复有业，令诸有情展转增上。由此业力，说诸有情更互相望为增上缘。以彼互有增上力故，亦名共业。由此势力，诸有情类展转互为诸心心所变异生因。是故经言：如是有情与余有情互相见等而不受用，不易可得。

彼论疏云：能感器世间业，名为共业。此器世间非一有情依住受用，能感彼业，亦非一有情业而为众业共感。是故此一有情未生已没，或别往上界，或解脱涅槃，根身已灭，器界不坏。由余有情业力持故。故知此器世间非一业感，而共业感也。云共业者，非必有情共造一业，乃诸有情所造业同，于感彼器等有其力，即名共业。又彼器界虽似为一，理实各别有情所变各异。譬如众灯，同照一室，光光相网，皆遍室中。时处既同，相状复类，福非福等，即尔名为一器世间，实非是一。此如唯识论说：所云能令诸器世间种种差别者，上界下界，欲色殊故。八寒八热，所受别故。此之差别，由业为因，业令彼起，故名能令。即说有情共业同者，所感器界必同。共业异者，所感器界即异也。

能感有情世间之业，名不共业。有情世间，根身是也。此不与他有情共作依止共受用故，名为不共世间。能感彼业，亦但各造，不待他成，故名不共业。此不共业力既尽时，所感根身，亦随灭坏。云种种差别者，天人地狱饿鬼畜生各各异故。同属人趣，自他别故。五趣并尔。

共不共业大别如斯。然复有共中共、共中不共、不共中共、不共中不共四种差别。共中共者，如五趣有情共一欲界。共中不共者，如同一欲界，而天上人间地狱鬼窟又各不同。例而推之，天上人间地狱鬼等各趣之中又有共中共共中不共之分。同在一趣，所有境界苦乐又种种异故。总业虽同，别业异故。不共中共者，谓根所依处，筋骨皮肤，各各有情可互受用。如人之驱役奴隶牛马，又如有情父母子女生长养育服劳侍养等。由彼根所依处自他有情皆互变故。不共中不共者，谓净色根。此但发识，取受自境，一切有情不互变故，不互受用。具如唯识论说，今此能感共中不共亦共业收，能感不共中共即不共业收。

或复有业令诸有情展转增上乃至亦名共业，由此势力诸有情类展转互为诸心心所变异生因者，当知此即教化习尚学术思想，令成风俗潮流舆论信仰群众心理民族意识时代精神者也。一人倡之，众人和之，展转相习，遂成风气。风气既成，则此一人者，有形无形便陶铸于彼风气之中而不自知。顺之则众所认可，逆之则群起非笑，乃至加以制裁。此一人者，既被陶铸，转复以之认可制裁陶铸余人焉。每一宗教之见戒，每一民族之礼俗，每一国家之法制，皆可以统摄其徒众民人者也。即此名为共业。共业者，众心之所趋向，群力之所护持者也。处平时无事之日，则众共相安相守以维系其生存。当祸变之来，则勠力同心御其外侮。而有所谓抗战有所谓建国云云者，无非共业之表现，非一人之业力所能为者也。其他一修桥、一筑路、一寺院、一场所、一会、一社，凡诸公共事业，皆所谓共业也。有情之所以生者，多非一人之力所能成办。本之一心志习惯之构成，一行为动作之向背，外之一身家之生养，一族类之存亡，无不与其群类相维系者。故生为共生，而业为共业也。此共业亦有善恶是非之不同。所谓善者，正学善道，醇厚风俗等是。乃至捍灾弭难，兴建公益，福利人群，齐家治国，平定天下等是。所谓恶者，邪说异端，败坏人心；污风恶习，堕落群众。乃至所作陷溺人类，侵略弱小，扰乱世界等是。由此共业善恶之不同，其所感果亦随异。此果有属于现世者，则时之隆污，世之治乱，人之善恶，国之兴败等是。有属于当来者，则人天地狱饿鬼畜生异熟所摄器界一分是。多人共作，故亦多人共受。此如经说三十三天焰魔王等，业共故，生世间亦同。故知狐群狗党，合力同谋，共造诸恶，死亦同堕三途。志士仁人，一德一心，共作诸善，死亦同生人天。然则能令器世间种种差别之共业，即此令诸有情展转增上之业也。于此当问：前所感果中既共不共别，此能感因亦应有异，何不说耶？当知一业，就其能增上他及互增上，即名共业。就其发心动念，故思造业，由自发故，即名不共业也。非定造一业令感根身，别造一业更感器界也。然而有共业虽同而不共业有异者，如欲界人天畜生等器界同而根身异故。则以诸所造业同属于有欲故，所感器界同属欲界。虽同属于有欲，而善恶有殊，则人天三途之有情世间又别也。即同在人中而富贵寿天又别者，则以大同之中又有小异也。即可又有共中共共中不共等四种差别。是故同一民族中习惯风俗大体相同，而品行道德君子小人圣贤凶恶又异。此知人论世所以有东方圣人、西方圣人之异，南方之强、北方之强之殊，古代哲人、近代哲人之不同。反是则东方之恶人坏人，亦必与西方之恶人坏人有异。南方之弱、北方之弱，古代愚顽、近代愚顽，其典型亦不同也。圣贤等而有东西之不同者，个性之陶冶于群性者也。同属一民族一地域一时代而有圣顽愚智、君子小人之别者，此个性越出于群性者也。虽个性极强之人，亦必一分同化于群性以适应于群体之生存，否则为疯狂、为怪物也。虽个性极弱之人，亦必一分保留其个性以表现其人格之差异，否则为乡愿、为倡优也。然而疯狂怪物犹必有其类型，乡愿倡优犹必具其特性，是群化终不可绝，而个性终不能灭也。由个性发而为别业，由群性发而为共业。个性而必受陶冶于群性，故不共业亦受制于共业。个性而能越出群性，此不共业之不受制于共业者也。既不受制于共业，则有反制其共业之可能。此反制之用，亦有善有恶。善者，如一民族一时代中突生一圣贤豪杰，能不受限制于其民风习尚，其至性厚德，奇才异能，实能越破其现局，而转变改良其恶习污风，更将其故有之美德发扬而光大之，所谓移风易俗化民成俗者是也。其恶者，则一民族一时代中突生一奸雄怪杰，亦有异能奇才，风动群众，而无盛德善行足以推进提高其民德善政，而反将其民族其时代之良善风俗醇厚习尚败坏堕落之，以成恶德恶风焉，此则人类之大不幸也。其影响于现世如是，影响于未来亦然。圣贤者，率天下以入于治平者也，亦即率人类以入于人天善趣者也。奸雄怪杰，帅天下以入于扰乱者也，亦即率人类以入于地狱饿鬼畜生者也。由共业同化不共业，为民风习尚之成。由不共业转移共业，为民风习尚之变。变久则复成为一风习。成久则痼役个性已甚，则必有不安于故常，而思改革或破坏之者，于是而又变。变非徒此一人之轶破此范围也，乃必于其范围之中行其转变焉。随其转变之或善或不善，而时代之隆污、人性之淳薄、文化之荣枯、民族国家之兴衰成败均系之矣。故不共业无不受制于共业，共业又导源于不共业。就其受陶铸于共业言，即名为共业；就其转变乎共业言，即名为不共业也。然而不共业一转而为共业，共业又成于不共业，则皆不共业也，即皆共业也。一切有情如此相感相推互作增上，未有已时也。是故经言：如是有情与余有情互相见等而不受用不易可得。乃有欲离群索居绝弃人事者，不以异乎？然而圣贤者，转移风习者也。群众者，受陶冶于风习者也。转移风习者，其业强。受转移于风习者，其业弱。我佛之大雄大无畏而悲济众生，终不作碌碌常流也。

上来具引拙作《杂集论疏》，其解释共业解释有情互作增上缘义，略云明备矣！由共业故，器界虽唯识变而不因一有情之生没升沉而有转坏，而似有离心之客观世界者存。有情无量，共业共感，生没相续，未有已时，故器界若常住而非离识有也。由有情之互作增上缘故，造善造恶，互为损益。成家成国，相生相养。学说思想之鼓舞，法制政令之制裁。积壤成山，合流成江，而峻岭巨浸，蔚为大观。共业之造成三千大千世界也，亦如是也。观夫自性缘起，而诸法之生成可知矣。观夫爱非爱缘起，而有情之业报可知矣。观夫共业增上，而一切有情之善恶相感、休戚相共与夫山河大地日月辰星三千大千世界之成坏可知矣。宇宙之秘，万物之根，博览大观，巨细靡遗。所谓佛法，如是如是。

圣道转依第六

前缘起中，已知世间苦义，世间杂染义，由是而知世间应须出离。又复了知，三界虚妄，唯心所作义，由是而知世间之可以出离。然则出离之道当如何？出离之果复如何？由此应辩圣道转依。

圣道者，出离之道。此道有多种，谓世间道、出世间道。世间道者，谓观欲界粗性，初静虑地静性。于下发起厌离，于上发起欣欲。厌心增长，渐次乃至离欲界欲，于初静虑定，具足安住。得初禅已，次修二禅。粗性静性，亦如是观。如此次第，乃至修习非想非非想定，离无所有处欲，于非想非非想处具足安住。是为世间道。是有漏故，不出世间故，非毕竟断故，名世间道。

出世间道者，谓观三界诸果是无常相，是苦相，是无我相，是空相。观三界因是因相，是集相，是起相，是缘相。观出世间是灭相，是静相，是妙相，是离相。观出世道是道相，是如相，是行相，是出相。即是四谛十六种相，谓苦、集、灭、道四圣谛义。依于四谛修习多修习故，久久便能发起无漏现观，实证真如。次于修道渐次断除三界欲贪，于无漏界证得圆满。即此名为知苦、断集、证灭、修道。永断三界因，永尽三界苦，永不退转轮回诸有，故名出世间道。此道先后复分五种：谓资粮道，加行道，见道，修道，究竟道。资粮道者，谓先积集福德智慧二种资粮。布施持戒等，是为福德资粮。亲近善友、听闻正法、得正知见等，是为智慧资粮。由福德资粮故，无犯无愆，正命正业。由智慧资粮故，不迷不谬，正见正如。由此福智，堪修加行。云加行道者，谓即于世间实相正了知已，于出世间胜利深信解已，努力修行止观定慧胜解远离真实作意。由此加行入真现观，即为见道。见已复修，断除余惑，即名修道。修道究竟，圣果圆证，名究竟道。此中止观，谓止有九止，观有六观，作意有七作意，现观有十现观，修道位中复有诸相，种种差别。具如《杂集》谛品、得品，《瑜伽·声闻地》，拙作《解脱道论》，《世间论》中《出离论》等，处处详说，此不备述。

言转依者，即是道果。此有二种：一者转舍杂染，转得清净，谓断除有漏习，转得无漏界故。二者转舍执性，转证真性，谓舍遍计所执性，证得圆成实性故。初是断德，次是智德。初是染净，后是迷悟。由转染成净，转迷成悟，故名转依。即此转依，名为于诸法澄清，舍杂染法，得清净法故。于有情升化，转凡俗，成圣流故。于世界完成，拔一切苦，得究竟乐故。诸佛菩萨大悲大愿，四摄六度，修集万行，不住生死，不住涅槃，自他齐度，因果两圆，故尔成就法身，转化净土。《成唯识论》说此转依相曰：

此即无漏界，不思议善常。

安乐解脱身，大牟尼名法。

法相行果，如是如是。详如契经诸论，及拙作《世间论》《大菩提论》等。于此有须指要示人者，佛法究竟，非谓自私独善，而在悲愿度世也；非是断灭虚无，而在转依清净也。其功夫在现观也。所谓现观者，即观察我空、法空、真如实相也。所谓真如实相者，即缘生幻相，离言说，绝表示，非有非空，非常非断，本来寂静，自性涅槃相也。由是真实证得世间相者，即于出世而得清净。乃其始基，要在多闻、持戒。福智不备，冥索盲参，徜恍迷离，捕风捉影，未有不入于狂慧顽空者也。善识正道，远离障难，斯于修证不徒劳也。

无上甚深法，略说相如是。

愿诸有情类，速得明行满。

附：答梅光羲居士论缘起书

读大教，嘱对业感缘起、赖耶缘起、真如缘起、六大缘起为教理史之叙述，并加以批评抉择，成专书以供世研究。深心至感！窃业感缘起，乃佛法之通义，此具于《瑜伽师地论》《杂集论》及小乘经论中处处言之。其意则在破除不平等因之造物主梵天等，亦摄今之上帝。破无因自然生起论，及破实我常断等诸谬说。在今亦破唯物进化等论。所谓此有故彼有，此生故彼生，谓无明缘行，乃至生缘老死忧悲苦恼是也。以近代哲学术语律之，可名之曰无我无神而唯心的缘起论也。于说世间缘起实为至高无上圆满无缺之学说。然在《阿含经》及小乘诸论未建立阿赖耶识，对爱非爱缘起虽已确立，对自性缘起尚未穷究本源。《瑜伽》《唯识》论出，特建八识，持种受熏，执受生起，为异熟体。不但对自性缘起确立根据，即对业感缘起益为更深细根本之充实建立，论缘起者叹观止矣！至六大缘起之说，以法相眼光论，实为无稽。盖六大者，乃五净行观之界差别观，义在分析身心，破除我慢，与缘起观之穷究因果以除愚痴者义正相反。缘起重在因果之建立，六大重在自体之析除，即不说缘起也。其意曰：身依地水火风空识以合成，如梁柱瓦壁等之合成宫室，除柱等无室，除等地无我。是非为求身所由起，乃于我作破除也。若更求六大之所以缘起，则地水火风识，尚可从种从缘以生，空即无所缘起矣。何以故？空非心色，非有为故。若谓六大缘起非云六大各别所由起，乃谓六大之身所由起，则从业所生，四食长养，仍即摄入业感缘起，岂待更论哉！故六大缘起之说为虚说也。至于真如缘起之论，乃我国误读佛书者，以一元论之思想，副以唯心论之外衣，为《起信》《楞严》之说。以为无始时前，天地未辟，人物未有，一道真常，浑沦无别。一念无明，幻起世间。由斯有情流转，皆自一真法界来；诸圣还灭，复归一真法界去。其间种种说不通处，具如拙作《起信论料简》中说。以法相眼光论，则真如无为，本无起灭，更何缘起之可说耶？自语相违，本自不立，如说石女生子成行。乃欲扼盖业感异熟之论，不其值乎！或谓若不建立法界缘起，岂不但有杂染缘起而无清净缘起耶？曰，有。多闻熏习，如理作意，法随法行，戒定智慧，展转增上，引生无漏，断障现观，至得清净菩提涅槃，十二部经处处宣说。或谓多闻熏习依法界等流正法为因，此非真如法界缘起耶？曰，若了实义，我亦许然。言真如者，二空真理，诸法实相，诸佛证此，次宣正法，即是三藏十二部经。正法为因，多闻熏习，次第展转，成无漏道。依所缘缘，亦可说为真如缘起。此但圣教，非谓世间。亦不为种为因，起业造作。能证能说，实为正智。能闻能思，有情善根。所引所生，无漏净种。皆非一真法界，转变世间，次还清净。而世之言真如缘起者，固曰无明风动，性海腾波，风止浪息，涅槃寂静。此与法界等流正法为因生闻思智等，真水火之异性也。洋对诸说观察义止于此，至若为史的论述，力有未逮。读书既不多，此间又无书可读，引而伸之，广搜博证，请俟来哲。有无是处，伫候明教。三十一年三月答于圣水寺东方佛学研究院。

【附识：民元三十年，上海《佛学半月刊》请辑“法相宗”专号，因述《法相学》。又明年夏，撰《法相学在佛法之地位及与西洋宗教哲学科学之比较观》及《答梅撷芸先生论缘起文》合为一编。绳纠内外，悉入正轨，法幢高建，用拔沉迷。宗镜上人，见而请梓。三十二年因木刻于华严寺。近以流通未便，复由东方文教研究院印行焉。三十六年四月作者附识。】

瑜伽宗综述

第一章　佛教的学说思想体系

为要叙述瑜伽宗的历史源流、学说思想，先应总述佛教的整个学说思想。

佛教的学说思想就其为一切经论所同、一切宗派所同而自成的完整体系来说，约有以下各点：

第一、是它的无神论和它的业力论。如《杂集论》第八卷中说："如世尊说：如是有情皆由自业，业所乖净，从业所生，依业出离，业能分判一切有情高下胜劣。"

此中如是有情皆由自业者，是说有情的生命和它的命运，以自己的业力为因，由自业创造，而不是由自业以外的天神主宰创造。业所乖净者，是说有情的命运是时时在变动、矛盾、互相冲突中，内心的烦恼，人事的纷纭，苦乐、悲欢、离合、毁誉、得失、成败，常在乖诤中。推此乖诤的原因，既非出于天神的爱憎不测的恩威，也不是无因无缘偶然而至，它都是由自业有其种种不同，而自行乖诤以至于此。从业所生者，此说有情之流转世间，受诸苦恼，是从自业所生。依业出离者，此说厌弃苦恼，欲得解脱，不能求神庇护，依神救济，仍只有依自净业，自得出离。业能分判一切有情高下胜劣者，是说一切有情之升沉苦乐、得失圣凡，均由自业不同，种瓜得瓜，种豆得豆，果决于因，分判在业。

至于直接破斥天神主宰创生人物之说，且如《瑜伽师地论》七卷、《显扬圣教论》十卷中破自在等作者论言：

> 自在等作者论者，谓如有一若沙门，若婆罗门，起如是见，立如是论：凡诸世间士夫所受，彼一切或以自在变化为因，或余丈夫变化为因；诸如是等，谓说自在等不平等因论者作如是计。……世间诸物必应别有作者、生者及变化者为彼物父，谓自在天，或复其余。今当问彼……汝何所欲，大自在天变化功能为用业方便为因，为无因耶？若用业方便为因者，唯此功能用业方便为因，非余世间，不应道理；若无因者，唯此功能无因，非世间物，不应道理。又汝何所欲，此大自在为堕世间摄，为不摄耶？若言摄者，此大自在即同世法，而能遍生世间，不应道理；若不摄者即是解脱，而言能生世间，不应道理。又汝何所欲，为须用故变生世间，为不须用耶？若须用者，是则于彼须用无有自在，而于世间有自在者，不应道理；若不须用者，无有所须而生世间，不应道理。……如是由功能故，摄不摄故，用无用故，为因性故，皆不应道理，是故此论非如理说。

佛教之否定天神创造宇宙、化生万物，斥之为不平等因，驳之为非如理说，起见立论，妄计非有，斩决如此，真是鲜明卓荦的无神论者。论中要义，此不详释，诸经论中，此类说法到处皆是，亦不繁引。

或有问言，佛教虽不许有天神主宰，而许有佛，有诸菩萨，有阿罗汉，功德巍巍迥出尘俗，塔庙庄严受人崇仰，此非神而何？

答：佛教之佛，义谓觉者，即是有情中之得到大觉，自觉圆满更能觉悟众生之人。他从有情中来，人也都可以学他成佛。他但能教化度济众生，而不能创造变化众生，亦于众生不作主宰。这和天神无有丝毫共同之处。试问一般宗教，许神造人类，能许神人平等吗？能许人皆可作上帝吗？菩萨是发愿成佛济度有情之人，罗汉是依佛教化修行解脱之士，亦均无丝毫神秘色彩。至于尊崇礼敬，乃学佛者对于他心所向往学习的模范人物应有的心理，而不是要求福利。同时也要知道，以佛菩萨作为天神崇拜，要求福利的人，也便不是真的佛教徒，并且全与佛教的学说思想不相干了。

在印度古代如像佛教具有无神论色彩的教派是有的，如像著名的数论、胜论都是。数论二十五谛中根本二谛为神我和自性，由神我欲求受用，自性便为他变生了余二十三谛，神我因受用而被缠缚，因厌患缠缚而求解脱，解脱即是从二十三谛解脱离自性，而神我独存，所以它是无神论者。或问既然立有神我，为何说为无神论呢？当知数论的神我是以我为神，名为神我，即等于一般宗教所说的灵魂。但他除对每一人的每一神我之外不更建立创造世界人类的天神，而说流转是神我之自求受用，解脱是神我之自求独存，均与我外天神无关，以这样的理由而证明他具有无神论的色彩。胜论六句义中实句义有九种实，即地、水、火、风、空、时、方、我、意。德句义有二十四，业句义有五，以及大有句、同异句、和合句，均不立神，因之也是无神论者，但执有我。所以无神论还不是佛教独有的特色。它更突出的应该是：

第二、无我论。佛说一切法无我，什么叫一切法？法的意义是轨持，持谓持守自性，轨谓轨生物解。它的对象有两种，一种是指能诠事物的名言。名言的用处一面在摄持事物的自性，一面在令人因名言的轨路而生起认识事物的了解。如像水火，水是持守一切湿润流下之自性的水，火是持守一切具有炽热炎上之自性的火。同时人们一闻水火之名便对于其所指的事物实水实火，而生起了解，而知其是水是火，这是能诠法的意义。一种是名言所诠的事和理，都同样名为法，因为一切事理是具有自性的，又是可了知的，倘无自性而不可了知，那便是本不存在的东西了。根据此义，佛法便只承认有一切法而不承认有我。

所谓一切法者，本无量种。但佛类归起来说有十二处、十八界和五蕴。色、声、香、味、触、法六种境，名外六处；眼、耳、鼻、舌、身、意六根，名内六处，合十二处。更加眼识、耳识、鼻识、舌识、身识、意识六识，共为十八界。色蕴、受蕴、想蕴、行蕴、识蕴名五蕴。这一切法，都是各有自性，现量可得，比量可得，为任何人所共见共知、可见可知的，所以说之为有。至于我呢？便不然了。世人所谓我者，是常恒不变为一身主宰的东西。这常一主宰之自性的我，于蕴、界、处中求之既不可得，因为所谓蕴等诸有为法，皆是无常的、不一的、无有主宰的，均不是我。除蕴、界、处诸法以外，又找不到独立存在的我，所以说诸法无我。但是世间为什么说有我呢？那便只是错觉、幻觉，妄执五蕴、十二处、十八界诸法以为我而已。有多理论，此弗能详。

既然说一切法无我，那么又由谁来造业，谁来受果，而成功为每一有情的生命命运呢？佛法对此总归之于缘起，亦称缘生。何谓缘？依托凭借是为缘义。谁作缘？曰一切法。缘何所起，何所生？曰：起一切法和生一切法。诸法为缘，生起诸法，其义如何？曰：此即说一切法互为依托，互相缘起而已。因为诸法本来是互相联系、互相影响、互相生起，而外不待于天神，内不待于实我，亦非出于无因的。故佛说言“此有故彼有，此生故彼生”，谓无明缘行，行缘识，识缘名色，名色缘六入，六入缘触，触缘受，受缘爱，爱缘取，取缘有，有缘生，生缘老死。《杂集论》释云：“此有故彼有者，显无作缘生义，唯由有缘故果法得有，非缘有实作用能生果法。此生故彼生者，显无常缘生义，非无生法为因故，少有所生法而得成立。无明缘行等者，显势用缘生义，虽复诸法无作无常，然不随一法为缘故，一切果生。所以者何？以诸法功能差别故，如从无明力故，诸行得生，乃至生力故，得有老死。”此中义者，无作无常，是说世间不从天神实我主宰造作，不从无生常住之法不平等因，生起诸法，而是即由诸法品类势用各别功能对于其所适用顺益之法为缘生起。譬之日月出矣，无心照物，而色相自显，时雨降矣，无心润物，而百谷自生。非但别无造物者主宰于其间，即彼日月雨露，亦自无心于照物生物，但日月之光有助于色相显现，而色相自显。时雨甘露，有利于百谷生长，而百谷自生，此之谓此有故彼有，此生故彼生。虽说此有故彼有，此生故彼生，而彼此之间势用各有所适，顺益各有所宜，生起亦各有序。日光时雨，用各不同，所照所生，结果亦异。而从种生芽，芽生根茎，根茎生枝叶，开花结实，复成新种，次第引生，并不是从旧种直生新种，也不是从芽茎直生花实。诸法相生，有所适即有所不适，有所宜即有所不宜。鱼鳞优游于江海，鸿雁翱翔于九天，桂生高岭，莲出污泥，苟非所宜反相障碍。由此可知一法为缘，不生一切法，亦非一切法为缘，生彼一法。祸因恶积，福自善来，杂染清净，各自为类，这便是势用缘生的道理。其在有情则具体表现在十二缘起。此十二缘起中，无明爱取为惑，行及有支一分为业。识、名色、六入、触、受、生及老死名苦，由惑故造业，由业故受苦。生命由此成，命运由此立，一切一切具摄归于诸法相互缘起，并不需有实我主宰作受于其间了。

佛法破斥天神，而主张自业，否定实我，而肯定缘生，因之它是“无神无我的业感缘起论”者。

此“无神无我的业感缘起论”含义极其具体，范畴极其明确，它表现了它自身的特殊性，也表现了佛教内部各宗派的共同思想和信念。如果执有神和我的便不是佛法，如果不承认业感缘生的也不是佛法。我对佛教根本思想的认识如此。

于此应当补说两义。

第一、业感缘起之因果通三世义。所谓三世者，谓过去世、现在世、未来世。十二缘起的因果关系是异熟的因果关系，业是异熟因，果是异熟果，由因感果，必在异时，它是由前世造业到二世乃至多世才受果的，与士用因果、增上因果不同。士用因果，可以现作现受，增上因果可以同一时间，互为因果，都不是于异世始受。独异熟因果，它是生命的转变，是生死的大变，所以它前业既尽受报已完，然后新业始能引生后果，如此往复，生命于以不穷。设若否定三世，那便也没有异熟因果了。因之业感缘起是必通于三世的。此中但说异熟因果必通三世，并不说等流、增上、士用因果不通三世，尤其是等流因果，是较之异熟因果，更无穷尽的。此非专论，不详。

第二、业感缘起之各个有情因果相续各自成流义。虽说诸法无我，而造业受果，每个有情各成系统，自作自受。非由自作而他受，他作而自受，一作共受，共作一受。如果那样，因果便成杂乱，也便没有真的业感缘起了。有情与有情间，只能互作增上，绝不能互相代替，仅可能由此一有情鼓舞教导彼一有情造某种业，但彼之造业，仍是通过彼之思想言行而主动地自行造作，其应得的果，仍是彼造业者的果。至于教导鼓舞，也是一种业，此业之果，则此人自受了。由业果相续，各自成流，各成系统，不相杂乱故。我们可以说在佛法中常一主宰之我不有，而自他差别之我不无。自他差别之我若无，即得失圣凡流转还灭，皆不可得，那便没有佛法了。

次应了知佛法对于有情世间的价值看法如何？在佛法看有情，它的生命是不常不断永无穷尽的长流。因为业感缘起是故故既灭，新新又生，业不断地造，果不断地受，以此相续，而无熄灭之期；并不是百年岁月，转瞬即逝，逝即无余，云散烟消，便成乌有。这样长流的生命，很可能增加人的愿力和加重人的责任感，这是有积极意义的一面。但是佛法就有情生命长流的价值来评判，它却得出极其相反的看法。因为它并不觉得有情世间的结果是快乐的，而终归是苦痛的。有情世间所造的业并不是清净的，而是杂染的。有情所以发动造业之因，并不是正确的，而是错误的。如前所说的十二缘起中，最初便是无明缘行，无明即是愚痴，由缘迷内异熟果愚故，造有漏行。行即是业，由行故缘起识、名色、六入等。又由迷外增上果愚缘境界，受生爱生取，取故缘有，有故缘生，生故缘老死忧悲苦恼。由种种的烦恼和业才得到生，而生的结果只是老死忧悲苦恼，既有今日，何必当初！宁非惑乎？惑故造业，业故招苦，于苦不了，又复造业，如此往复，相续不穷。佛法称为三杂染，惑者烦恼杂染，业者业杂染，苦者生杂染，如此杂染相续，生生不息，三界五趣，轮转不息，佛法总称之为流转。这便是佛法对于业感缘起的评价，曰流转，曰杂染，曰苦，均是贬责之辞，均示厌逆之意，这便是佛法的流转观。

既知流转之应厌离，即应趋向还灭了。如何还灭呢？无他，停息缘起，即得还灭。佛言：无明灭则行灭，行灭则识灭，识灭则名色灭，名色灭则六入灭，六入灭则触灭，触灭则受灭，受灭则爱灭，爱灭则取灭，取灭则有灭，有灭则生灭，生灭则老死忧悲苦恼皆灭。

佛与世人有共同的情感，而有不同的智慧，情同者在同恶死，智异者在求不生。世人皆爱生而恶死，因之有长生久视之希求，然生之必死者乃必然之定理。长生不死者，乃人情愿望不合理之奢求。奢求而违背真理者，真理亦从而违背之，故贪长生者必皆得其反。佛知其不合理，因从根本解决，不求长生而求不生。盖有生，故有死，不生即无死了；生复有因，有故缘生，不有即不生了；有复有因，取故缘有，不取即无有了；取复有因，爱故缘取，不爱即无取了；爱复有因，受故缘爱，不受即无爱了。如是行为缘故有识，无行即无识；无明缘故有行，无无明即无行。此为逆观缘起之因由。原因既得，修行有方，最初即当断无明。无明灭则行灭，行灭则识灭，识灭则名色灭，乃至有灭则生灭，生灭则老死忧悲苦恼一切皆灭，此为顺趋还灭之行果。盖惑尽则业尽，业尽则苦尽，杂染皆尽，而清净出离了。

虽说如此，但解脱之道并不能单靠消极的厌离，还要修积极的圣道。此其要在三学，一者戒学，诸恶莫作，众善奉行，所以纳身语意业于正轨。二者定学，专心正念于应缘境，远离诸相、不正寻思、诸随烦恼，调练心行，伏诸现缠。三者慧学，由闻思修，正见正智，观法实相，断诸随眠。其修行次第，则为三十七菩提分法。最初四念住，观身不净，观受是苦，观心无常，观法无我，住念循观不杂邪智。由四正勤修习断行，由四神足心入定境，次起五根，次修五力，既得根力，修七觉支，见谛现观，初入圣位。次入修道，修八正道，正道修满，入无学位。杂染始尽，清净圆成，不更流转于生死，而永得还灭了。

如此还灭，非断灭耶？不是断灭。还灭，又称涅槃。涅槃是圆寂，圆谓功德圆满，寂谓烦恼寂静，在因位则修行圣道，在果位成五分法身。所谓五分法身，即戒、定、慧、解脱、解脱智见。必圣道满，法身成，乃得还灭。所灭者仅是烦恼业生之三杂染，并不是清净功德法身，如何能说断灭。《阿含经》中，得果罗汉常说："我身已尽，梵行已立，所作已办，不受后有，知如真。"我生已尽，不受后有，指其杂染已断。梵行已立，所作已办，知如真，指其功德已成。故知涅槃解脱，乃有情向清净、向真实方面的成就，而绝不是断灭。

虽然成就，但就声闻乘、独觉乘说，它是小的成就，还不是大的成就。仅成就一己，不能成就一切有情。他住著涅槃，怖畏生死，悲小智小，功德力量小，小成而已，尚非究竟成就。别有菩萨乘，智大、悲大，愿力功德大，他不住生死，不住涅槃，摄受无边众生以为一体，为要拔除一切杂染，共成正等正觉，故长劫修行，悲愿度生。此其关键，在由证得自性涅槃，而后能得无住涅槃极果。

何谓自性涅槃？言一切法本无生灭，本来寂静也。此不与前所说根本教义绝对相违吗？谓如前说，一切法皆从缘生，性皆无常，生灭相续，业果感应，名三杂染，长流不息，名为流转。厌离流转，修行圣道，停息缘起，始证涅槃。今何说言诸法无生，本来寂静，自性涅槃？如是岂不自语相违，自成矛盾？答：实有矛盾，而又全不矛盾。若谓无矛盾，则无大小乘之分，也无大小乘之争。如谓真的有矛盾，则是佛法本身思想体系不能统一了。它的矛盾处常人共知，此即不说，今且言其不相矛盾的道理。

因为诸法无生，本来寂静，是依诸法空性说的，而诸法性空是依缘生说的。设若证知缘生性空，问题便全解决了。

缘生的道理，是佛法贯彻始终，各宗的通义。这是没法反对的。即由缘生而证明诸法无我，此诸法无我有两种意义：第一是人无我，即是只有十二缘起的无明行等，此外没有常一主宰的实我，亦称数取趣无我，这是声闻乘所共许的。第二是法无我，即说无明行等十二有支，乃至五蕴、十二处、十八界一切法，均是从缘生的。既从缘生，缘异果异，性不决定，即无定性。生已即灭，性不常住，即无常性。无定性、无常性的东西如像什么呢？恰好如同幻事，如同影像。幻事、影像显现是有，但实体则无，即无自性了。这种但有幻相而无实体、无自性的诸法，即其自身是非常一主宰的，即是非我的。此之谓法空无我，亦称法空无自性。这样无定性、无常性、如幻影、无自性（常一主宰之自性）的法空无我，在《阿含经》中也是经常说的。如说色是我耶？受想行识是我耶？皆非是我。又说色如聚沫，受如浮泡，想如阳焰，行如芭蕉，识如幻化。如是如幻无我的诸法，即是法空无我的真理安足处所。空无自性，既得成立，即无生无灭，本来寂静，自性涅槃而得成立。盖无自性故无生，无生故无灭，无生无灭故本来寂静，本来寂静故自性涅槃。即以此故，《般若经》中处处宣说："一切诸法，无生无灭，本来寂静，自性涅槃。"这是从缘生的道理彻底地观察应得到的结论，也是一切法本具的真理，当体的实相。因之它是与佛法根本思想体系全不矛盾的。既然如此，为什么又有生灭无常、杂染流转、清净还灭的不同说法呢？答：彼是从幻相宛然方面说，而此是就实相无性方面说。就幻相宛然方面说，自然有生有灭，有杂染流转，有清净还灭。就实相无性说，自然无生无灭，无杂染流转，无清净还灭了。然而应知，非离幻相以外别有实相，非离生灭染净外，别有无生灭染净。亦即不离生死外别有涅槃。《摄大乘论》故作是言：

于生死涅槃，若起平等智，尔时由此证，生死即涅槃。

由是于生死，非舍非不舍，亦即于涅槃，非得非不得。

生死即涅槃，是自性涅槃的真诠。既生死之即涅槃，则不该更执有生死。既生死之即涅槃，亦不复更别执有涅槃了。即以此故，《梵问经》中作如是说：

诸佛不得生死，不得涅槃。……佛不令众生出生死，入涅槃，但为度妄想分别生死涅槃二相者耳。……若有决定见涅槃者，是人不度生死。所以者何？涅槃名为除灭诸相，远离一切动念戏论。

彼经复说怖空索空喻云：

譬如有人畏于虚空，舍空而走，在所至处，不离虚空。……又如有人求索虚空，东西驰走，言我欲得空，是人但说虚空名字而不得空，于空中行而不见空。

此中虚空，喻于诸法性空，自性涅槃。畏空而走者，喻凡夫之怖畏涅槃，而不知自性涅槃，无处避得。求索虚空者，喻初学之欣求涅槃，而不知诸法自性即是涅槃，而更求涅槃。当前指点，亲切如此！我今亦设一喻：譬如人处梦中，梦见所有山河大地，恩爱寇仇，起贪起瞋，一一皆实，忽从梦觉知彼性空。既知性空，复何所贪何所瞋者？由是可知，迷则即虚妄而执实有，觉则即实有而见体空。于虚执实者，生死不息之长流；于有见空者，涅槃寂静之彼岸。然而所谓觉后知空者，不是觉后以空空梦中有，而即觉彼梦中实有，自性本空。故佛说言：

一切菩萨不能以空空一切法，而一切法自性本空。

即此可知所谓自性涅槃者，不是灭于生死，令得涅槃，而是证生死体空，即是涅槃。既生死之即涅槃，即不见有生死，不见有涅槃，不舍生死，不得涅槃。然而不见之见，乃为真见，不舍之舍乃为真舍，不得之得乃为实得。般若之于自性涅槃也，证见如此。

既证自性涅槃者，即得无住涅槃了。所以者何？一切凡夫迷著生死，一切声闻怖畏生死，耽著涅槃。大乘菩萨知生死之即涅槃，即不迷著于生死，同时也不怖畏于生死。不迷著生死者，便能直趋涅槃了。然而也不怖畏生死，即亦不著住涅槃了。既不迷著生死，故不杂染心受于生死。既不著住涅槃，故能大悲利物长劫出入生死，而无厌无倦。地藏菩萨曰：我不入地狱，谁入地狱。又说：地狱未空，誓不成佛，众生度尽，方证菩提。大悲大愿故摄受一切有情以为自体。亦由大智大力，故能知生死苦恼之性空，处火宅而清凉，履洪涛骇浪如坦途了。证空乃为入有，入有始能度生。普度一切有情，方能成就无上正等正觉。泯空有，一自他，悲智双运。而般若之无得，与大悲精进之躬行，实践无量功德和合一味，始能超凡俗，越二乘，以成佛果，如斯伟大无上的成就，乃为究竟。

佛法常喻生死洪流如苦海。有情沉溺生死，头出头没而不得出离，是为住苦海中而不能出的人。二乘厌背生死勤求出离，既得出离更不敢回顾苦海，亦舍苦海中一切众生，这是能出而不能入的人。大心之士，自既得度悲悯度生，如善泅水者，能入能出，出而复入，佛学要求，实在于此。

佛法的思想体系大略如是，更总结如次：

1. 佛法否认神权而主张业力，否认主宰而建立缘生，故它是无神无我的业感缘起论。

2. 业感缘起是通于三世不断不常的相续长流，此相续长流是每个有情自他差别各成系统的。

3. 业感缘起以“惑→业→苦”的公式相续下去，它是杂染，是流转。

4. 杂染流转是可厌逆的，因而有情的归宿是修习圣道，还灭涅槃。涅槃不是断灭，它只断除杂染，而为向真实净善的成就。

5. 声闻独觉的还灭，出世而不能入世，成就一己，不能成就众生。最伟大的成就是菩萨乘，悲智双运，不住生死，不住涅槃。出世更能入世，普度一切有情，才是佛法的最终极果。

6. 出世而能入世的无住涅槃，依于自性涅槃而建立，自性涅槃依于一切法自性空而建立，一切法空依缘起缘生而建立。由此可知，缘生无我贯穿于整个佛法。二乘由缘生通达人空无我，证得解脱。大乘由缘生通达法空无我，证得菩提。迷此缘生无我则成杂染缘生，成于流转。觉此缘生无我，即拔除杂染，成就菩提涅槃。菩提涅槃，一面在息灭杂染缘起，另一面即建立了清净缘起，尤其是大乘的清净缘起，是广大无量永无休息的。它以厌逆生死始，以本无生死终；以求证涅槃始，以无住涅槃终；以息灭缘起始，以永无穷尽的清净缘起终。这便是佛法的整个思想。

第二章　上座部和大众部佛教思想的分化

佛涅槃后，迦叶、阿难、优婆离、富楼那等五百阿罗汉，为住持正法，防止讹谬，得阿阇世王的外护，于王舍城七叶岩窟结集经律论藏。同时有万阿罗汉因不被邀请，自念我等同受佛教，亦应令法久住，广利有情，上报佛恩，以婆师婆为首别行集结经律论藏，并杂藏禁咒。同时结集，既有两地，因称迦叶等结集为界内结集，婆师婆结集为界外结集。界内多是佛时上座弟子，耆年硕德，因称上座。受持其所结经律依之修行者为上座部。界外万人，不但人数众多，亦因多诸后进，位望不尊，总名大众。师徒传授因名大众部。又两部集结，一是由国王护持，一是由群众组合，得名之异，此亦一因。我佛一代教化，摄受宏广。佛涅槃后，分途发展，理亦宜然。设无上座部，即佛教之地位不尊。设无大众部，即佛教之弘布不远。两部之分，对佛教之继承传播是极其有利的。

初时两部结集，既人皆应真，同为住持正法，一见同戒，都无诤讼。但传教日久，时地有异，因民风习尚不同，生活条件有异，为适应客观环境，佛教徒在戒律的开遮持犯上两部有所不同。因不同而兴诤，则有一百一十年时吠舍离城第二次律藏的结集。其事是上座部比丘耶舍在毗舍离城见跋耆族比丘行十事非法。耶舍对之呵斥，而被摈黜。耶舍乃广问尊宿，俱言非法，于是由上座部的商那和修召集七百比丘于毗舍离城重结律藏。这是两部意见分歧之始。其十事者：一高声共许净，二随喜净，三旧事净，四盐事净，五道行净，六二指净，七治病净，八酪浆净，九坐具净，十金宝净。自今看来，皆生活细节，异地异时实有难以坚持者。在大众部比丘则经时众同意均予变通，在上座部比丘看来则显乖佛制。严守佛制是可敬的，但因时因地而变通，也是必不可少的，他们最初的争执不过如此。

其次为教理思想认识的不同而生争论，则在一百一十六年，摩揭陀国俱苏摩城两部僧众为诤大天所说五事而来更大的争执。所谓五事者，《异部宗轮论》大天作颂云："余所诱无知，犹豫他令入，道因声故起，是名真佛教。"余众不承认，即于彼颂改末句云"汝言非佛教"。《大毗婆沙论》九十九卷释此颂多违事理，悉成谤词。《真谛疏》别有解释，言初谓魔以不净染罗汉衣；二谓罗汉不断习气，不具一切智，有不染无明；三谓初果于外事有疑；四谓钝根初果；五谓圣道依言而显。多是关于教理见解不同，较为合理。若非然者，如何雪山部即上座本部，后亦朋彼大天同彼说耶？从后来婆沙论师对大天之攻击和对彼五事的附会曲解，可知两部异执争论渐到了不可共处的决裂情况。

虽说上座、大众对于戒律教义渐至乖违，而两部内部尚保持统一。到了后来大众部内更分裂为九，上座部内更分裂为十一，共二十部。如《宗轮论》说：后即于此第二百年，大众部中流出三部，一一说部，二说出世部，三鸡胤部。次后于此第二百年大众部中复出一部名多闻部，次后于此第二百年大众部中更出一部名说假部。第二百年满时，大众部中分出三部，一制多山部，二西山住部，三北山住部。如是大众部四破或五破，本末别说合成九部。表之如次：

1. 大众部	二百年初	二百年中	二百年中	二百年满
	2. 一说部	5. 多闻部	6. 说假部	7. 制多山部
	3. 说出世部			8. 西山住部
	4. 鸡胤部			9. 北山住部

彼论又说：其上座部经尔所时，一味和合。三百年初有少乖诤，分为两部，一说一切有部，亦名说因部。二即本上座部，转名雪山部。后即于此第三百年中从说一切有部流出一部名犊子部。次后于此第三百年从犊子部流出四部：一法上部，二贤胄部，三正量部，四密林山部。次后于此第三百年从说一切有部复出一部名化地部。次后于此第三百年从化地部流出一部，名法藏部，自称我袭采菽氏师。至三百年末从说一切有部复出一部，名饮光部，亦名善岁部。至第四百年初从说一切有部复出一部名经量部，亦名说转部，自称我以庆喜为师。如是上座部七破或八破，本末别说成十一部。表之如次：

三百年初 —— 三百年初 ——
1. 说一切有部　3. 犊子部 — 三百年中
2. 雪山部　4. 法上部
5. 贤胄部
6. 正量部
7. 密林山部

三百年中 —— 三百年末 — 四百年初
8. 化地部 — 三百年中　10. 饮光部　11. 经量部
9. 法藏部

以上总是大众、上座二十部，分部年代及其部名。至于诸部在学说思想上不同的见解有如《成实论》卷二云："于三藏中多诸异论，但人多喜起诤论者，所谓二世有，二世无；一切有，一切无；中阴有，中阴无；四谛次第得，一时得；有退，无退；使与心相应，心不相应；心性本净，性本不净；已受报业或有，或无；佛在僧数，不在僧数；有人，无人（即有我无我）。"总为十种争论，即是诸部之所争执。《异部宗轮论》中具详诸部异执，此不详述。扼要而言，则有窥基法师，总合二十部，异执分别，判为六宗：

1. 我法俱有宗，宗义：不唯法有，我亦是有。犊子部、法上部、正量部、密林山部、经量之根本部属之。

2. 法有我无宗，宗义：三世有为及无为法是有，我是无。说一切有部、多闻部、雪山部、饮光部属之。

3. 法无去来宗，宗义：过去未来无，现在无为有。大众、鸡胤、化地、制多山、西山住、北山住、法藏诸部属之。

4. 现通假实宗，宗义：现在法犹有无体者。说假部及经量末部属之。

5. 俗无真实宗，宗义：世间法假，出世法真。说出世部属之。

6. 诸法俱名宗，宗义：说一切法唯假名无实体。一说部属之。

根据六宗宗义之不同，我们可以看出它们在佛学思想上的分化和发展：

第一，在六宗中，第二法有我无宗，是上座各部的根本思想。第三法无去来宗是大众各部的根本思想。它们有共同处，即都承认有法，而否认有我。这是与佛法的根本思想一致的。但是它们彼此间已有了不同的认识，即一个承认有为法，三世皆有，一个只承认现在法有，即已开有无之争了。从三世俱有发展下去便有犊子等部的我法俱有宗，所有的便超过佛法应有的范围了。从法无去来宗发展下去，便有现通假实宗的说假部，俗妄真实宗的说出世部，诸法俱名宗的一说部。到了诸法俱名，便全无真实的法了。这不又越出了佛法应无的范围吗？由此可见：在佛教中，空有之争，不但在大乘有，小乘诸部也同样有，它是彻始彻终贯穿在佛教思想中的问题。

第二，当问为什么会有这样的有无之争呢？细心推求，我认为仍与佛法的根本思想有关。佛教思想有极其重要的两大原理，一是诸法无我，一是业感缘起因果通于三世。这两大原理是佛教思想的命脉，而其自身颇若具有互相对立的矛盾性。在西洋哲学称之为“二律背反”而统一并存于佛教之中。这是佛教思想与一切宗教、哲学、科学不同处。在一切宗教和一般哲学，它既主张因果通于三世便一定执有灵魂、有自我，以往来于三世，享受其作业所得的结果，及对其往业应负的责任，应受的惩罚。如主张无我论的像一般的科学，和唯物论的哲学，它不承认有灵魂，不承认有离开身体和心理作用的实我，它便不会承认因果通于三世。人死，它的身体便腐烂分解，而还归于自然。心理便停息作用而归于乌有，哪还有不死的精神转趣余生更受其生前所作的果报呢？这两种思想都是比较统一的。

佛法呢？它恰不如此，既主张无我，又主张业果通于三世，正好在它的无神无我的业感缘起论中统一起来。在上智看来，并非奇事。而在上座、大众诸部看来，却难于如理如量地给予了解，因而便有所偏重，蔽于一面，而成立了互相对立的思想了。上座部各家是偏重三世业果说的，因而首先便有一切有部等之主张三世有。假若三世非实有，异熟因果造业在过去，而受果在未来，过去无则无业，未来无则无报，二世既无，业果随失。而佛教是建立在三世业果之上的，若无三世业果，即便没有佛教了，因之它主张三世俱有。既三世俱有，何以分别三世呢？曰分别只在于用，而不在体，体则恒有，三世所同，用则待缘而起。过去已灭，未来未生，唯现在有，因而有异。这便是一切有部等的思想。但在犊子部等还不满意于此三世实有的说法，因为蕴等诸法体既各别，不相系属，随生有灭，用又非常，如无超过五蕴等法，而又包摄五蕴等法之常一我，谁复统一摄持于其间，而司作业受果之用呢？因之它立有补特伽罗，非即蕴非离蕴（非即言其超越，非离言其统摄）。诸法若离补特伽罗，无从前世转至后世，依补特伽罗可说有转移（转移即五趣轮回，从前世人趣转至后世傍生趣等，所以名为数取趣），由我的移转，诸法乃随之移转。它这种主张与外道我实难判其差别了。人有难言，为什么佛说无我呢？它说执有我的，易起烦恼贪瞋痴等，所以佛说无我。但若无我，即复无有业果相续，因此佛亦常说有我。如《本生经》佛自说言“彼时大喜见王我身是也。”又佛说：“今喜后喜，为善两喜。”若但五阴不应两喜。又若修集善不善业，皆依众生。如是等，且如《成实论》卷三说犊子道人计。又《大毗婆沙》说犊子部计，如虎迁居，必衔其子，重则见牙伤，轻则失其子。定说有我，即见牙伤，痴人因生烦恼。定说无我，即失其子，因果不立，业报成虚。所以佛有时说无我，有时说我，实有我也。于此一切，总见犊子部等都是根据业果三世说而发展成了有我论的。至于大众诸部则是偏于诸法无我义而立论，所以最初即主张过去、未来非实有体。设若过、未实有，即法是常，都无生灭。法有实体，即成有我，恒无变异，如此即与诸法无常无我之义相违。以所谓诸法无我者非但于蕴等外别无实我，即蕴等法无常无自体皆不是我也。既一切法都无实体，即一切法但有假名，于是而有诸法俱名宗的一说部。这是应有的结论。这一切法都无自体的说法，是很接近大乘空宗的，但如果决定说诸法但名，即除名以外别无缘所生法，亦不作缘生于余法，即应坏于缘生，亦即破坏了因果业报，即同于恶取空，即彼假名亦无安足处，这应是违背佛法的思想。由此可知，上座、大众虽所执不同，而皆根据佛法的根本教义而立说。因有所偏，遂有所蔽，由偏蔽而成了两极发展。我们不能否认它们对佛理有所发展，同时更不能不了知它们对佛法思想并不曾做到很好的发展。正因为它们对佛法发展得不好，所以才需有大乘中观、瑜伽两宗的继续兴起，以充其量而救正其错谬。

第三，从六宗所属各部看来，一方面看到了大众、上座之分化发展，但也应当看出它们之间在思想上还是互相影响、互相交错的。如像化地部、法藏部本是出自一切有部的，然而它们的思想反是属于大众部的法无去来宗。经量部本是出自一切有部，而且立有胜义补特伽罗我，与犊子等部同属于我法俱有宗的，而其末部的思想乃归于现通假实宗，这是上座诸部中受到了大众部思想的影响，接受了大众部各部的思想，而转到了大众部中的实例。在大众部中亦有多闻部思想转变而投入法有我无宗，是又从左转右了。又上座部对大天五事反对最烈，后来转成雪山部时反而承认其说（见《宗轮论》）。而世亲菩萨作《俱舍论》觉有部义谬，即以经部义正之，综合两宗，更成新论。是知思想发展应有异同，始能交互影响，亦始能展转深入，否则单纯一致，即将停滞不前了。

第四，吾人从《异部宗轮论》中所述大众部、一说部、说出世部、鸡胤部义，如像诸如来语，皆转法轮；佛以一音说一切法；世尊所说无不如义；如来色身，实无边际，威力无边，寿量无边；佛化有情，无厌足心；佛不说法，一刹那心，相应般若知一切法；一切菩萨，不起欲恚害想；诸菩萨为欲饶益有情，愿生恶趣，随意能往；心性本净，客尘烦恼之所杂染说为不净等；许多议论，新颖精辟，甚与大乘教理相通。而上座诸部尤其是一切有部，对毗昙学特别发扬，从《一身》《六足》，至《大毗婆沙》《俱舍》《顺正理论》等一系列地发展下去，完成了声闻乘教法数名相，义理抉择，修行次第，证果始终，有组织、有系统、最完整的教典。也表现了宾主对扬，辗转破立，极理智思辩之大观。这对于后来中观、瑜伽诸大论师、诸大论著是起了开导引发作用的。佛教之异于一切宗教，即在于重智慧、重思辩，由闻而思而修，从丰富的教理，得深密的思想，由深密的思想入真实的现观，实相予以证得，圣道予以完成，阿毗达磨论议抉择是其枢纽，而论议抉择开展于大众、上座二十部执，为过为功亦可不繁言而解了。

第三章　中观宗对佛教真空思想的发展

一、大乘之继诸部兴起

佛教有三乘：曰声闻乘，曰独觉乘，曰菩萨乘，亦即佛乘，这是随有情的根器大小，智慧浅深，发愿修行证果不同而建立的。随乘不同，而教亦有异。二乘多乐简约，佛故随机指点，但取彼个人适用，单刀直入，不尚繁文，《四阿含经》言约意赅，或片言而止。大乘以度他为重，要以广大智慧应一切根器，佛因之为说方广之教，开显无量法门，论议极其深远，这是各当机宜，互不相碍的。但在凡愚或因情见，争竞遂生。固守成见者，骂大乘为空华外道。矜执大义者，斥诸部为小道蹄坑。一似彼此对立，绝无联系一样。实则《四含》尽为佛说，无佛乘即无声闻。《阿含》之教为根基，无根无基亦无馥郁的花实，巍峨的楼台。佛在时既三时说教，佛涅槃后亦三期弘化。从二十部而中观而瑜伽，乃佛教思想发展应得之成果。中观瑜伽继上座大众而兴，亦佛教思想发展必藉之因。因此，可说它们彼此间是有开导发展因果联系的。

从僧团组织来看，佛在世时比丘僧外不别建立菩萨僧，所有菩萨如弥勒等皆随入比丘众中。佛涅槃后亦复如是。是以无著菩萨，于化地部出家，世亲菩萨于一切有部出家，于二十部外别无大乘僧寺。龙树、提婆更生在前，当知亦尔。据此为言，则中观瑜伽大乘诸师本皆出于大众上座诸部，此是一义。

再就教理思想来看，无著、世亲宗义多说有，对于空义常常慎重出之，简别出之，唯恐堕于空见者。而他们是从化地部、说一切有部出来的，因此又称为大乘有宗。以此为例，龙树提婆专力说空，人共许为大乘空宗，即其对于大众一说诸部思想，能说全无关系吗？由此可知大空中观，实承继小空大众诸部起，大有瑜伽实承继小有上座诸部兴，这是第二义。

虽然如此，大乘之继承小乘，也并不是机械地承继，而是给予了变化纠正，而予之以高度的创造性发展的。这在后面叙述两宗的思想内容时再作具体的证实。此处且先言其治学的态度和方法。

就态度说，大乘和诸部，虽皆是遵守佛的教理而运思立说的。但诸部对佛所说的言教不免过于保守，执著语句，而成了教条主义。由于拘执过甚，反将佛的语言穿凿附会别生枝节，以至于与佛的根本教义背道而驰。如上面所说的我法俱有宗和诸法俱名宗等，都是执死了业果相续和诸法无我而起的增益执和损减执。至于闻佛说有有为四相，便计离诸有为法外别有生之住之异之灭之的“生”“住”“异”“灭”四相。更进而计有生“生”、住“住”、异“异”、灭“灭”的“生生”“住住”“异异”“灭灭”的小四相等，如一切有部之所执者，真可谓极支离烦屑之大观了。大乘却不然，它首先便提出“四依”来作为治学的标准。所谓四依者：

一、依法不依人；二、依义不依语；三、依了义经不依不了义经；四、依智不依识。

依法不依人，是说只依正理而不依权威。如依佛而不依其法，只是盲目的崇拜，是不足贵的。依义不依语，是说对佛所说的语言，要了解其真义，有言在此而意在彼的，便当舍语言而观意旨，不可穿凿附会，死于文句之下。依了义经不依不了义经者，是说在佛经中还有方便说和如理说之不同，方便说只是摄引某类初机的门径，所谓应病之药。如理说乃是显示实相，人所共由之大道。方便说为不了义经，如理说为了义经，前非所依，唯后是依。依智不依识者，是说一切事物有其表象，有其实性。人之认识，有普遍而一般的常识，有特殊而深入的智慧。常识只得表象，智慧始证实性。又常识只见事理之常，智慧普察事理之变。常识是机械的，有格式定型的，智慧是机动的，是灵活变化的。因此如果单依常识，便只能得事物的表相，对佛的教义只能作一教条主义者，而不能应付客观事物新起的、复杂的、千变万化的不同情况。必依智慧乃能得事物的实性，对于佛的教义，能作一活的体现者，发展者，而能应付客观事变复杂多样的新兴情境。这便是教条主义和非教条主义的不同业用。自然，智慧也并不违背常识，实性并非不显现以为表象，而不执教条者也绝不会违背教理。但它能根据常识而全面而深入而机动地予之以适当的取舍，使常识皆得到适当的效用。它能对事物的表象而全面而会通而深入的观察，因而认识到它的实性，知它的因果变化发展规律，而不为现象迷惑，而给千变万化的现象以恰当的处理。它能根据教理而取证于现实，使教理不成为脱离现实的教条，它能融会教理实得于自心，使它不成为死守教条的盲从者。在中国禅宗说，“依经说话，三世佛冤；离经一句，便为魔说”。这证明有大智慧于教理有实得的人，他是不死守教条的，他也是不会违背教理的。正唯他能灵活运用并发展佛的教义，才证明他是教理的真正遵守和体现者。凡此一切，均非智慧不能，所以说依智不依识。我们从四依看，大乘的精神是自由的，是生动活泼的，是有创造性的。所以它能截断众流，将上座大众诸部一切烦琐支离陈腐肤浅和偏执一扫而空，而开辟中观瑜伽新的世界，它发展了根本教义，也才恢复了根本教义。

再就大乘治学的方法来说，它们都是极重认识论的。根据认识论然后才建立本体论、宇宙观、人生观。这是佛教的固有精神。它特重现量，慎用比量，而坚决反、对摒斥非量。所谓蕴界处诸法，无常无我之理，均是从真实的现量和正确的比量得来，为人类所能共见共知的。离开正确的认识，便不会有真的本体和不错谬的宇宙观人生观。为要得到正确的认识，便有调练心行、止观、作意、静虑、般若的种种修持方法，由于静虑般若得真现观，然后乃实证诸法实相。由证诸法实相，然后乃施设理论，说法教他。所以他是从实证现实来，更引入从实证现实去，因而没有丝毫臆想猜度之词，没有丝毫遍计所执之义，凡其所说，皆是真实，皆可信受。

就内证言，大乘极重现观。就度人言，大乘极重思辩。思辩之用，一在摧邪，一在显正。在因明中摧邪名为能破，显正名为能立。破者破除一切迷信谬执，立者建立正道正理。度他之用，全在于此。要具有无坚不摧无攻不克的真理与思辩的方法，乃能澄清思想，启发智慧，生人净信，令起正行，佛之教人方法，便是如此。前期诸部虽其所见或不尽合正理，而彼此之间争论破立，风起云涌，亦极发展了思辩。到了中观、瑜伽，对佛教既有更深的更彻底的体验和发展，故其对外教、对部执以至于大乘彼此之间更复思辩严密，体系完整，义理精深，言语圆正，汪洋灏瀚，极思维辩论之大观。始于龙树、提婆、无著、天亲，终于陈那、天主、清辩、护法。不但在宇宙真理上有伟大的发展，即在逻辑方法上，也有辉煌的成绩。此不但是佛教中最宝贵的遗产，也是人类文化的宝贵遗产。吾人读《中》《百》《十二门》《掌珍论》和《瑜伽》《显扬》《杂集》《成唯识论》等，每不禁低回往复，惊叹其距今千数百年前，欧洲尚在中古黑暗时代，而能有如彼的崇高缜密规模壮阔的学说思想，可谓甚奇希有！

二、中观宗与龙树

佛涅槃后七百年时（汉魏之间）龙树菩萨生南印度，英睿才辩，博学多能，厌怖尘劳，投僧受具，既博通三藏，尤锐志大乘。于时上座大众诤论纷纭，上座诸部既滞于有，大众诸部又不善说空。实相未明，多增戏论。乃大弘《般若波罗蜜多经》，一切诸法，从因缘生，毕竟空无自性的道理。造《大智度论》《中观论》等立大乘中观宗，亦称般若宗。言般若者，所依经名，具云《摩诃般若波罗蜜多经》。摩诃言大，般若言智慧，波罗蜜多言到彼岸，简言度也。到彼岸有六，谓布施、持戒、安忍、精进、静虑、般若。施戒忍者，视他如自，摄受饶益，福德功德。智慧者，通达诸法真空实相，断障证真，智慧功德。精进静虑，通于二种。如车两轮，理无独运。只以施等之能到彼岸，必以般若为导为依，否则，著相布施与世俗等，即不成为到彼岸。为成斯义，经名般若，非不修五。依经立宗，名般若宗。言“中观”者，所造论名。“中”谓中道，即远离有无、一异、生灭、断常的诸法实相，即所观真理。“观”谓能观的智慧。以能观智，观所观理，不增不减，不迷不谬，如善射者，矢之所到，不左不右，恰中其的，故名中观。此论显此实智真理，龙树菩萨所造，依据深经，阐经深义，标宗立极，高建法幢，灭诸异见，广度有情，依此论故又名中观宗。菩萨智慧渊深，魄力宏大，辩才无碍，著作尤多。除《智度》《中观》，更作《十二门论》等。上首弟子阙字提婆，造《百论》《广百论》等助师化导。姚秦之世，鸠摩罗什法师广译此宗经论于长安草堂寺，门下英才济济，融、叡、生、肇等大阐般若宗，尤重《大智度论》《中论》《十二门论》及《百论》。僧叡《中论序》言："《百论》治外以闲邪，斯文（指《中论》）祛内以流滞，《大智度论》之渊博，《十二门观》之精诣。寻斯四者，真若日月入怀，无不朗然莹彻矣。"所云《中论》，即《中观论》。颂由龙树，论自青目。清辩释者名《般若灯论》，安慧释者名《中观释论》，俱译来中土。隋唐之际，嘉祥法师作《中》《百》《十二门》三论疏，后世因称此宗为三论宗，义未能恰。今但称中观宗，它与西藏所译的名义是相同的。

三、中观宗思想的根据和旨趣

欲知中观思想，应知彼所依至教。所依至教非他，即是《摩诃般若波罗蜜多经》。经说何义？说无分别智，灭诸戏论，离一切相，现观诸法毕竟空，无自性，真如实际，自性涅槃。一切有情由我法执，流转生死，执有诸法生灭断常。为求解脱，厌怖生死，趋证涅槃。取舍生心成自解脱，耽著寂灭，不能大悲宏愿，普度众生。故佛如来以平等智，等观生死及与涅槃，皆自性空，都无取舍，既越生死，亦自不住涅槃，悲智双运，长劫度生，如第一章具略显示。今此中观即根据如斯教理，为除一切戏论分别，及显诸法无生无灭，自性涅槃，故立中观宗。如《中论》说：

问曰：何故造此论？答曰：有人言万物从大自在天生，有言从韦纽天生，有言从和合生，有言从时生……有如是谬，堕于无因邪因断常等邪见，种种说我我所，不知正法。佛欲断如是等邪见令知佛法故，先于声闻法中说十二因缘。又为已习行有大心堪受深法者，以大乘法说因缘相，所谓一切法不生不灭，不一不异等，毕竟空无所有。如《般若波罗蜜》中说：佛告须菩提，菩萨坐道场时，观十二因缘如虚空不可尽。佛灭度后后五百岁，像法中人根转钝，深著诸法求十二因缘、五阴、十二入、十八界等决定相，不知佛意，但著文字。闻大乘法中说毕竟空，不知何因缘故空，即生见疑；若都毕竟空，云何分别有罪福报应等。如是则无世谛第一义谛，取是空相而起贪著，于毕竟空中生种种过。

龙树菩萨为是等故，造此《中论》。此中即说佛为断无因、邪因、断常等邪见我我所执故，说缘起等。复为大乘说毕竟空，更为诸部深著十二因缘、蕴、处、界法决定相，谬解毕竟空，生疑生谤者，龙树菩萨造此《中论》。所云中者，即离戏论之“八不中道”。颂曰：

不生亦不灭，不常亦不断，不一亦不异，不来亦不出。

能说是因缘，善灭诸戏论，我稽首礼佛，诸说中第一。

又说：

诸法不自生，亦不从他生，不共不无因，是故说无生。

如诸法自性，不在于缘中，以无自性故，他性亦复无。

如是等说一切法无生，无自性，毕竟空义。

《观涅槃品》云：

无得亦无至，不断亦不常，不生亦不灭，是说名涅槃。

无得者，于行于果无所得。无至者，无处可至。不断者，五阴先来毕竟空故，得道入无余涅槃时，亦无所断。不常者，若有法可得，分别者则名为常。涅槃寂灭，无法可分别故不名为常。生灭亦尔。如是相者，名为涅槃。复次，经说涅槃非有，非无，非有无，非非有，非非无，一切法不受内寂灭名涅槃。又说：

涅槃与世间，无有少分别，世间与涅槃，亦无少分别。

五阴相续往来因缘，故说名世间。五阴性毕竟空，无受寂灭，此义先已说。以一切法不生不灭故，世间与涅槃无有分别。涅槃与世间亦无分别。复次：

涅槃之实际，及与世间际，如是二际者，无毫厘差别。

究竟推求世间涅槃实际无生际，以平等不可得故，无毫厘差别。

凡此具说生死即涅槃，即自性涅槃义。

又如《观颠倒品》中，总显一切诸法，自性皆空，根境无实，烦恼体无，倒与无倒，净及不净，相因相待，从妄想生，妄想非真，自性无有，烦恼颠倒，等同幻梦；幻梦无实，生即不生，有同非有。如人梦中，恩爱寇仇，炽然爱憎，崩山倒海，恐怖仓惶；一从梦觉，都不可得。颠倒纷纭，无端哀乐，原是法界寂静寂灭相，无相相，毕竟空相，无生灭染净相，无倒不倒相。诸相既寂，实相当前。般若真空，如是而已。

四、真空实义不坏一切法，而在成立一切法

声闻乘诸部论师作如是难，由破四颠倒故通达四谛，得四沙门果。今言一切法空，岂不破坏一切正法。如《中论》说：

若一切皆空，无生亦无灭，如是则无有，四圣谛之法。

以无四谛故，见苦与断集，证灭及修道，如是事皆无。

以是事无故，则无有四果，……

空法坏因果，亦坏于罪福，亦复悉毁坏，一切世俗法。

论主答言：

汝今实不能，知空空因缘，及知于空义，是故自生恼。

……

不能正观空，钝根则自害。

这是说反对空义的人，并不真解空义。

汝谓我著空，而为我生过。汝今所说过，于空则无有。

以有空义故，一切法得成。若无空义者，一切则不成。

……

若汝见诸法，决定有性者，即为见诸法。

无因亦无缘，即为破因果，作作者作法，亦复坏一切。

万物之生灭。

这是对反对空义者的反驳，言破坏诸法之过，正在执实有性者，而不在空义者。次即提出空义的理由：

众因缘生法，我说即是空，亦为是假名，亦是中道义。

未曾有一法，不从因缘生，是故一切法，无不是空者。

此颂意义下当详释。以下广破对方：

若一切不空，则无有生灭。如是则无有，四圣谛之法。

若不从缘生，云何当有苦。无常是苦义，定性无无常。

若苦有定性，何故从集生？是故无有集，以破空义故。

苦若有定性，则不应有灭.汝著定性故，即破于灭谛。

苦若有定性，则无有修道。若道可修习，即无有定性。

……

若诸法不空，无作罪福者。不空何所作？以其性定故。

……

汝破一切法，诸因缘空义，则破于世俗，诸余所有法。

……

若有决定性，世间种种相，则不生不灭，常住而不坏。

若无有空者，未得不应得，亦无断烦恼，亦无苦尽事。

是故经中说，若见因缘法，则为能见佛，见苦集灭道。

此段广破不空论者，以矛攻盾，词义明快。最末一颂并说出观空的功用和宗旨。

从这一大段偈颂里，分析研究，得到四种意义：

第一，中观说空，不是说无一切法，只是说一切法无自性，无决定性，无常住性。青目释“众因缘生法”两颂说：

众因缘生法，我说即是空。何以故？众缘具足和合而物生，是物属众因缘，故无自性，无自性故空。空亦复空，但为引导众生故，以假名说。离有无二边，故名为中道。是法无性故，不得言有。亦无空故，不得言无。若法有性相，则不待众缘而有。若不待众缘则无法，是故无有不空法。

义极明了，即说法从众缘生，故无有自性，以无自性，说彼法为空。空但遮彼自性实有，并不说彼缘生法无。故此空言亦假名说。若执假名，谓空是一无所有，即彼空言，亦是妄执，亦应遮遣。故一切法，既不是实有，亦不是全无，离有无二边始为中道。即说真空，有无双遣。如非然者，即成妄执。在《般若灯论》中，释此中道义引《大般若经》说："云何名中道？谓离有起无起，及有无等边，故名为中道。所谓诸法体无起，无不起；非有，非无；非常，非无常；非空，非不空。修中道者观察之时，不见眼有体，不见眼无体，乃至色受想行识不见体，不见无体。"又如《宝积经》说，佛告迦叶，有是一边，无是一边，离二中间则无色，无受想行识。如是中道，名为得证实相方便。由此可知，中观言空并不说无一切法。

第二，空的理由从因缘建立。一切法既从众因缘生，便非本有，非自性有，因此说无自性。法从因缘生，因异故果异，缘异故果异，即无定性，故说无决定性。法从因缘生，生已自然灭，一切法刻刻在生起，刻刻在毁灭，刻刻在变化，性无常住，因此说无常住性。即依此无自性，无决定性，无常住性故，说彼性空。此空真义，道理安立。

第三，说空的意趣在建立一切法，并不在毁灭一切法。因为若言不空，即有定性。有定性故，不从因缘生，自性有。有定性故无坏灭，常住有。如是则无因缘，无生灭，无业果。因缘生灭业果俱无，则无一切法，无一切法故，即尔自性、定性、常住之性亦复无有安足处所了。所以论说，执诸法不空者，转为自害，破坏了一切法。然而诸法，俱从因缘生，生已自然灭，由此无自性、无定性、无常性，故自性空。由性空故，有生灭，从众缘。既从缘生，复于余法而作因缘生起余法。世间由此建立，诸法生起不穷。众生既罪福因缘，五趣流转；圣贤亦修行证果，解脱出离；而大乘菩萨，更能以宏愿力，摄无边众生，精进加行，拔除一切杂染，成就无上菩提。种种功能，均要法无定性，不常住，可转变，可创立，故故时时灭，新新时时生，乃能为力。设若诸法不空，定性凝然，坚住不变，苦者常苦，无拔济时；染者恒染，无澄清日；即地老天荒，长此终古，业果既不可得，愿力精进亦唐劳无功。不但佛法无从安立，世间亦永陆沉了。故说："若有空义故，一切法得成。若无空义者，一切法不成。"空而后能有，有而性即空，空有俱时在一切法，是为生生不息的活法，而不是沉沉滞碍的死法，此性空缘起之妙理，悟解此理，方可与论佛法。

第四，观空义者，在令人得到正确的认识，通达诸法实相，因果定理，以成正觉。《中论》故言："是故经中说，若见因缘法，则为能见佛，见苦集灭道。"《金刚经》言："若见诸相非相，即见如来。"《思益梵天所问经》言："诸法从缘生，自无有定性，若知此因缘，则知法实相。若知法实相，是则知空相。若知空相者，则为见导师。"即是此义。佛以法身成，不以肉身成。法身非他，即一切法，一切有情，平等共有，真空实相，亦名真如，亦名法界。证得此者，名证法身。证此法身，名为见佛，名为见法。自知我此法身，上齐诸佛，下共有情，即于证得永无退转，法性恒然，无退转故。从此修行，急证菩提，大乘观空，因缘如是。

五、中观宗在佛教思想上的发展

吾人已知中观是根据大乘《般若经》大空无相、自性涅槃之教来的。又知道它对空所赋予的意义，建立空的理由，空与一切法的联系，和观空的行果。即以此诸义来与前期上座大众诸部比较对观，即见彼此思想之不同，及见其对佛教思想的发展。

前章已言，在上座和大众诸部之间，已存有空有的争执，而且是根本的争执。今此中观亦特在空有上立论。因此可知它与前期诸部是有联系的，但它却与前期诸部有极大不同的发展。第一，就空的范围广狭来说，在诸部中我法俱有宗，两俱不空也。法有我无宗，唯空于我也。法无去来宗，更空过去未来法也。现通假实宗，于现法中又空其假也。俗妄真实宗，则世间一切法，无不皆空，然出世法即不空矣。诸法俱名宗，便将出世间法也一齐空却了，但它却有空执未空，即空非究竟。中观宗则曰："未曾有一法，不从因缘生，是故一切法，无不是空者。"斩钉截铁，空一切法。然而空亦复空，"但以假名说"，复空空执了。是则空义发展必至中观，始尽其量。此一义也。第二，就意义本质来看，两者尤为不同。诸部以假实有无为对，假不即实，实不即假，有不是无，无不是有，两者绝对异相，其性定矣。于是，言无则同兔角龟毛之无，言有则为坚实滞碍之有。兔角龟毛何以建立世出世法？坚实滞碍何以能变化生起不穷？无是虚无，有成死有，此不足以说明流行不息生灭变化的宇宙真相也。中观宗不离有以言空，但于诸法遣其滞碍实常的死有性，转以显出诸法生动变化的活有性。但遮执有，更不表无。定性非有，幻相宛然。我体是空，业报不虚。世间流转，事自安立。圣道加行，功不唐劳。净域庄严，全体寂静。度生无尽，不见众生。非有非无，正处中道。中观之言空，不同于诸部之说无，内含实义之不同也。实义不同，显理即异。既空不表无，自能建立一切法。因果是有，染净不虚，则言空不碍有，即上座诸部宗义理应有者，依然有也，而大众部中偏执无者，始得以救正。且如诸法俱名宗，彼法但可就言诠教法说。因缘生法，业用因果，岂但有名乎？《中论》说"亦即是假名"，即但就“我说即是空”之“空”义说。空“空”，不遣因缘所生法也。是则中观明空，接近大众诸部，可以说从彼发展而来。但既经过发展，即复予以改造。既改造了大众诸部之偏无，亦救正了上座诸部之执有。改造偏无，乃不堕于顽空断灭。救正执有，乃不堕于死有实常。佛法成了活法，善权方便，实智如如，宇宙之实相已显，佛法的根本思想乃得以恢复正常，而更创造性地得到了光辉的发展，此又一义也。准此义以评判中观，它在佛教思想上是有伟大光辉的功勋的。

第四章　瑜伽宗的兴起因缘

继中观宗而兴起的是瑜伽宗。本章先释此宗名义及其兴起因缘。

一、释宗名义

本宗名瑜伽宗。瑜伽义译相应。能观的智对所观的境，如理如量，不错误，不增减地认识它，并处理它，恰到好处，名为相应。它的内容，约有教理行果四种相应。对佛所施设的言教，如蕴界处等，四谛、十二缘起等，多闻闻持正解其义，名教相应。对教所诠显的实相真理，如诸行无常、诸法无我、缘生性空、涅槃寂静等如理思维，见谛现观，名理相应。对佛所示，依于正理所起的正行，如三学、三慧、三十七菩提分法、四无量心、四摄、六度等一切圣道，不违不越，不缓不急，精进加行，名行相应。依行证果，声闻则预流、一来、不还、罗汉，大乘则见道、修道、十地、佛地，菩提涅槃如实证得，次第成办，名果相应。自既闻教、证理、修行、得果，悲愿切心，愿诸有情皆得如是，因而随缘摄受，教化于他，应彼彼机，说种种法，譬如良医，应病与药，愈疾施安，法当其机咸得利益，复名教相应。具如是五种相应功德的人，名瑜伽师。瑜伽师所缘之教理行果一切境界名瑜伽师地。弥勒菩萨为无著菩萨及一切有情说瑜伽师地无量正法，无著菩萨集结纂述成《瑜伽师地论》，即以此论教授学徒，开瑜伽宗。本宗得名即由于此。

本宗又名法相宗。由于本宗以五法三自性，严辨诸法染净空有诸法实相。又由本宗以无量名数无量法门诠表分析一切法所有自性，差别因果体用，名相明确，义理精严，无不正之名，无不定之义，无含糊混杂的思想，无越级陵次的行持。法相明而知见正，知见正而行果真，圣教于焉显扬，实相由之证得，故名法相宗。

本宗又名唯识宗。由于本宗从认识上证得一切识亲所缘缘皆由自识之所变现，离自心相无能直取外境。又从有情行为业果，种种不同，无有不从自心认识倒及无倒，正与不正，染与离染，善与不善之所分判，策发引生。故契经说三界唯心，论说万法唯识。显如斯教，证如斯理，最后发展为《成唯识论》。即依此论，后世称本宗为唯识宗。

本宗又名慈恩宗。玄奘法师从印度归中国，住慈恩寺，广译经论，弘阐本宗。弟子窥基继住慈恩，百部疏主盛传师学。治中国佛教史的人称玄奘窥基师弟之学为慈恩宗，犹之天台贤首是以地以人而得名的。虽说宗名有四，但最正确的为瑜伽宗。第一本宗始祖为弥勒、无著。第二本宗根本教典在《瑜伽师地论》。第三本宗教理，在《解深密经》和《瑜伽师地论》等具立七真如。七真如中，法相真如、唯识真如，遍一切法。法相宗义，依法相真如立。唯识宗义，依唯识真如立。既各有所专，既互有所略，任用一名均不遍摄。唯有瑜伽宗义，两俱赅摄。第四本宗源出天竺，流传中土。宗是宗祖的意思；应追本穷源。称瑜伽宗，则总摄天竺无著、世亲、护法、戒贤之学。称慈恩宗则疑唯是中土之教，难以包括印度了。由上述四种理由，名正言顺唯应称瑜伽宗，其他三名此皆不用。

二、本宗兴起因缘

从第二章，已知上座大众诸部，对佛教思想的分化。从第三章已知中观宗对佛教思想的发展。中观宗阐述了佛教真空无相自性涅槃的真理，同时也救正了上座大众诸部的偏执。既已远离生灭、断常、有无二边，正处中道，何须更有瑜伽宗呢？本宗兴起有何因缘，对于佛教何所贡献，何所发展？为答这一问题，我觉得共有四义。

第一、建立大乘本母

梵文摩呾哩迦，此云本母。循环研核诸法体相，诸门分别令极显了，可以用作衡量真伪是非得失的规矩准绳的，名之为本母。亦名阿毗达磨，此云对法，即是论议。三藏十二部经多唯佛说，唯论藏及论议经多弟子说。所以然者，由于佛在世时，随机说法，因人施教，意趣秘密，有种种不同，故其所说法门差别即种种互异。佛涅槃后，弟子结集三藏只依内容形式之不同，裒集为三藏十二部经，并不曾将他系统组织为有次序浅深本末始终的完整的学说思想。学佛法的人既不容易得其门径指归，观海望洋，也不易窥其全体。而部执既分，诤讼遂烈。各欲坚持自宗之说，不得不广泛地取证于圣言。更有欲勘定是非统一思想的，更不得不将如来一代言教详细分别循环研核，并从事整理发挥以为圭臬。这一工作大众上座诸部皆曾作之，而以一切有部的成绩最为伟大。据真谛《婆薮槃豆法师传》说，佛灭度后五百年中，有阿罗汉迦旃延子与五百罗汉五百菩萨共撰集萨婆多部阿毗达磨，制为八犍度。先告远近，征集遗闻，若先闻佛说阿毗达磨，随其多少，乃至一句一偈皆悉送来。迦旃延等择其义不违经者，依类分别，若明慧义则安置慧结中。若明定义，则安置定结中。余类悉尔。造八结竟总为一部，名《发智论》。复造《毗婆沙》广释之，诸阿罗汉及诸菩萨研辨义理，马鸣菩萨随著论文。经二十年造《大毗婆沙》成，共百万偈。又《西域记》说，犍陀罗国迦腻色迦王，每习佛法，延僧讲述，而诸僧异议，部执不同，王深疑不能去惑。时肋尊者因请国王，宣令远近，召集圣哲。再三选拔，得五百人，世友为首，于迦湿弥罗国土造经律论三藏并《大毗婆沙》。莫不穷其枝叶，究其浅深，大义重明，微言再显，广宣流布，后进赖焉。由此两文可知迦延世友造阿毗昙的原因宗旨，及其对佛教的裒集整理系统组织，用了极大的努力，而且是由多数人的集体造作，并且还得到了迦腻色迦王的外护，而后才成功的。

不过迦延世友所造的《发智论》和《毗婆沙论》只限于声闻乘的教理思想。至于大乘教理的整理阐发还不是他们的责任。到了龙树、提婆出，中观宗兴，发挥弘扬了大乘般若无相之教，所造诸论也属于论议。但它们所造诸论略分两类。一为释经，如《大智度论》《十住毗婆沙论》是。一为遣执，如《中论》《百论》等是。释经则随经解义，遣执则破而不立，对诸法体相循环研核无倒分别，组织全部教理使成完整的系统，尚不曾作。鸠摩罗什为中观宗杰出人物，妙穷法相，兼善声明，常叹言："吾若著笔作大乘阿毗昙，非迦旃延子比也。今在秦地，深识者寡。折翮于此，将何所论。”乃凄然而止。(见《罗什法师传》)可知建立大乘对法，中观宗不曾先作。瑜伽宗兴即正式担当了这一责任。

瑜伽宗与中观宗不同处，第一，中观破而不立，瑜伽亦破亦立。第二，中观扫除一切法相，瑜伽则建立分析严定一切法相。即以此故，古来皆称中观为大乘空宗，瑜伽为大乘有宗。瑜伽宗在《大论》十七地中广辨世出世间森罗万象，心心所法、定非定境、闻思修习、证理浅深、声闻菩萨行果差别，乃至有心无心、有余依无余依诸地，莫不明其实然，彰其所以然。广大则包罗万有，精深则细入隐微，在这样建立诸法体相境界差别之上，然后判释何者是依他，何者是圆成，何者是遍计所执，何者是有，何者是无，何者是真，何者是假，何者应破，何者应立。此为根本，此为权衡，然后可以评断抉择一切事物真伪，道理是非，故此论称为三乘本母。《杂集论》又严格分析诸法体相，本事抉择各具多门。思想明确，义理精严，教海无边，指南斯在，以故名为大乘对法。这便是本宗兴起的第一因缘。

第二、总摄三乘教理

上座大众虽诸部互诤，但立论同据《阿含》，中观一宗独另尊《般若》。根据既殊，小大又起争执。中观既斥诸部为小乘，为有见；诸部更谤大乘非佛说，以龙树宗为空花外道。弥勒、无著，作《瑜伽》大论，本地分中声闻地，广辨声闻教理行证，始从自他圆满、善法欲、戒根律仪、食知量等起，继之以世间离欲，终之以出世离欲，其中九止六观、七种作意、四种圣谛、三十七菩提分法等，无不条理秩序，层次井然。广大悉备，与菩萨地分量等同。更在摄释分、摄异门、分摄事分中述摄《阿含》教义，为此《十七地论》根本所依。由此可知：此宗虽是大乘，并不排斥小乘，它是普被五性总摄三乘的。《解深密经·无自性相品》说，世尊初时在施鹿林中唯为发趣声闻乘者，以四谛相，转正法轮。第二时中唯为发趣修大乘者，依一切法皆无自性，无生无灭，本来寂静，自性涅槃，以隐密相，转正法轮。第三时中普为发趣一切乘者，依一切法皆无自性，无生无灭，本来寂静，自性涅槃无自性性，以显了相，转正法轮。当知《深密》第三时教既普为发趣一切乘者而说，《瑜伽》第三代学亦复为总摄三乘学说思想而兴。佛教以第三时为极了义，佛学也至第三代始集其大成了。

第三、救正偏空

如第三章说，中观宗言空，它是但除有执，并不落于空执的。又说它根据因缘所生法来说自性空，并不毁灭一切法，反是成立一切法的。因而它能远离二边，正处中道。虽然如此，但治般若经论者，不尽能深了义趣，既见经论处处说空都无自性，因即有依言取义，谓一切法都无所有，染净因果俱不成立的人，是即名为恶取空者。如《瑜伽·菩萨地·真实义品》中说：

> 如有一类，闻说难解大乘相应空性相应未极显了密意趣义甚深经典，不能如实解所说义，起不如理虚妄分别。由不巧便所引寻思，起如是见，立如是论：一切唯假是为真实，若作是观，名为正观。彼于虚假所依处所实有唯事拨为非有。是则一切虚假皆无，何当得有一切唯假是为真实？……世尊依彼密意说言：宁如一类起我见者，不如一类恶取空者。……由彼故空，亦不信受。于此而空，亦不

信受。……由彼故空，彼实是无。于此而空，此实是有。由此道理可说为空。若说一切都无所有，何处何者何故名空。亦不应言，由此于此即说为空。是故名为恶取空者。为遣偏空，故说中道。《辩中边论》颂曰：

虚妄分别有，于此二都无，此中唯有空，于彼亦有此。

故说一切法，非空非不空，有无及有故，是则契中道。

即此中道，用救偏空，有多要义，具如后说。

第四、成立唯识

从第一章已知佛教的学说体系是无神无我的业感缘起论。更说有情的业感缘起是通于三世，自他各异的。正以此故，它具有“二律背反”的矛盾于其自身。根据无我论而分化发展，则有诸法俱名的偏执。根据业感论而分化发展，则有胜义补特伽罗的我见。具如第二章述。中观宗虽破遣诸执，洒落空明，但对业感缘起，生命相续，流转还灭，悲愿度生，功德无尽，而又都无作者受者数取趣者，及以出离证果摄受善法度众生者，此一矛盾，犹未给予明确的解除和积极地建立其所以然和确然不移之故。瑜伽宗始从无著、世亲，中经十大论师，至于玄奘、窥基，正为针对此义建立熏习，建立阿赖耶，建立所缘识变，建立染净转依。于以证知八识持种，生命于以不穷。识变世间，有情各一宇宙。众生无边，各有八识，境风业力，都无真宰。执我非有，缘起不无。万象森罗，自性空寂。唯识之义立，而后佛法之理成。矛盾解除，实相显现。大事因缘，于焉观止。极多要义，具如后明。

第五章　瑜伽宗略史

一、无著菩萨

佛后九百年时无著菩萨生于北天竺犍陀罗国，出家化地部，博通三藏，修学大乘。定证法光，地登极喜。悲人智之浇薄，哀正法之隐沦，空有互非，小大共诤。乃上升睹史事大慈尊，普为有情，请说大法。慈氏菩萨为说《瑜伽师地论》。最胜子言："此论，理无不穷，事无不尽，文无不释，义无不诠，疑无不遣，执无不破，行无不修，果无不证，正为菩萨令于诸乘境行果三皆得善巧，勤修大行，证大菩提，广为有情，常无倒说。兼为余乘令依自法修自分行，得自证果。"赅摄三乘，普被五性，世出世道，一无遗余，广大汪洋，诚为法海。无著菩萨随闻辄记，于阿踰陀国广化有缘，开瑜伽宗。更从慈尊受《中边》《庄严》《分别》《瑜伽》《金刚般若论》等。无著菩萨更错综《瑜伽》要义作《显扬圣教论》。遍集《大乘阿毗达磨经》中法门差别蕴界处等、谛法得等诸思择处作《集论》，总摄大乘境行果十殊胜义所知依等作《摄大乘论》。《集论》以授师子觉令之作释，经安慧糅成《杂集论》，而法相之理明。《摄大乘论》以授世亲令之作释，世亲更本《摄大乘论》作

《二十唯识论》《三十唯识颂》，历十大论师作释，而唯识之义著。承前启后，北斗泰山，无著菩萨为此宗开宗之祖。

二、世亲菩萨

无著菩萨有弟二人，曰世亲，曰比邻持子。并于萨婆多部出家，比邻持子得阿罗汉果。世亲博学多闻，遍通内外，戒行高洁，辩才无碍。当时风尚，极重议论。每因片语之失，祸至杀身；一论既胜，光显列国。学说之盛衰，教宗之隆替，即视辩论之立破为转移。世亲既学富才高，遂为法门城堑。时有频阇阇诃婆娑者，僧佉派之巨匠也。所学既成，思欲弘宣，以为佛教盛行当先破之。即入阿踰陀国，击王论鼓，谓正勤日王曰：王为国主，心无偏爱。我今欲与释迦弟子论决胜劣，我若堕负，当斩我头，于彼亦尔。王许其请，便开论场。尔时世亲等诸大法师均往他国，唯世亲之师觉亲年老出而应战。精力既衰，言论失次，堕在负处，鞭背受辱。世亲归，为雪师耻，造《七十真实论》，破彼《僧佉论》，首尾瓦解，无一句得立。彼义既坏，佛教遂安。正勤日王授金致敬，令太子新日就之受戒。王妃出家，为其弟子。新日即位，留国受供。有婆罗门婆修罗多者，以《毗伽罗论》，破世亲义。世亲复造论破之。身价既高，威名日盛。此皆见于真谛译《婆薮槃豆法师传》者。

又《大唐西域记》载如意论师事云：如意论师少好学，有才辩，声闻遐被，法俗归心。以事见忌于室逻伐悉底国超日王，王欲罪辱之。召集异学百人，共论师辩。下令曰："欲收视听，游诸真境。异道纷杂，归心靡措。今考优劣，专精遵奉。""外道论师并英俊也，沙门法众宜善宗义，胜则崇敬佛法，负则诛戮僧徒。”论战既起，如意诘诸外道，九十九人已退屈矣。下席一人，视之蔑如也。因而剧谈，论及火烟。王与外道咸喧言曰：“如意论师，词义有失！夫先烟而后及火，此事理之常也。”如意虽欲释难，无听鉴者。耻见众辱，齰断其舌。乃书诫告门人世亲曰：“党援之众，无竞大义。群迷之中，无辩正论。”书毕而死。居未久，超日王失国。兴王膺运，表式英贤。世亲菩萨欲雪前耻，来白王曰：“大王以圣德君临，为含识主命。先师如意，学穷玄奥。前王宿憾，众挫高名。我承导诱，欲复前怨。”其王知如意哲人也，美世亲雅操，于是招诸外道与如意论者。世亲重述先旨，外道谢屈而退。

从以上诸事观之，世亲菩萨一生均在论战中生活也。最后遇敌，乃为众贤。先是世亲于犍陀罗国治《毗婆沙论》，随学随讲，随即造颂，即《俱舍颂》也。嫌彼义有不善，即援经部义正之。颂成寄予迦湿弥罗有部诸师。诸师咸喜，庆其弘传我部正法也。独塞建地罗阿罗汉曰：“非弘我宗，乃破我也。试请彼更作长行，异义当显。”彼国诸师遂寄百金，请更作专论。世亲论成，即《俱舍论》也。还寄彼国。有众贤者，塞建地罗之门人，因作《雹论》破《俱舍》。《西域记》卷四言：众贤论师，迦湿弥罗国人也。聪敏博达，幼传雅誉。特深研究说一切有部《毗婆沙论》，见《俱舍论》，乃沉研钻极，十有二岁，作《俱舍雹论》二万五千颂，凡八十万言，言深致远，穷幽洞微。告门人曰：“以我逸才，持我正论，逐斥世亲，挫其锋锐。无令老叟，独擅先名。”于是学徒四三持所作论，推访世亲。世亲是时在磔迦国奢羯罗城，远传众贤当至，即治行装。门人怀疑，谏曰：“大师德高先哲，名擅当时，远迩学徒，莫不推谢。今闻众贤，一何惶遽？必有所下，我曹厚颜。”世亲曰:“吾今远游,非避此子,顾此国中,无复鉴达。众贤后进也,诡辩若流。我衰耄矣,莫能持论。欲以一言颓其异执,引至中印度,对诸耄彦,察乎真伪,详乎得失。”寻即命侣负笈远游。众贤论师当后一日至秣底补罗国大伽蓝时,忽觉气衰。于是裁书谢世亲曰:“如来寂灭,弟子部执,传其宗学,各擅专门。党同道,疾异部。愚以寡昧,猥承传习,览所制《阿毗达磨俱舍论》,破毗婆沙师大义。辄不量力,深究弥年,作为此论,扶正宗学。智小谋大,死其将至。菩萨宣畅微言,抑扬至理,不毁所执,得存遗文,斯为幸也,死何悔哉!”于是历选门人有词辩者而告之曰:“吾诚后学,轻凌先达。命也如何,当从斯没。汝持是书及所制论,谢彼菩萨,代我悔过。”授词适毕,奄尔云亡。门人奉书,至世亲所而致词曰:“我师众贤已舍寿命,遗言致书,责躬谢咎。不坠其名,非所敢望。”世亲菩萨览书阅论,沉吟久之,谓门人曰:“众贤论师聪敏后进,理虽不足,辞乃有余。今我欲破众贤之论,若指诸掌。顾以垂终之托,重其知难之辞。苟缘大义存其宿志。况乎此论发明我宗。”遂为改题为《顺正理论》。门人谏曰:“众贤未没,大师远迹。既得其论,又为改题。凡厥学徒,何颜受愧?”世亲菩萨欲除众疑而说颂曰:“如师子王,避豕远逝;二力胜负,智者自知。”

窃谓众贤之于世亲,生则以为仇敌,临死复倚托以为善友。非但信世亲有绝尘之量,亦自信其所为,为明真理,非怀私恨也。顾穷追于其所往,必挫辱而后甘心,则烦恼炽然,始正终乱,炎炎者易灭,赫赫者易绝,年之不永,不其宜乎。世亲早年英拔,锐志凌云,历摧强梁,何其盛也;及遇众贤,惶遽远遁,避之如不及,何其衰乎!兵法有言:“知己知彼,百战百胜。”敌方气盛,我年衰迈,引至中印,再详得失;审时量力,不争小忿,斯为智也。抑觉亲之辱，如意之冤，前鉴不远，所目睹乎？至于阅览众贤遗书论，沉吟慷慨，缘大义而存其宿志，更以此论发明我宗，改《顺正理》，为之流通，传之千载，雅量高怀，争光日月，何其伟乎！更当知者，二十部执各守自宗。世亲作《俱舍》，独能放开心量，吸取经部之长，纠正自部之短，这是一个最好的作风。众贤作《雹论》，正面自为有部辩护，但同时对有部道理说不通处，也不能不有新的解释，否则亦即不能反驳《俱舍》，因之对有部义是有了发展的；从此，后人对《正理论》称之为新萨婆多义。世亲经众贤驳斥，竟无只字反击，看来是憾事。所以然者，此时的世亲，年既衰老，力不暇给。尤其是他此时早已回心大乘，专志瑜伽唯识，对《俱舍论》看得并不特别重要，也无须辩驳了。虽然如此，到后来安慧出，糅《杂集论》，相传即为救《俱舍》。救《俱舍》亦即无形的驳《正理》了。由此可知：从《发智》《六足》，而《婆沙》，是小乘有部对法学正面的发展。从世亲援经部义，破有部义，是反面的推进，众贤作《正理》破《俱舍》救《婆沙》，更给有部对法以正面的发展。再由安慧糅《杂集》救《俱舍》，成为大乘的对法，更给佛教对法以最后的完成。法海洪流以世亲为转折点，相反相成，关键所系，是极其重要的。表之如次：

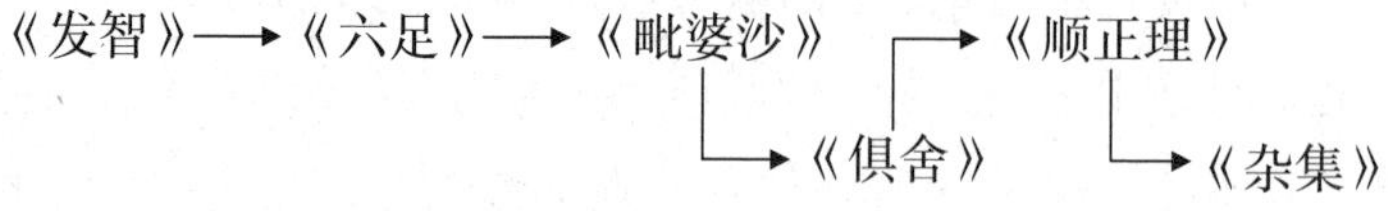

以上所述，皆为世亲在一切有部学说论议中的事迹。次述其在大乘本宗的事迹。

《西域记》卷五“阿踰陀国”段说：

> 无著讲堂故基西北四十余里，至故伽蓝，北临殑伽河，中有砖窣堵波，高百余尺，世亲菩萨初发大乘心处。世亲菩萨自北印度至于此也，时无著菩萨命其门人令往迎候，至此伽蓝，遇而会见。无著弟子止户牖外，夜分之后，诵《十地经》。世亲闻已，感悟追悔："甚深妙法昔所未闻，诽谤之愆，源发于舌。舌为罪本，今宜除断。"即执铦刀，将自断舌。乃见无著住立告曰："夫大乘教者，至真之理也。诸佛所赞，众圣攸宗，吾欲诲汝，尔今自悟！悟其时矣，何善如之？诸佛圣教，断舌非悔。昔以舌毁大乘，补过自新，犹为善矣。杜口绝言，其利安在？"作是语已，忽不复见。世亲承命，遂不断舌。旦诣无著，谘受大乘。于是研精覃思，制大乘论。凡百余部，并盛宣行。

真谛《世亲法师传》，记世亲舍小归大，并欲割舌悔罪与《西域记》大同，只地处有异。又彼《传》云：阿僧伽殂殁后，天亲方造大乘论，解释诸大乘经。《华严》《涅槃》《法华》《般若》《维摩》《胜鬘》等诸大乘经论，悉是法师所造。又造《唯识》《释摄大乘》《三宝性甘露门》等诸大乘论。凡是法师所造，文义精妙，有见闻者，靡不信求。故天竺及余边土学大小乘人悉以法师所造论为学本。异部及外道论师闻法师名，莫不畏伏。于阿踰阇国舍命，年终八十。虽迹居凡地，理实难思议也。

世亲菩萨勇决无畏，胸怀坦荡人也，不然，何能以一代大师屡伏处道，名显当代，学富五天，一闻胜义，便尽弃其学，欲断舌悔过哉？闻善如不及，闻过如转规，恢宏果断，诚足法也。正唯舍之也决，故其得之也多，晚年著述弥为渊博。记言百余部，未悉传来，汉译著录，含重译共二十七种。就中极重要者，有《百法明门论》《大乘五蕴论》，此两书文字虽少，但在《俱舍论》中，色、心、心所、不相应行及无为五位共七十五法。在《百法》《五蕴》中均为百法，不但数量不同，而且内容意义也不同，它也是导引初机的权舆，现示了大小乘法相名数的极大差别。次是《十地经论》《摄大乘论释》《庄严论》《辩中边论》，这是瑜伽宗极其重要的典籍，是法相唯识思想的重心。经他解释阐述，始大弘布。它的分量既重，质量又高，在他的大乘著述中为最重要。最后则为《二十唯识论》和《三十唯识颂》，这是继《地论》《摄论》思想之后，特别发明三界唯心、万法唯识的专著。《二十唯识》只在释外七难，内容虽不多，但由提出问题而解释问题，给后人以研究学术思辩抉择的最好示范，开辟了以后极深研核的作风。《三十唯识》虽只作了三十个颂，但他作了最精深博大、首尾完备的提纲，给后来十大论师定下规模，立出标准，使他们根据此一标准进行思择，根据此一规模进行建设，因而使唯识学得到了最高而完备的发展。我们这样来看世亲的大乘著述，是比较正确而扼要的。至于他的学说思想，在印度已即风靡，在中国流传尤盛。他的《俱舍论》由真谛译于梁陈间，开俱舍宗。《佛地经论》由菩提流支、勒那摩提、佛陀扇多译于北魏，开地论宗。地论宗又分南北两道。南道由勒那传慧光，北道由流支传道宠。《摄大乘论》佛陀扇多译于北魏，真谛译于陈，又译《摄大乘论疏释》，及《决定藏论》《三无性论》《转识论》等，传慧恺、曹毗、法泰等，开摄论宗。至玄奘法师新译经论出，乃并合于慈恩宗。一人之学，在我国会开这许多的宗，虽不免有许多歧义，但确是奇迹。

三、诸大论师

世亲菩萨作《唯识三十颂》，未及作论而殁。为完成此论事业，继起有十大论师。《成唯识论述记》卷一云：

释此本颂有十论师：

一、梵云达磨波罗，唐言护法。此大论师南印度境达罗毗荼国建至城中帝王之子，学乃渊于海浚，解又朗于曦明；内教穷于大小，声论光于真俗。外道小乘咸议之曰：大乘有此人也，即犹日月之丽天，皎皎而垂彩；亦如溟渤之纪地，浩浩而无竭。天亲以后，一人而已。制作破斥，具如别传。年三十二而卒于大菩提寺。

二、梵云窭拏末底，唐言德慧，安慧之师，业冠前英，道光时彦，芳声六于四主，雅韵骧于五天。圣德神奇，未易详举。

三、梵云悉耻罗末底，唐言安慧。即糅《杂集》，救《俱舍论》，破正理师，即护法论师同时先德，南印度境罗罗国人也。妙解因明，善穷内论，扇微猷于小运，飞兰蕙于大乘。神彩至高，固难提议。

四、梵云畔徒室利，唐言亲胜，天亲菩萨同时人也。本颂初行，先为略释；妙得作者之意，后德因而释焉。

五、梵云难陀，唐言欢喜。胜军祖习。故于后卷新熏种子，此师所说，造《瑜伽释》等，大有制作。

六、梵云戍陀战达罗，唐言净月，安慧同时，造《胜义七十释》及《集论释》之论师也。

七、梵云质呾罗婆拏，唐言火辨，亦世亲同时也。尤善文词，深闲注述。形虽隐俗，而道高真侣。

八、梵云毗世沙密多罗，唐言胜友。

九、梵云辰那弗多罗，唐言胜子。

十、梵云若那战达罗，唐言智月。

此后三论师，并护法菩萨之门人也。或释《瑜伽》，或别注述，道名俱远，辞旨咸奥，神德既高，难尽言也。制此释者，虽十论师，于中护法，声德独振。故此论题，特以标首。此师所说，最有所寻，于诸义中多为南指。邪徒失趣，正理得方，迥拔众师，颖超群圣者，其惟一人乎！

在此注释《唯识三十颂》的十大论师之外，更有无性菩萨别作《摄大乘论释》，陈那菩萨作《观所缘缘论》《集量论》，亲光菩萨作《佛地经论》，胜军居士作《唯识抉择》。他们都对唯识学作出了重要的贡献。如像陈那对识体三分义、所缘识变，是极其明著的。

从无著菩萨至胜军论师，是瑜伽宗蓬勃发展的时代。初期的《瑜伽》《显扬》等论，规模极其宏阔。后期十大论师，和陈那、亲光等抉择唯识，思想极其深细。他们不但对外道、对小乘、对中观，均有深刻的严格的论辩。就是十大论师之间，前后主张，亦不尽同，而互相驳斥，树立深义。因而把唯识学发展到了完备无缺、至极当理之境。此种情况具表现在《成唯识论》的诸师异义中。昔年作《唯识通论·唯识史略》，文章中说：

自无著以至胜军二百年间，斯学推演，云变波腾，抉择若深，日臻精密。考其演进之迹，先后不同，诸师异义，略有十端。一者识体一分多分义；二者种子新生法尔义；三者色法有无义；四者见相二分依他遍计所摄异义；五者二执八识有无分俱义；六者外器异地自他识变不变义；七者俱有依开导依多少有无义；八者见道缘如本后二智相见有无，又三心见道真相异摄义；九者五识有漏无漏，唯漏通二义，出世末那有无义；十者如来说法不说法义。……二百年间总为诤此。古学今学，于以分焉。总观其异，古唯识学若谓唯识无境，故说唯心。今唯识学义谓内境亦不离识，故说唯心。前者色等识无，后者十二处有。一义之乖，众义多异。详判是非，容中篇辨。略言其意，后实逾先，以其抉择，更能会通群经，弥符至教也。

此且简示十种异义，略示方隅，以证唯识之学是从思想战斗中展转破立而后完成的。虽说十师之义，至护法而造其极，但是总摄十家以成整个的体系，还有待玄奘、窥基师弟的勤劳。此待后说。

又唯识之学，既是从思想斗争展转破立中建立起来的，因而所需于因明者极其重要，而陈那菩萨、商羯罗主师弟的《因明正理门论》和《因明入正理论》等的制作，也便应运而生。他们接受了印度古因明学的传统，而更加以精确的整理和发展，因而成为佛教的因明。它促进了佛学思想的抉择和建立，同时佛学的思想抉择也促进了因明的发展。此一大事也是值得在此提及的。

四、玄奘法师

诸大论师之后本宗最杰出的人物数玄奘法师。兹分早年学习、西游原因、旅途艰阻、五印修业、学业成就、翻译业绩、在佛教上的贡献，和对中印邦交与文化的影响八个题目来叙述他的生平。

1. 早年学习

法师中国河南缑氏人，以隋仁寿二年（佛后 1145 年，西元 602 年）生。父陈惠，母宋氏。大业十年，年十三，出家洛阳净土寺，学《涅槃》《摄论》，随闻即悟，复讲无遗，众咸惊异。唐武德元年，以河洛离乱，偕兄长捷法师至长安，再往蜀，时年十七。道逢空景两师，即从学《摄论》《毗昙》。至成都，止空慧寺，听宝暹《摄论》，道基《毗昙》，及道振《迦延》。武德五年，受具，学律。益部经论研综既穷，遂出三峡，到荆州天皇寺，为道俗讲《摄论》《毗昙》。北至相州，从慧休听《杂心》《摄论》。转赵州，向道深学《俱舍》。重游长安，向法常、僧辩，更问《摄论》《俱舍》。从玄会问《涅槃》。法师西游过五烽对校尉王祥言："奘桑梓洛阳，少而慕道，两京知法之匠，吴蜀一艺之僧，无不负笈从之，穷其所解。对扬谈说亦忝为时宗。"这是他早年好学及学习成就的真实情况。但他并不以此为满足，而发起西游天竺之志。

2. 西游原因

他西游天竺的动机和目的可从他别高昌王启中看出：

奘闻江海遐深，济之者必凭舟楫。群生滞惑，导之者实假圣言。是以如来运一子之大悲，生兹秽土。镜三明之慧日，朗此幽昏。慈云荫有顶之天，法雨润三千之界。利安已讫，舍应归真。遗教东流六百余祀。腾会振辉于吴洛，谶什钟美于秦凉。不坠玄风，咸匡胜业。但远人来译，音训不同。去圣时遥，义类差舛。遂使双林一味之旨，分成当现二常。大乘不二之宗，析为南北两道。纷纭争论，凡

> 数百年。率土怀疑，莫有匠决。玄奘宿因有庆，早预缁门；负笈从师，年将二纪。名贤胜友，备悉咨询，大小乘宗，略得披览。未尝不执卷踌躇，捧经侘傺，望给园而翘足，想鹫岭而载怀；愿一拜临，启伸宿惑。……然后展谒众师，禀承正法。归还翻译，广布未闻。剪邪见之稠林，绝异端之穿凿。补像化之遗缺，定玄门之指南。……

从这一文献中看出：

第一，在他十多年的殷勤学习中，对佛教已发生了决定的信心和不移的胜解，认为是至极的真理，是觉世的明灯，是度人的宝筏，是他身心性命之所依归。

第二，但他对传来中国的佛教经典感到既不尽善，又不完备，使他生起无量的疑惑，而得不到解决。

所谓不尽善，即："但远人来译，音训不同。去圣时遥，义类差舛。"因为以往译经都是由西方僧侣口诵梵经，中土译人华言宣说，再经笔授、缀文、正义，订以成书。它是由展转间接译成的。因而音训不免差讹，义类时多乖舛，不能完全符合天竺的原文原义。这就每一经论前后数译，文义便各不同，可以证明。因此，要想译业完善，必须有湛深华语华文的人到印度去学习梵语梵文。更深入佛教内明的堂奥，然后直接翻译出来，既语言文字义理思想都无隔阂，自会妙得神理，若合符契。他便以此自任而决然前往。

所谓不完备者，佛理渊深，经论浩瀚，不但非一人所能尽学，也不能一时能尽传来。因而西来传法，各有师承，守其一家之说。又翻译事业必仗外力助持，世乱纷纭，自汉至隋唐并不曾完成佛经的翻译。此事重大，虽不能期望于一人一时，但最重要最急需的典籍，则必须求得翻出。当时中国的佛法，《般若》《毗昙》都已传来，而瑜伽一宗已由北魏梁陈菩提流支和真谛等译出《地论》《摄论》和《二十唯识论》等，并且得到了佛学界热烈地学习。但是瑜伽宗的一本十支所缺甚多，尤其是《瑜伽师地论》这一根本宝典，除先后译出《善戒》《地持》，即菩萨地一地以外大部都未寻得。既对佛教的整个教理茫然无知，对一切异论歧义便无法解决，他之西游求法，首要即在此论。

第三，在所译经论不尽善不完备的情况下，中国的佛教思想便造成了极其紊乱的现象。如他所说："遂使双林一味之旨，分成当现二常，大乘不二之宗，析为南北两道，纷纭争论，凡数百年，率土怀疑，莫有匠决。"又《慈恩传》卷十《慧立论赞》中说："法师以往，今古大德阐扬经论，虽复俱依圣教，而引据不同，争论纷然，其来自久。至如黎耶是报非报，化人有心无心，和合怖数之徒，闻熏灭不灭等，百有余科，并三藏四含之盘根，大小两宗之钳键，先贤之所不决，今哲之所共疑。……"略言当时佛教之弊，盖有二端，一是孤陋寡闻，局于门户，如像成实宗、俱舍宗、地论宗、摄论宗、涅槃宗等，皆执一经一论，便自立为一宗。果如此，则一身六足，一本十支，四含方广，经论无穷，不知要立多少宗了。此之谓孤陋。二是不精法相，横生谬解。佛法名相精审，范畴明确，思想系统严密分明。《瑜伽大论·摄释分》中所谓："循环研核摩呾理迦。"世尊自广分别诸法体相"诸圣弟子已见谛迹，依自所证无倒分别诸法体相""又无紊乱宣说诸法亦名阿毗达磨。"因此，色心心所，有为无为，有漏无漏，常与无常，能证所证，都是界域分明，系统不紊的。但中国学者不曾经过阿毗达磨的严格训练，自既未见谛迹，又不能严守圣言，于是望文生义，附会穿凿。地论宗则有法界依持真如生起万法之说；摄论宗则有第九阿摩罗识为真常净识，为有情真体。慧远《大乘义章》说，阿陀那识为无明痴暗之识，以阿赖耶识为如来藏自性清净心等。谬解丛生，不可方物。凡此种种既紊乱了有为无为，又紊乱了有漏无漏，常法真如转生杂染，无常心识错作真常。名相乱，法理乖，此之谓谬见纷纭，使人“执卷踌躇，捧经侘傺”。法师便由以上原因使他发宏誓愿，亲往天竺，“展谒众师，禀承正法。归还翻译，广布未闻。剪邪见之稠林，绝异端之穿凿，补像化之遗缺，定玄门之指南。”他这种鲜明的宗旨，伟大的胸怀，智隆正法，悲济有情，要把中国纷纭疑伪的佛教思想给以扫荡廓清，而重新建立真实无伪、庄严完善的佛教于中国，这种精神真所谓摩诃萨埵，千载之下令人钦崇向往。

3. 旅途的艰阻

在当时，从中国到印度并不如今天这样容易，南行则有巨海重洋之险，北去则有雪山沙漠之阻，又无轮船飞机可以坦然安渡。法师到印度是从北道去的。他从长安经过甘肃的秦州、兰州、凉州、瓜州，出玉门关而入西域（今之新疆），度莫贺延碛（戈壁大沙漠）而至伊吾，再至高昌，过阿耆尼、屈支等国，度凌山葱岭，经过今天苏联的哈萨克共和国、乌兹别克共和国，出铁门，再经过今天的阿富汗王国地方，度大雪山（喜马拉雅山），渐次乃至北印度，再至中印度。先后经历数十个国家才到达了他的目的地摩揭陀国，那烂陀寺。在这一漫长的旅途中，沙漠则千里无人，望人骨马粪而过，他匹马孤征，途中绝水，四夜五日无一滴沾喉，几至殒绝，幸而出险。度葱岭则蹊径崎岖，风雪交阻，复履重裘不免寒战，悬釜而炊，席冰而卧，七日出山，徒侣馁冻，死者十有三四，牛马尤甚。至于雪山，艰危又倍于凌碛之地，层冰峨峨飞雪千里，世界最高之山，云结雪飞，莫至其表。人不能正立，鸟不能飞越，而凌溪雪涧，万一失足，随处都是葬身之地。没有坚实的身体，再加坚决的志愿，是不能越此长途的。这是一面。

再则为人事的障碍。法师以贞观元年结侣陈表，请求西游。其时正是唐朝创业之初，禁绝国外交通，下诏不许。侣徒皆退，而师志益坚。贞观三年，岁遇霜灾，皇帝下诏道俗随丰四出，师乘此西向敦煌，时年二十有九。既至敦煌，又因朝廷禁令，凉州都督逼令还京。师乃夜行昼宿，潜到瓜州，私度玉门，过五烽，躬冒矢石，幸而得免。待他五烽既过，沙漠得出，高昌国王恭敬迎请，待以殊礼。这正算得寒极而春，障难化作坦途了。然而却又由高昌王的爱慕而变作留难。他要以国供养，留法师作国师，管理僧徒，化导全国。在常情看来也算是难求难得的好人好事，但在奘师看来这又成了违反素愿接受不了的强迫要求，婉言不得解决，遂以死拒，因之绝食。至第四日，感动王心，乃稽首礼谢，许师西行。遂约为兄弟，发愿生生世世常作护持，为师度四沙弥，供给使，整治行装，备往返二十年留学的费用，给马三十匹，手力二十五人，遣殿中侍御史陪送，作通西域二十四国手书，各附绫帛为信。师乃上启作谢西行。此皆至诚所感非属幸运，中国圣哲所谓富贵不淫，贫贱不移，威武不屈者，法师当之无稍愧色！从此沿途畅通，列国迎送，除山岳风雪之艰难外，别无人事的阻难，至于人马侍从，浩荡前路，更不同于足马孤征，沙漠彳亍。遂乃观风采俗，历览名胜，瞻礼佛教圣迹，访问大德高僧，行旅之中，兼勤学业，虽则劬劳，而乐可知矣。但是意外之事仍不能免，旅途辽远，盗贼实繁，其尤严重者，一在北印度磔迦国波罗奢大林中遇贼五十余人，劫夺衣资都尽，更挥刀驱众，就枯池屠杀。师自水穴逸出，走告耕农集众往救，解从人缚，始得生全。一在中印度阿踰陀国殑伽河中，水贼十余船，迎流而至。劫师及同行至岸，搜求珍宝，彼贼事突迦天，年杀一人为祭，见师仪容伟丽，即欲杀以求福，从人解救不得，贼设坛作祭，拔刀牵法师上，欲即挥刃。法师坦然无惧，既知不免，语贼愿赐少时莫相逼恼，使我安心取灭。乃专心睹史弥勒菩萨，愿得生彼受《瑜伽论》，成就通慧，还来下生，化此诸人。即见慈氏菩萨大众围绕，身心欢喜，不知有贼。同伴号哭。须臾黑风四起，折树飞沙，河流涌浪，漂覆船舫。贼徒大骇，急礼拜忏悔。师开目问曰："时已至耶？"贼言不敢害师。师因为说善恶业报，令断恶行，贼等礼谢，投贼具于河流，还衣资于本主，风波还静，人众获安，亦云险矣。这是《慈恩传》上所说的。我四十年前时读至此，感动流泪，胸臆朗然。当生死巨变而安定若兹，悲智宏深，须弥不动，允为吾人典范矣。今略抄于此，以见法师求法之艰难，置生命于度外，至诚坚忍，勇厉而前，读其书者，益不敢不勉。

4. 在天竺的修学

天竺修学可分三期：

第一，在那烂陀前：当他旅行途中，即随处寻访高德，至诚问学。

（1）缚喝罗国纳缚伽蓝有磔迦国小乘三藏名般若羯罗，此言慧性，来礼圣迹，其人聪慧尚学，少而英爽，钻研九部，游泳四含。因申疑滞，约《俱舍》《婆沙》等问之，其酬对甚精熟。遂停月余，就读《毗婆沙论》。

（2）迦湿弥罗国有僧称法师，戒禁淳洁，思理淹深，多闻总持，才睿神茂，爱贤重士，盱衡延纳。法师倾心咨禀，晓夜无疲，因请讲授诸论。彼年向七十，气力已衰，庆逢神器，励力敷扬，午前《俱舍》，午后《顺正理》，初夜《因明》《声明》，更举《大毗婆沙》。法师随其所说，领悟无遗，研幽击节，尽其神秘，于同学僧中，有大乘净师子、最胜亲，有部如来友、世友，大众部日天、最胜救，皆道业坚贞，才解英富，相互诘难，发愤策励。学诸经论，首尾二年。

（3）磔迦国东境大菴罗林中有一七百岁婆罗门，形质魁梧，神理淹审，明《中》《百》诸论，善《吠陀》等书。法师被劫，彼令侍者告城中人：支那僧被贼，衣服总尽，诸人宜共知时。即有三百余豪杰，敬奉毡布饮食，分布诸人犹不能尽，以五端布，奉施长年。就停一月，学经《百论》《广百论》。其人是龙猛弟子，亲得师承，说甚明净。

（4）那仆底国有大德调服光，北印度王子，好风仪，善三藏，自造《五蕴论释》《唯识三十论释》。因住十四月，学《对法论》《显宗论》《理门论》等。

（5）阇烂达那国有大德月胄，善究三藏，就停四月，学《众事分毗婆沙》。

（6）禄勒那国（中印）有大德阇耶毱多，就听经部《毗婆沙》一冬半春讫。

（7）秣底补罗国有大德蜜多斯那，德光论师弟子，就之学《辩真论》（德光所造）、《发智论》等，经半春一夏。

（8）羯若鞠阇国（曲女城）依毗离耶犀那三藏读佛使《毗婆沙》、日胄《毗婆沙》三月。

总上八国，参学八人，所学多在小乘，兼及大乘和因明声明等。他又于吠多补罗城得《菩萨藏经》，归国最初翻译。在北印闻《广百论释》时随听随翻，是他译经之始。

第二，在那烂陀时：法师到印度本为求《十七地论》，当时传此论在摩揭陀国那烂陀寺，寺为五天竺中佛教的第一最高学府。佛时为菴摩罗长者园，佛曾于此三月说法。佛灭后国王帝日，敬恋佛故，首造伽蓝。后王觉密、如来、幼日、金刚及中印度王，次第增修，共有八院，合为一寺，宝台星列，琼楼岳峙，诸院僧室，皆有四重。规模宏阔，僧徒常有万人。学宗大乘，兼十八部。爰至俗典《吠陀》等书，因明、声明、医方、术数亦俱研集。凡解经论二十部者一千余人，三十部者五百余人，五十部者十人，寺内讲座日百余所。学徒修习，无弃寸阴。德众所居，自然严肃。建立以来七百余载未有一人犯讥过者。国王钦重，舍百余邑，充其供养。由是学人端拱无求，而四事自足，艺业成就后先踵接。戒贤论师为寺宗主，本护法菩萨弟子，为瑜伽一宗大师，学穷内外，德秀年高，众不斥其名，尊号为正法藏。法师西来，乃为求《十七地论》，今偿宿愿，其乐可知。当谒见时，正法藏命弟子觉贤语之曰：正法藏昔患风病，每发，手足拘急如火烧刀刺，乍发乍息，二十余载。三年前苦痛尤剧，厌患此身，欲不食取尽。夜梦文殊菩萨告之曰：汝于过去曾作国王，多恼众生，故招此苦。今宜观省宿愆，至诚忏悔，于苦安忍，勤宣经论，自当销灭，直尔厌身，苦终不尽。有支那国僧，乐通大法，欲就汝学，今已在路，汝可待教之。和尚闻已礼拜曰：敬依尊教。言已梦觉。自尔病亦渐瘳。法藏因问法师曰，汝在路几年？答三年。既与梦合，益增欣涌。师弟道交，如鱼得水。法师请正法藏开讲《瑜伽师地论》，同听者数千人，十五月而毕。再讲，九月毕，先后听讲《瑜伽》三遍，《顺正理》一遍，《显扬》《对法》各一遍，《因明》《声明》《集量》等论各二遍，《中》《百》二论各三遍。其《俱舍》《婆沙》《六足》《阿毗昙》等已曾于迦湿弥罗诸国听讫，至此寻读决疑而已。兼学婆罗门书，印度梵书。法师皆洞达其词。与彼土人言，清典逾妙。如是钻研诸部及学梵书，凡经五岁，学已大成。时年三十又六。

第三，在那烂陀后：法师所学既成，行将返国，乃遍游五印，瞻礼圣迹，兼访名师，更增所学。

（1）伊烂拏国如来密、师子忍二大德处，停一年，就读《毗婆沙》《顺正理》等。

（2）南憍萨罗国（中印度境）婆罗门所停月余，读《集量论》。

（3）驮那羯磔迦国（南印度境）遇苏部底和苏利耶二僧，就停数月，学大众部《根本阿毗达磨》等论，彼亦依法师学大乘诸论，遂结志同行，巡礼圣迹。

（4）达罗毗荼国（南印度境）建志城遇锡南大德觉自在云和无畏牙等，问以《瑜伽》要义大节，不出戒贤之解。

（5）钵伐多罗国（北印度境）停二年就三大德学正量部《根本阿毗达磨》及《摄正法论》《成实论》等。

（6）还那烂陀后，往低罗择迦寺就大德般若跋陀罗，咨决声明、因明之疑，就停两月。

（7）往杖林山居士胜军论师所。论师从贤爱论师学因明，从安慧菩萨学声明、大小乘论。又从戒贤法师学《瑜伽论》。爰至外籍群言四吠陀典，天文地理，医方术数，无不究览根源，穷尽枝叶。学该内外，德为时尊。摩揭陀满胄王立为国师，封二十大邑，论师不受。满胄崩后，戒日王又请为师，封乌茶国八十大邑，亦辞不受。王再三固请，亦皆固辞，言罢而出，王不能留。自是每依仗林山养徒教授，恒讲佛经。道俗宗归，常逾数百。法师就之，首末二年，学《唯识抉择论》《意义理论》《成无畏论》《不住涅槃论》《十二因缘论》《庄严经论》，及问《瑜伽》《因明》等疑。

总上七处，亲近大德十余人，历时五年多，所学更为宏富。

总观法师之求法，学不厌其再三，问不厌其反复。宗虽主于瑜伽，而《中》《百》《般若》之学，有部、经部、大众部、正量部之论，无不遍求。师虽主于戒贤，而始自慧性、僧称，终于胜军论师，先后二十余人，无不依之请益。《瑜伽》《中》《百》《正理》《婆沙》、因明、声明，均学之再三，更广质余师，申问疑义，博而求精，详而有主，究其根本，穷其枝叶，其治学之认真，而无一毫轻率自是之心，努力勤劬，终始不怠，故能江汉宗海，岱华极天，以致高大；其心量愿力，诚足为后世法。凡上所记，均录自《慈恩传》上所已言。至其所未记者，尚不知凡几。法师学唯识于胜军论师，而胜军唯识实出于难陀、安慧，后来糅《成唯识论》，乃以护法为主，则因其在印度得护法遗著手稿于玄鉴居士。而《传》中曾未言。法师求法专在佛教，但于破斥外道，矢皆中的。若非博览胜论、数论、尼乾、顺世各家典籍，深究其义，入穴取子，是不可能的。至于因明破立之准绳，声明诠表之工具，不熟不精，则何以论议翻译？而法师皆熟而精之。然则他十多年之所学，不但是求得了佛教各宗之正法，并且学完了五印度当时所有的学派和学问。这是古今所少有的。

5. 辉煌的成就

法师在学业上的成就是辉煌的，这表现于他的论著和辩论。依

《慈恩传》略述如次：

法师从胜军论师学已，归那烂陀，戒贤论师即遣法师为众讲《摄大乘论》《唯识抉择论》。时大德师子光，先已为四众讲《中》《百》论，述其旨，破《瑜伽》义。法师妙娴《中》《百》，又善《瑜伽》，以为圣人立教，各随一意，不相违妨，或者不能会通，谓为乖反，失在于人，岂关法也。悯其局狭，数往徵诘，复不能酬答。由是学徒渐散，而宗附法师。法师为和会二宗，著《会宗论》三千颂，呈戒贤及大众，无不称善，并共宣行。

乌荼国僧，不信大乘，谓为空华外道，非佛所说。般若鞠多明正量部义，造《破大乘论》七百颂。小乘诸师取示戒日王谓为究极。王即遣使致书于戒贤论师，请差大德四人，善自他宗，学兼内外者，赴乌荼国与之辩答。正法藏因遣海慧、智光、师子光及法师应王命。旋得王书，请待迟发。

有婆罗门来求论难，书四十条义悬于寺门曰：有难破一条者，我则斩首相谢。数日无人出应。法师遣其从者出，取其义毁破，以足蹉蹑，唤其人入，将对正法藏及诸德为证，与之共论。征其宗义而破之曰：如铺多、离系、髅鬘、殊徵伽，四种形服不同。数论、胜论二家立义有别，铺多之辈，以灰涂体，用为修道，遍身艾白，犹寝灶之猫狸。离系之徒，则露质标奇，拔发为德，皮裂足皴，状临河之朽树。髅鬘之类，以髅骨为鬘，庄头挂颈，陷枯磈磊若塚侧之药叉。徵伽之流，披服粪衣，饮啖便秽，腥臊臭恶，譬溷中之狂豕。尔等以此为道，岂不愚哉？至如数论立二十五谛义，从自性生大，从大生我执，次生五唯量，次生五大，次生十一根，此二十四，并供奉于我，我所受用，除离此已，则我得清净。胜论师立六句义，谓实、德、业、有、同异性、和合性，此六是我所受具，未解脱以来受用前六，若得解脱，与六相离，称为涅槃。今破数论所立：如汝二十五谛中我之一种是别性，余二十四展转同为一体，而自性一种以三法为体，谓萨埵、剌阇、答摩，此三展转，合成大等二十三谛，二十三谛一一皆以三法为体。若使大等一一皆揽三成，如众如林，即是其假，如何得言一切是实。又此大等各以三成，即一是一切。若一是一切，则应一一皆有一切作用。既不许然，何因执三为一切体性？又若一是一切，应口眼等根即是大小便路。又一一根有一切作用，应口耳等根，闻香见色。若不尔者，何得执三为一切法体？又自性既常，应如我体，何能转变作大等法？又所计我其性若常，应如自性，不应是我。若如自性其体非我，不应受用二十四谛。是则我非能受，二十四谛非是所受。既能所俱无，则汝谛义不立。如是往复数番，婆罗门默无所说，起而谢曰：我今负矣，任依先约。法师曰：我曹释子，终不害人，今役汝为奴，随我教命。婆罗门欢喜从之。

法师欲往乌荼国，访得小乘破大乘七百颂，寻省有数处疑。谓所伏婆罗门曰：汝曾听此义不？答曰：曾听五遍。法师令讲，奴请以夜。既讲一遍，尽得其旨，遂寻其谬节，申大乘义而破之，为一千六百颂，名《破恶见论》。将呈戒贤，宣示大众，无不嗟赏。

法师谓彼婆罗门：仁者论屈为奴，于耻已足。今放仁者去，随意所之。婆罗门辞，往东印度迦摩缕波国向鸠摩罗王说法师盛德，王即遣使来请。正法藏因戒日王有旧约，不许。再请，仍不许。彼大怒，遣使致正法藏书曰：弟子凡夫，于佛法未知回向，今闻外国僧名，身心欢喜，似开道芽，师复不许其来，岂是隆法引物之意？谨遣重咨，若也不来，则弟子分是恶人，不谓无力，踏碎那烂陀寺。遂遣师东至彼国。彼王见喜，礼敬供养，请受斋戒。法师为彼广说妙法，并答王诸佛功德问，造《三身论》三百颂。

戒日王，中印羯若鞠阇国王，雄略盖世，威服邻国。钦贤爱民，声飞五天。对佛教大乘，尤极崇重，自讨恭御陀还，闻法师在鸠摩罗王处，发使恭请，并语王急送师来。王曰：我头可得，法师未可即来。戒日王大怒，遣使责曰：汝言头可得者，即付使将来。鸠摩罗深惧言失，即严象军二万乘，船三万艘，送法师溯殑伽河赴王所。至羯朱嗢祇罗国，王与群臣自参戒日王于河南。当夜，戒日王即来参见法师，礼足散华，称扬赞叹，相得甚欢。并问中国秦王破阵乐事。法师告以大唐开国，太宗功烈，闻之不胜嗟叹。次日遣使迎至行宫。王曰：闻师作《制恶见论》何在？法师即予之。观已甚悦，谓其门师等曰：日出则萤烛夺明，雷震而锤凿绝响，师等所宗他皆破讫，试可救看。诸僧无敢言者。王有妹聪慧利根，善正量部义，闻法师序大乘义，怡然领悟，称叹不能已。王曰：师论大好，弟子及此诸师并皆信服，但恐余国小乘外道尚守恶迷，望于曲女城为师作一会，命五印度沙门、婆罗门、外道等同至，示以大乘道，绝其毁谤心。即日发敕，遍告诸国，集会曲女城。

曲女城大会中，十八国王到，谙知大小乘僧三千余人到，婆罗门及尼乾外道等二千余人到，那烂陀寺千余僧到，皆博蕴文义，富赡辩才，兼有侍从，象舆幢幡各自围绕，峨峨岌岌，雾涌云兴，充塞数十里。法会既开，延法师为论主，称扬大乘，序作论意旨。仍遣大德明贤读示大众，别写一本悬会场门，示一切人，若有一字无理能难破者，斩首以谢。竟十八日，无能难破者。令无量人，反邪入正，弃小归大。诸众咸喜，竞为法师立尊号，大乘众曰大乘天，小乘众曰解脱天。法会在光荣胜利中闭会。法师先已辞戒贤论师及诸大德，及取经像讫。会毕，即辞王欲还。王更请留观其于钵罗耶伽国两河间大施场中，作五年一次遍施五印的七十五日无遮大会。至彼观会讫，始辞戒日王、鸠摩罗王等，同北印度王乌地多从北道还国。

总观法师之学业成就，可谓非常宏伟，善学法者不但是能摄纳众流，齐归心府，还要能辉光四射，普被众生。光辉普被，在能立正破邪，利乐有情，开其智慧，正法久住，三宝绍隆。法师之著《会宗论》，在破大乘之偏执，显中道之无二。其制《制恶见论》在破小乘之谬解，示大乘之崇宏。而其辩说论战，在那烂陀寺，则伏多学婆罗门，使一切外道义无得立。在曲女城，则五印度名流学者，大德高僧，无不尊其论议，仰其声名，而开其眼界，扩其心智。学从五印得，还即光辉照耀五印度。真所谓法界栋梁，人中狮子。惜其《会宗论》《制恶见论》及《三身论》均未译传后世。曲女城十八日大会，宾主对扬，议论往复，名贤济济，更必斐然可观，而法师归来，劳于翻译经论，对此等盛业，竟无记述，良足慨惜。但是法师之忘相、忘我、为而不有、功成不居，愈见得他的伟大了。

6. 归国翻译

法师自印度回国，较去时自有极大的不同，但虽无人事之障碍，而道途的辛苦，是一样的。他去时只身，归则经像宏富，人从象马给养营运，更劳心血。尤其是他在印度，已经名震五天，僧俗礼敬。那烂陀寺诸大德既恳切相留，而鸠摩罗王、戒日王，均愿以国师供养。然而犹复舍安就危，不惮雪山千里、层冰飞雪、烈风严寒、深谷危岩之险路，重履流沙、石碛、无人烟、绝水草、恶风氛霾、枯涸燥热之荒途；这种为法忘身的深心宏愿，是难以比拟的。（又他回国戒日王言：若从南海去者，遣使相送。又若从东印度迦摩波国归者，虽有瘴气氛沴，但只需两月即达蜀西南境。而必取北道者，则以践高昌王归约之故。但法师归途更不到高昌，则以贞观十三年，唐已灭高昌，置西州，麴文泰先死，子智盛降于唐了。）计他从贞观二年四月，自长安出发，至贞观十九年正月复返长安，历时一十有七载，途经五万余里，所闻所履百三十八国。去时法师二十七岁，归时四十四岁矣。他从印度请回的舍利经像计：

如来肉舍利一百五十粒

金佛像二躯

刻檀佛像四躯

银佛像一躯

大乘经二百二十四部

大乘论一百九十二部

上座部经律论一十五部

大众部经律论一十五部

三弥底部经律论一十五部

弥沙塞部经律论二十二部

迦叶臂耶部经律论一十七部

法密部经律论四十二部

说一切有部经律论六十七部

因明论三十六部

声明论一十三部

凡五百二十夹，六百五十七部（以二十四马负至）。这便是法师万苦千辛从印度求来的法宝。

求法固难，翻出更难，这除自力外，还需要有伟大的增上助力。恰好这时正是唐太宗的贞观年代。太宗是大唐英武之主，贞观是大唐鼎盛之时，而唐朝又是我国极其强大和文化极为发展的朝代。法师自五印归来，初谒太宗于东京洛阳宫，一是盖世英主，一是法门大士，两贤相遇，一见倾心，清言既交，不觉日暮。太宗谓侍臣曰：昔苻坚称释道安为神器，举朝尊之。今观法师词论典雅，风节贞峻，非惟不愧古人，亦乃出之更远。他既劝法师罢道，襄理政事，又留法师同辇征辽，亦足见其倾慕萦回，至于颠倒了。法师一一辞谢，专以译经为请。太宗即安置法师于西京弘福寺。至于译事所需，一共留守司空房玄龄平章。于是召集诸道高僧，同襄译业。六月戊辰证义大德灵润、文备、慧贵、明琰、法祥、普贤、神昉、道深、玄忠、神泰、敬明、道因等，缀文大德栖玄、明浚、辩机、道宣、静迈、行友、道卓、慧立、玄则等，字学大德玄应，证梵文梵语大德玄模等并至。皆学业渊深，众所知识。至余等受书手，所司供料，诸缘俱足。丁卯，法师遂操贝叶，开读梵文，创译《菩萨藏经》《佛地经》等，次译《杂集论》《瑜伽师地论》等。太宗幸玉华宫，敕法师至宫，再劝以罢道辅政。法师力辞。帝知终不可夺，不违高志，并许以助弘正法。帝闻《瑜伽》十七地义，并详观览，谓侍臣曰：朕观佛经，犹瞻天望海，莫测高深；其儒道九流之典，犹汀滢之池方溟渤耳。因敕所司写新翻经论为九本，与雍、洛、并、衮、相、荆、扬、凉、益等九州，展转流通，率土同禀。太宗更应法师之请，作《大唐三藏圣教序》，中有："……玄奘法师者，法门之领袖也。幼怀贞敏，早悟三空之心。长契神情，先苞四忍之行。松风水月未足比其清华，仙露明珠，讵能方其朗润，故以智通无累，神测未形，超六尘而迥出，只千古而无对。凝心内境，悲正法之凌迟。栖虑玄门，慨深文之讹谬。思欲分条析理，广被前闻。截伪续真，开兹后学。是以翘心净土，往游西域。乘危远迈，杖策孤征。积雪晨飞，涂间失地。惊沙夕起，空外迷天。万里山川，拨烟霞而进影。百重寒暑，蹑霜雨而前踪。诚重劳轻，求深愿达。周游西宇十有七年。穷历道邦，询求正教。双林八水，味道餐风。鹿苑鹫峰，瞻奇仰异。承至言于先圣，受真教于上贤。探赜妙门，精穷奥业，一乘五律之道，驰骤于心田。八藏三箧之文，波涛于口海。爰自所历之国无涯，求取之经有数，总得大乘要文，凡六百五十七部；译布中夏，宣扬胜业。引慈云于西极，注法雨于东垂。圣教缺而复全，苍生罪而还福。湿火宅之乾焰，共拔迷途。朗爱水之昏波，同臻彼岸。……”对法师之称扬赞美，可算得称心而言，言之有物，是具有深情卓识的。不但文章藻绘，声高调远而已。嗣太子治又制《述圣记》。寺僧怀仁等鸠集晋王右军书勒于碑石，实为艺林之瑰宝。是年大慈恩寺成，寺十余院，别造翻经院。法师移就翻译，并为寺主。贞观二十三年五月，太宗崩。高宗即位，明年改元永徽。法师专务翻译，无弃寸阴。每日自立课程，不稍违失，翻译之外并开讲新译经论，听学僧决疑请益，对弟子教授教诫，对大德说西方圣贤立义，诸部异端，宗趣体系源流，及少年在此周游讲肆之事。盖法师译场，一面译经，一面讲学，培植后进，助扬正法，非只一端而已。法师译经，始译瑜伽本宗经论，次及有部《婆沙》诸论，最后于显庆五年正月，创翻《大般若经》，至龙朔三年十月讫，总六百卷，历时四年，为三藏中第一大经。自后法师自知力竭，不再翻译，明年二月五日夜半，吉祥而逝。年六十有三。计共译经论七十五部，总一千三百三十五卷。距所求得六百五十七部相差甚远，只得其 11.4%稍强。然而自汉魏讫隋唐，译事大开，法匠辈出，所译经论，终无一人比法师更多更好的了。

7. 在佛教上的贡献

法师对佛教的贡献，第一，是将印度的佛教典籍传到了中国，使佛教的信从者更多，传播更远。他不但是把佛教最宝贵的典籍传到了中国，而且更由中国传播到了新罗、百济、高丽和日本。

第二，是他所译的经论不但量宏，而且质高。他所译的经论总计关于一切有部的有《发智论》《法蕴足论》《集异门足论》《识身足论》《品类足论》《界身足论》《大毗婆沙论》《俱舍论》《顺正理论》《显宗论》《入阿毗达磨论》《五事毗婆沙论》《异部宗轮论》等共 385 卷。关于般若部的有《大般若经》《能断金刚经》《心经》《广百论释》《掌珍论》等，共 615 卷。关于瑜伽部的有《解深密经》《佛地经》《说无垢称经》《瑜伽师地论》《显扬圣教论》《集论》《杂集论》《摄大乘论》及世亲无性两释、《辩中边论》《观所缘缘论》《二十唯识论》《成唯识论》等，共 207 卷。关于大乘共通的有《菩萨藏经》《地藏十轮经》《显无边佛土功德经》《分别缘起初胜法门经》等 44 卷。关于真言的有《六门陀罗尼》《持世陀罗尼》等 9 卷。关于因明的有《因明正理门论》《因明入正理论》各 1 卷。此外有胜论《十句义论》1 卷。总七十五部，1335 卷。这在分量上自然是最大的。同时在质量上他又更高。因为他精通中印两国的语言文字，文学天才既高，教理的造诣更深，其所译的经论，既具有梵文的规律，又富有中文的风格，妙达深理，而无晦涩之病；曲显精意，而无繁冗之失。精严畅达，兼而有之。辞约义丰，而不劳训诂。至于法相名数，经几百年的反复斟酌亦至法师而更加整理修定下来，他可算集前古译业之大成者。兼之他又精练因明，在一切阿毗达磨经论中，尤非因明不能固其藩篱，张其壁垒。法师兼内明、声明、因明三者之长，而成此译业，所以在质量上又是任何人所不能及的。

第三，他所译的经论，代表了整个的佛教教理。佛教教理曰有、曰空、曰中道，为有名的三时教。在《解深密经》说佛说法有三时：一鹿苑时，转四谛法轮；二般若时，转无相法轮；三深密时，转中道法轮。佛涅槃后，弟子弘法亦有三代：初声闻乘教大兴，部分二十；次大乘中观兴，说一切法胜义皆空；三瑜伽宗起，说一切法依圆有，计执无，非有非空，显中道义。佛涅槃后声闻部执，中观瑜伽次第兴起，为在历史发展上的三代学。二十部中执义不同，如前二章已述。然大众部义，自中观宗兴，存者益寡。上座部中，一切有部特盛。师请回诸部经论唯有七部，在《西域记》及《慈恩传》中所述五天诸部，亦但及于有部、正量、上座、大众，余即无闻。而义净法师《南海寄归内法传序论》中，则言之更为明确。他说："诸部流派生起不同，西国相承大纲唯四，各有三藏。圣大众部分出七部，圣上座部分出三部，圣根本说一切有部分出四部，圣正量部分出四部，共十八部。故五天之地，及南海诸州，皆云四种尼迦耶。然其所钦处有多有少。摩揭陀国则四部通习，有部最盛。罗荼信度（西印度国），则少兼三部，正量尤多。北方皆全有部，时逢大众。南面则咸遵上座，余部少存。东裔诸国，杂行四部。师子州并皆上座，而大众斥焉。然南海诸州有十余国，纯唯根本有部，正量时钦，近日已来少兼余三。"又云："其四部之中，大乘小乘区分不定。北天南海之郡，纯是小乘。神州赤县之乡竞存大教。自余诸处大小杂行。考其政也，则律检不殊，齐制五篇，通修四谛。若礼菩萨，读大乘经名之为大。不行斯事号之为小。所云大乘尤遵二种：一则中观，二乃瑜伽。中观则俗有真空，体虚如幻。瑜伽则外无内有，事皆唯识。”义净法师是天授二年寄回《南海寄归传》的，去玄奘法师不过三十年。可见小乘诸部，存者无多，而最有代表性的唯在有部。有部从《发智》《六足》，而《大毗婆沙》，而《俱舍》，摄经部义，再经《顺正理论》《显宗论》而学说思想已臻其极。这是代表第一时教四谛法轮的。玄奘法师把它的重大论典完备无遗地译出。法师虽不专治中观，但《大般若经》六百卷是他一手译成的。中观宗的清辨论师是与瑜伽宗的护法论师名位对峙的。他也将他的《掌珍论》译出。加以罗什已译《智度论》《中论》《百论》《十二门论》等，般若时教无相法轮，亦已完备。至于瑜伽宗经论更是到他手中完整译成。因之佛教的教理学系，经过他可算已大体完整地传来中国了。并且由有部之有而入中观之空，再由中观之空，而入瑜伽之非空非有；千余年中思想之转变发展，亦具备于他所译诸论，给人以研究教理史以极大的资粮，这也是他对研究佛理的人的极大贡献。

第四，他对佛教的学理作了有创造性的发展。这表现在他的译糅《唯识三十颂》十大论师的注释，而成《成唯识论》。非有广博的学问，非有明断的智慧，非有包罗超绝于十大论师的卓越见解，是不能进退诸家，权衡轻重，使之各得其所、各当其宜的，而法师竟能完成此一盛业。此《成唯识论》成而后，佛教的教义思想乃益明确而坚定地建立起来，这不仅仅是翻译，直是造论了。因为一切造论仍是根据圣言量和闻思修慧相结合而成的。而他所糅译的《成唯识论》，又是佛教思想的顶峰，他这一贡献，可算是唯一的贡献了。只可惜他在印度所作的《会宗论》《制恶见论》《三身论》未曾译回中国。但我们仍不难在他所糅的《成唯识论》《唯识述记》和《大乘广百论释》中测知其梗概。在《成唯识论》的破外道小乘部分可以作《制恶见论》读，《广百论释》可作《会宗论》读。《成唯识论》的究竟位论菩提、涅槃、三身、四智部分可作《三身论》读。他回国后更作得有《八识规矩颂》，于三量、三性等外更立三境之说，亦均是创造性的立论。其他关于所缘缘义和因明义都时有发明，尚其小焉者。吾人对之真是不胜敬仰。

第五，他对中国佛教的影响。自经他将中国所缺的如《瑜伽》《显扬》等经论补译了。又将从前如像《俱舍》《摄大乘论》等译得不好的重译了，因而使中国佛典得到了基本完备和美善的成果。同时对以往的一些宗派，也将它救正统一起来，如像俱舍宗、摄论宗等，以后便都摄入瑜伽宗了。自然抱残守缺的宗派也是仍然存在的，然而中国从此有了真正的直接承继西天的佛教正宗，这是应当庆幸的。正由以上种种贡献，所以佛教在印度，后来虽然遭到内忧外患的灾难而消灭了，但传到中国的尚有阿含、般若、瑜伽三大系统的完整佛法，以待当来的阐扬，而玄奘法师的功绩也就更大了。

8. 对中印文化和邦交的影响

中国、印度为世界文明最古的两个大国，但南有大海汪洋之阻，北有雪山葱岭之障，不通声气，各自发展。自汉通西域，始渐知有身毒。佛教兴起，到阿育王时，热心弘扬的大德高僧，四出传播。汉魏而后，来中国者接踵肩随。西域高僧，亦相继而至。于是印度文化，逐渐传入中国。中国高僧亦闻风向往，朱士行、宋云、宝暹等止于西域。法显始从长安经西域三十余国达中天竺摩揭提，得大众部律等，留学三年；至师子国，复停二年得弥沙塞律，及长杂二含等经，自海道归中国，为著名西行求法的第一人。归来作《历游天竺传》，为世所珍。法勇、宝云亦达天竺。凡上一切，或由天竺东来弘法，或由中国西去求法，尚不曾有以中国的文化人物去影响于印度。

至玄奘法师，以其不世出之才，不但学得了宏富的佛法，又能立正摧邪，见崇重于彼邦。中国的文化亦以中国的人物而同时见重。道宣《续高僧传·玄奘传》言：“初奘在印度，声畅五天，称述支那，人物为盛。戒日大王及菩提寺僧思闻此国，为日久矣。但阻无信使，未可依凭。……奘既安达，恰述符同。戒日及僧各遣中使，赍诸经宝，远献东夏。是则天竺信命，自奘而通，宣述皇猷之所致也。使既西返，又敕王玄策等二十余人随往大夏。并赠绫帛千有余段，王及僧等数各有差。并就菩提寺僧召石蜜匠。乃遣匠二人，僧八人，俱到东夏，寻敕往越州就甘蔗造之，皆得成就。……及西使再返，敕二十余人随往印度。前来国命，通议中书。敕以异域方言，务取符会。……故诸信命，并资于奘。乃为转唐言，依彼西梵，文词轻重，令彼读者尊崇东夏。”这证明了因法师之故，而将中国和印度在政治上的外交关系，最初正式建立了起来。而且在信命方面还作了大的帮助。所谓石蜜匠者，《新唐书》言遣使求熬糖法，是则蔗糖之制是从印度传来的。

又新旧《唐书·西域传》并言王玄策使天竺，其四天竺国王咸遣使朝贡。会中天竺王尸罗逸多（戒日王）死，国中大乱，其臣阿罗那顺篡立，乃尽发胡兵以拒玄策。玄策从骑三十人，与胡御战，不敌，矢尽，悉被擒。胡并掠诸国贡献之物。玄策宵遁，至土蕃，发精锐一千二百人，并泥婆罗国七千余骑，玄策与副使蒋师仁率二国兵，进至中天竺，速战三日，大破之，俘降城邑五百八十所，东天竺王尸鸠摩送牛马三万馈军，迦沔路国献异物，拜上地图。阿罗那顺天竺之乱以平。二十二年，玄策执阿罗那顺至京师。这是在中印两国关系中发生的极其重大的事。《续僧传》又言，太宗敕翻《老子》五千文为梵言，以遗西域。奘乃召诸黄巾述其玄奥，领叠词旨，方为翻述。道士蔡晃、成英等竞引释论《中》《百》玄意，用通道经。奘曰：佛道两教，其致天殊。安用佛言，用通道意。成英请翻序引。奘曰：观《老》治身治国之文，文词具矣。叩齿咽液之序，其言鄙陋，将恐西闻异国，有愧乡邦，遂不译之。由此可知，以中国先哲思想译遗印度实始于师。又其译《老》既不比附佛法，又不下同方士，卓识诚谛，不稍讹谬，随处皆表现其伟大的品德，因便及之。

然而法师对印度更大的影响，尤在其所作的《西域记》。印度是文明最古的国家，有极宏富的史迹。惜其国人缺乏历史观念，数千年间，并无一本完整的历史成书。到了近代，印度人跃进到世界舞台，乃以不知其以往历史为愧。世界人欲知印度历史者同觉歉然。幸赖我国五世纪初，有法显作的《历游天竺传》，七世纪中叶有法师作的《西域记》和他的门人给他作的《慈恩法师传》，以及稍后义净作的《南海寄归传》，把当时印度的政教风俗、国土山川、名胜古迹、文化学说、思想信仰，都给以真实地记载。尤其是《西域记》更为精审，西方人按其所记国邑王都、寺宇建筑之地域方位，道路距离，进行发掘，遂得将古代胜迹逐渐发掘出来。如像那烂陀寺的壮阔基址的发现。而古代的文明印度，乃重发现于今日，这对于研究世界史者固有莫大的帮助，尤其是对久受殖民统治的印度人来说，对其民族的自尊心和热爱祖国的感情的增强发展，是有更大的鼓舞力量的。因此近代的国际学者，尤其是印度朋友，莫不崇敬玄奘法师。近者印度将在旧那烂陀寺开办大学，于中设立玄奘学院，我国政府并予以支持，可以知其意义之重大了。但是吾人尤当知道，法师并不是以旅行为目的，《西域记》只不过其平生译述中的附产品。他的精神愿力，学说思想，和对印度古代最高文化的结晶“毗昙”“般若”“瑜伽”“法相”“唯识”之学的译来中国，保存至今，足以为人类文化和印度文化之发展承继提供材料、指导途术，更当有不可称量的功绩，这是可以预计的。

总结

总观法师，他有信心，有决心，他勇敢直前，他精进不息，他虚心好学，他刻苦钻研，他不得少为足，他有而若无，他坚持真理，他热爱正法，他誓愿宏深，他实践菩萨戒行，上求下化以至于忘掉个人的利害得丧，苦乐荣枯乃至把他的身心性命都全部交付出来，以贡献给佛法和一切有情。因此他才能历险阻艰危生死祸福，而坦然无畏，无挂无碍，以获得辉煌伟大的成功。正惟他能舍弃一切，因而成就了一切，这正是大士行的具体表现，也即是我们学习效法的模范典型。

五、玄奘法师以后

玄奘法师以后，略述窥基、圆测、慧沼、智周对朝鲜日本之宏传及在现代之复兴。

1. 窥基法师

奘公门下群贤济济，而神昉、嘉尚、普光、窥基，尤为后起之杰，就中窥基法师智慧宏深，英姿骏发，特为翘楚。他字道宏，姓尉迟，京兆长安人，父敬宗，伯父敬德。他幼而不群，宋《高僧传》说奘公于陌上见他眉目秀朗，举措疏略，曰：将家之种不谬也哉？脱得度为弟子，则吾法有寄矣。请于其父。父曰：伊类粗悍，哪胜教治？奘公曰：此之器度非将军不生，非奘不识。父因许诺。以贞观二十二年入大慈恩寺就奘公学。年二十五，应诏译经。通讲大小乘经论，创意留心，勤勤著述，造疏计可百本。奘公逝后，弟子相继取基为折中，视之如奘在焉。以永淳元年十一月十三日长逝，年五十一。葬于樊村，附于奘公之墓，执绋会葬者盈于山谷，凡天下佛寺，图形号曰百本疏主真。又说他魁梧堂堂，有桓纠之气，而慈济之心，诲人不倦，自天然也。

窥基法师在本宗的最大功绩，首先是建议奘公糅译《成唯识论》，并由他一手成书。他在《唯识枢要》中记其事曰：

> （护法）菩萨果成先劫，位克今贤，抚物潜资，随机利见。春秋二十有九，知息化之有期，厌无常以禅习。誓不离于菩提树，以终三载之年。禅礼之暇，注裁斯释。……时有玄鉴居士识凤鵵之敛羽，委鳞龙之潜迹，每罄所资恒为供养。深诚固志，物竭积年。菩萨诱掖多端，答遗兹释。而诫之曰：我灭之后，凡有来观，即取金一两，脱逢神颖当可传通。终期既渐，奄绝玄导。……五天鹤望，未辄流行。大师（玄奘）……闻斯妙理，殷俯谛求。居士记先圣之遗言，必今贤之是属，乃奉兹草本并《五蕴论释》。大师赏玩犹睹圣容。……自西霏玉牒，东驰素象，虽复广演微筌，赏之

以为秘诀。及乎神栖别馆，景阻炎辉，清耳目以渊思，荡心灵而绎妙。乃曰：今者方怡我心耳。宣尼言：我有美玉，韫椟藏之，谁为善贾，我今沽诸。基夙运单殊，九岁丁艰，自尔志托烟霞，加每庶几缁服，浮俗尘赏，幼绝情分。至年十七遂预缁林，别奉明诏，得为门侍。自参预三千，即欣规七十，必谐善愿，后承函丈，不以散材之质，遂得随伍译僚。事即操觚，餐受此论。初功之际，十释别翻，昉尚光基四人同受，润饰执笔捡文纂义，既为令范，务各有司。数朝之后，基求退迹，大师固问。基殷请曰：自夕梦金容，晨移白马，英髦间出，灵智肩随，闻五分以心祈，揽八蕴而遐望，虽得法门之糟粕，然失玄源之淳粹。今东出策赍，并目击玄宗，幸复独秀万方，颖超千古，不立功于参糅，可谓失时者也。况群圣制作，各驰誉于五天，虽文具传于贝叶，而义不备于一本，情见各异，禀者无依。况时渐人浇，命促慧舛，讨支离而颇究，揽殊旨而难悟。请错综群言，以为一本，楷定真谬，权衡盛则。久而遂许，故得此论行焉。大师理遣三贤，独授庸拙。此论也，括众经之秘，苞群圣之旨。……虽复本出五天，然彼无兹糅释，直尔十师之别作，鸠集犹难，况更摭此幽文，诚为未有。

他既在奘公的讲授指导之下，糅成了《成唯识论》，更就其所闻于师者，源流本末，旨趣异同，大义微言，细节奥理，凡为本论所不及译者，皆条举目张，以示后学，共为《成唯识论述记》六十卷，又作《唯识枢要》《唯识别抄》《唯识料简》诸述记，未尽之义，均引申而详说之，大义微言美且备矣。他这样殷勤慎重地弘扬正法，算得是无所不用其极的，窃谓唯识之学无奘公固无能总结十师之学大成以归一本，无基师亦无能畅演奘公学业之所蕴藏，发扬开显使之光大流通。赞宁《宋高僧传》有言：“奘苟无基，则何能祖传其学，开天下人眼目乎？二师之功与言俱不朽也。”可谓定评。

基法师第二功绩在阐述因明。奘公在印度学因明极深博，带回梵本有三十六部之多。且又多有创见，曲女城会更以三支比量，摧破异宗，可谓精通当行施用于实际论战者。回国翻译，只有陈那的《因明正理门论》和天主的《因明入正理论》，此外别无著述。但基师作了《因明入正理论大疏》，内容极为宏富，并存奘师之口说，精微义理，得以流传。又他在《成唯识论述记》中每对各部僻执、诸师异义，辄自立比量以摧邪显正，这不但增强了阐扬正法的力量，为从来的注疏中所未有，并且使读他书的人无意中也习惯因明的实际应用而徇于立破轨则。更当知道，中国的逻辑学，除先秦诸子曾一度有名辩思想的发展，随因国家统一、思想统一而论战不起，名辩思想亦随之以消沉。自印度佛教传来中国，论辩之风始再起；直至玄奘法师自印度传来极其完整的因明之学，这是逻辑学在中国之重兴。奘师门下治因明者颇成风气，神泰、靖迈、明觉并有注解，当时曾引起吕才、慧立、柳开、明浚等的反复辩论。惜其著作均失传。唐疏今存者，基疏外有大庄严寺沙门文轨疏，通称《庄严疏》，《庄严疏》颇谨严明当，但自不如基师《大疏》内容之宏富，因之治因明者仍以基师为主，慧沼、智周继有阐述，在中国的逻辑史上的地位是极其重要的。

第三，基师作《法华玄赞》大弘五种性之说，此亦为佛教内部极其重大的事迹。佛教破一因共因不平等因，而建立众因缘生法的依他起性，主张一切有为法种子本有，待他缘生；一切有情各有种性，互作增上；诸法所以染净差别，有情因果所以各自成流。而主张法界真常遍生诸法者，即法界众生界染净差别、因果差别皆不能成立。瑜伽立五种性，即诸有情种性自有，非一因生，流转非从一真法界来，还灭不从一真法界去。一真法界者，无作无为无生无灭之真理，亦即诸有为法缘生性空无我之空理。种种非常非一无边法界者，生灭、有为、种现、因果历然无尽之实事。混事于理，则有为误作无为。混理于事，则无生错作生生。既理事各有不同，就事来说，有情种性，自各差别。然而如来说一切有情皆有佛性，《法华经》说“唯有一乘法，无二亦无三”，授记声闻皆得成佛者，就理法界说，不就事法界说。又为不定种性声闻说，不对定性声闻说。无著菩萨《摄大乘论·彼果智分》颂云：“为引摄一类，及任持所余，由不定种性，诸佛说一乘。”此是瑜伽一宗与余宗，尤其是与中国自成立的诸宗不同处，然正由此引生不断诤论，虽理自真常而情多障隔，此亦法门中至不愉快之事，基法师所以招致许多无谓的毁谤者，应根于此。

基法师的重要著作除上述以外，还有《二十唯识论述记》《杂集论述记》《瑜伽略纂》《辩中边论述记》《百法明门论注》《大乘法苑义林章》《说无垢称经疏》《金刚般若经赞述》《心经幽赞》《大般若经理趣分述赞》《观弥勒上生经疏》《阿弥陀经通赞》《西方要诀》《异部宗轮论述记》等，其他目存而书亡者尚多。惜其享年仅五十一岁，对所作《瑜伽略纂》《杂集述记》均不及整理，且未成全书，殊为遗憾。我十多年前，曾就其《杂集述记》删繁补缺文义，调整成《杂集论疏》，《瑜伽论疏》亦成六卷，而人事纷纭，辍而不续，益叹基法师之精进、愿力，猛厉无前，为不可及。他不但对本宗教理有充分的发扬，对般若净土诸宗在中国盛行者，亦多所抉择，他的著作既宏富又精到。他为教义的渊海，他为法门的城堑，赞宁称他“将家来为法将，千古一人而已”，是适合他的身份的。

2. 圆测法师

基师同门以学说著作传世，迄今尚存者普光有《俱舍记》，法宝有《俱舍疏》，遵世有《法苑珠林》，慧立作《大慈恩寺三藏法师传》等，余均不存。而圆测法师在当时更为知名，他著有《解深密经疏》，及《仁王般若经疏》，今并存，更作《唯识疏抄》，今逸。《疏抄》持义多与基师《述记》相违，因是奘公门下治唯识者略成二系。宗基师者有灵泰《疏抄》、智周《演秘》、道邕《义蕴》、如理《义演》，皆解释《述记》者。道证、慧观、义寂、憬兴，朋从测师者也。惜其书均失传。但在当时实不失为有力量的一系。别有太贤作《唯识学记》，杂采诸家之说，简约扼要以为一本，足供参考。欲知两系当时之论争尤不可不读慧沼的《了义灯》。

3. 慧沼法师

《宋高僧传》说他少而警慧，诵习赅通，入法修身，不违戒范，自玄奘三藏到京，恒窥壶奥，后亲大乘基师，更加精博。他先后参加义净和菩提流支的译场，翻译一切有部《毗奈耶藏》及《大宝积经》等为证义，多所刊正。以其住淄州大云寺，又戒律严峻，时彦共称为淄州沼阇梨云。他既历事奘公基师，所以造诣精博，著述甚多，计有《唯识了义灯》《能显慧日中边论》《大乘法苑义林章补缺记》《金光明最胜王经疏》《法华玄赞义决》《劝发菩提心章》《因明论续疏》《因明论义断》《因明纂要》等。《唯识了义灯》是为批评圆测一系的思想认识而作的。他抉择深细，持论精确，立破严正，先师欧阳先生称他“折冲御侮，披拓见真，大将词锋，一门强干”，可以知其价值了。治唯识学者不可不读此书，治唯识学史者尤不可不读此书，先师所谓“此书原意，不过自固其家，观兵列敌。而诸家学说如圆测、普光、慧观、玄范、胜庄、义寂、道证、憬兴本籍已亡，悼难知概，反复因兹旁引略见其涯，文献说礼，犹赖有此”是也。至如《能显慧日中边论》也是继《法华玄赞》而作。它在援真破执章中（破定时因，破定时教，破定权实，破妄通经，破行性遍，破定显密，破缘正佛性）共有七破。在引鉴除谬章中（标彰五姓谬，种姓不同谬，本性住姓谬，五姓唯新谬，真如为种谬，通经法尔谬，漏生无漏谬，说教前后谬，增寿非了谬，说妄通经谬，通释外难谬）共十一除。在依文显正章中（明佛性不同，有无差别，名阐提类异，闻声有殊，二死不等，明佛三身，常无常异，杂抉择）共有七显。此皆当代佛教思想上宗派异见、水火矛盾、南北分歧的炽烈论战，治佛教史者，尤当留意。而他那种明晰的思想，锐利的词锋，豁翳医愆、显扬圣教的论著，也是上承龙树、提婆、天亲、护法，近承玄奘、窥基而为有力的后殿，深是令人景仰。

4. 智周法师

慧沼法师知名弟子有义忠，有智周。义忠著述存《百法论疏》，为世所重。智周著述有《唯识演秘》《法苑义林章抉择记》《大乘入道次第章》和《因明入正理论疏前记、后记》等。而宋《高僧传》无传。但就其教授培育异国僧徒，弘此学于日本，存诸论重要疏记于今日本来说，其功绩极为宏远。于此当知：有唐一代不但国力强大，而且文化发扬，佛教尤为黄金时代。异国来学者比肩接踵，朝鲜和日本其尤著者。其中来中国学唯识法相者则有圆测、胜庄、太贤、元晓、义寂等，皆新罗国人。日本则有道昭、智通、智达、义渊、寂渊、玄昉等。日本岛地墨雷、生田得能合著《三国佛教略史》日本部分中说：

> 白雉四年，元兴寺沙门道昭入唐，就玄奘三藏学法相宗。归国后弘之于元兴寺。
>
> 齐明帝四年，沙门智通、智达奉敕入唐谒玄奘三藏，学法相宗，兼学俱舍，既而归朝，住观音寺，以事弘通。
>
> 神龟五年，沙门义渊、寂渊，初学唯识，继入唐见智周传法相诀。归朝后盛唱法相宗。
>
> 七年沙门玄昉，自唐归朝，献经论杂疏凡五千卷及佛像等，且传法相宗。

同书又云：

> 法相宗总有四传，一道昭传弘元兴寺，谓之南寺传。二齐明帝四年，智通、智达两师入唐，就玄奘及慈恩（窥基）学，归朝弘传。三其后五十五年文武帝大宝三年，时新罗僧智凤、智鸾、智雄三师，奉敕入唐学于濮阳大师（智周），归朝弘传。四其后十三年当元正帝灵龟二年，玄昉入唐，亦学于濮阳，归朝弘于兴福寺，谓之北寺传。就中，以北寺传为相宗之正义。尔后数百年，本宗独荣于南都，以对峙睿山之天台，野山之真言。而中世以后，渐行衰颓，名阁巨蓝，杳焉绝迹，维新后再兴之，以现今法隆寺、兴福寺为本寺，寺院凡存二十五所。

总观以上史料，从道昭至玄昉百年间，日僧之入唐学法相唯识学者，先后四次，历事奘公、基师和智周，影响之大尤以濮阳为最。玄昉之学于濮阳者十余年，归日本后带回经论章疏五千卷，这五千卷中自然有《唯识述记》《瑜伽论记》《因明大疏》等极其重要的章疏，皆为中国后时散失而被保存者。并且日本之传法相者，南北两传，以北传为正义。力量又雄厚，历传至数百年，维新仍得复兴，即在彼未曾断绝。因之濮阳智周的功绩是宏伟的。他在中国的弟子有如理作《成唯识论义演》，又作《成唯识论演秘释》，而宋《高僧传》无传，不能详其事迹。自此以下，宗承系统便不得而知了。

5. 本宗的衰绝和复兴

玄奘法师以大力宏愿，九死一生求来正法，他是望法统流传，慧灯不熄的。但数传之后，即无知名之承继者。尤可痛心的是唐末五代之乱，历宋元明清千数百年间，不但继起无人，连本宗重要的疏记著述亦尽散失。明清两代亦有发心弘扬者，惜乎唐疏既亡，奥义难窥，如《相宗八要直解》等作，类同摸象。王船山先生为明末杰出的大儒，曾有《相宗络索》等作，现比非量之谈，可谓难得，亦以向壁虚构、触摸影响而已。黄梨州先生有弟曰泽望，博学能文，笃信佛教，遍通三藏，为《瑜伽师地论注》，及《成唯识论注》，惜其书不传，难以测其高下。自海运大通，世界一家，西方科学哲学，风骤云起，而后沉寂空疏颟顸笼统之思想界佛学界，恍然于思辩抉择精微分析之不可已，然后唯识法相之学始再见重于世。清末杨仁山老居士奋起于末法苍茫之世，先后从东瀛取回唐代诸疏，在金陵刻经处创始刻印流通。先师欧阳竟无居士继之，专弘瑜伽一宗之学，并开办支那内学院，毕其一生精力于弘法教人。一时兴起者不少。欣欣然瑜伽一宗有再兴之象，国内僧俗有识之士，多有研究唯识法相者。新中国成立，文化学说重开拓，亦重承继；社会建设重物质，不遗精神。和平悲智之佛教，思辩抉择之瑜伽宗，是当会发挥其所有的潜力以贡献于伟大的文化事业的。

论文三篇

实有真空中道了义论

此论一辨空有，二破邪执。

一辨空有

一辨空有者。或有说言，法相唯识，明诸法有。中观般若，明诸法空。是故瑜伽唯识，亦名有宗。中观般若，亦名空宗。两义相违，诤论千载。或抑彼而申此，或崇彼而卑此，或谓互有是非，或谓各明一义。今谓此皆皮相之论，既不了达二宗，亦不正解空有，为破妄执申正理故，先明空有实义。

一、有义

且有义者，何义名有，何者名有，如何而有，有有几种？法相唯识复何所有？

1. 何义名有。言何义名有者，心有所得，即名为有。此所得言，是所缘虑。如眼识见色，耳识闻声，乃至意识思法。于色声等有所取故，有所证故，既有所得，即名为有。苟无所得，即无所有。或谓汝心虽无得，人心岂不得？焉得以无所得故，即名非有？曰：我所言心，非谓某人之心，乃谓凡云有者，皆必于心有所得故。如我心不得，即不能说彼为有。彼心有得，即便于彼心为有。彼之有者，仍有于彼心故。且心既无得于彼法，即彼法为非所思，非所议。非所思议之法，不但不能谓其是有，亦且不能谓其是无。非所思议法，有无无安足处故。

2. 何者有。言何者名有者，此显有义所依之法也，有必有所有法。设无所有法，有义无依故。所有之法共有几种。曰：有既依识有所得而后有，则彼诸识所得即是所有也，如是眼识所得者色，耳识所得者声，鼻识所得者香，舌识所得者味，身识所得者触，意识所得者法，如是所有共有六种，谓色声香味触法。次复应思，所得色等既是有，能得眼识等体亦是有，是能得故，亦是意识所缘境故，故次即有眼识等六识。又眼识等六，依六根起，是能得所依故，能得既有，彼依亦有，由是复有眼等六根。六根六境及与六识，如是共有十八种法，名十八界。统摄世出世间一切法尽。自有别门，摄此诸法。如五蕴、十二处、五位百法等，开合分类虽各不同，就彼法体，一切互摄。

3. 如何有。言如何而有者，此十八界法，除法界一分六种无为，一切皆以缘生故有。有相故有，有用故有，刹那速灭，无常无住而有。不以自然故有，不以实体故有，不以自性常住故有。如其本性，法尔而有，不如遍计施设，执取而有。如幻而有，如梦而有，如阳焰镜像而有。如是有者，是为诸法真实有也。此复云何？谓有为法，根境识三，一切皆待因缘而生。生则有相显现可识。既从缘生，复能为缘，生起余法。有业有用，不徒虚生。此虽待缘生，生已自然，不待余缘，刹那速灭。刹那灭故，无常无住。如是故非不待缘生自然而有。于相用外，亦无别体自性常住。又彼有者，如其本性，水以湿为性，火以暖为性，乃至识以了别为性。如其本性，法尔而有，不如遍计施设名想言说执取而有。如幻梦镜像，虽有而不如愚夫妄计执著别有实性。能如是知，是为了达诸法真实有性。此复如何？如稻麦等，要待自种、土壤、雨水、日光、空气、肥料、人工、众缘和合，非不和合，如是而生。生已有相，稻有稻相，芽茎根叶花实种种相状显现可得。麦有麦相，芽茎根叶花实种种相状显现可得。稻之相异麦等相，麦是麦相，非稻等相。相自有故，名为有相。此稻麦等芽茎根叶花实诸相各有业用。既从缘生，复生余法。谓芽从实生，复生根茎；根茎既生，复生花叶；花叶既生，能生实种；实种为缘，复生芽等。如是展转生起无穷。又稻麦等既从土壤乃至人工而生，复能为缘改易土壤，食养人等。是为缘生，有相有用也。虽有相用，而体非常。芽茎根叶花及果实转变迅速，不常不住。又自芽至实，虽略有阶段，经历多时，而一芽自初生至发展，中间复经多变。茎叶花实亦尔。转变无穷，即是刹那生灭。前灭后生，展转引发，无一刹那之停住也。此无常无住刹那生灭，似为诸法衰变之相，而同时即为成长之相，盖种如常种，则芽不生。芽如常芽，根茎不生。根茎花叶如常为根茎花叶，则种实不生。刹那生灭者，实即诸法生育发展流变之相也。既待缘生，故非自然。生已即灭，故非常住。非自然而不常住，聚沫随流，幻生幻灭，求其自体常住自性了不可得也。既无实体常住自性，而诸凡愚，每于一法执取坚执，一似有其实体常住自性者以为稻麦等性，彼稻麦等岂果如人执取而有哉？彼亦自如彼刹那转变，幻相宛然，法尔而有耳。此如何等。如梦如幻，如阳焰，如镜像，虽有，但能如彼性而有，绝不如人梦识妄情及如渴鹿执取而有。能如是知，善入法性。如是名为真实知有，亦名了知真实有相。稻麦如是，余法亦然。即此名为缘生有相，又名依他起性。

4. 有相差别。虽诸所有，不越如是依他起法，根境识等。而诸愚夫，复于彼依他起上妄起种种增益有相。由是有相，遂分二种，一者实有，二者假有。由诸凡愚所见有相，非诸圣人之所证境。圣者所见，亦非愚知。由是有相，复分二种，谓世俗有，及胜义有。《杂集论》中作如是言：云何实有？谓不待名言此余根境，是实有义。不待名言根境者，谓不待色受等名言，而取自所取义。不待此余根境者，谓不待此所余义而觉自所觉境。非如于瓶等事，要待名言及色香等，方起瓶等觉。云何假有？谓待名言此余根境，是假有义。云何世俗有？谓杂染所缘是世俗有。杂染所缘者，能发一切杂染相故。云何胜义有？谓清净所缘，是胜义有。清净所缘者，为得清净缘此境界，是最胜智所行义故。此复云何？依法体性有无，立实有假有。依迷悟缘别，立胜义世俗。不待名言根境者，现量亲取，离言事相。如眼识见色，耳识闻声等，现现别转，彼色声等名为实有。依色等相，后时意识，计取色等名，谓此是色，乃至法等，是为名言。即此名言色等，名为假有。此二分别，为如何等？谓实色等，眼识所取。彼色名者，唯意识取故。又如水火，湿暖为相。彼水火名，非湿非暖，是故说火，口不被烧。说水亦无水至。名言者实法之标志符号耳，故是假有。不待此余根境者，谓眼识唯见色，耳识唯闻声等。依自根，取自境，不假余根余境方有所知，故是实有。若夫眼见瓶衣，耳闻钟鼓，手触笔砚，彼眼识所见唯是色，乃至身识所触唯是触。而瓶衣钟鼓笔砚之属，假合四大以成形，连属五尘以为相。徒色非瓶衣，徒声非钟鼓，徒触非笔砚，而离色声香味触等，又别更无瓶衣钟鼓笔砚等物，是知瓶衣等物，唯是假有。诸根俱取，诸识并缘。今言现见瓶衣，现闻钟鼓者，眼耳等识实唯得其一分，由意分别，联想计度，而取彼物，非实取也。故瓶等法，假合聚集皆是假有。有情命者作者受者一切我相，总由五蕴聚集相续以为体者，其为假有亦尔。此依法体有无，建立实有假有也。杂染所缘者，一切凡愚依有漏心，有执有见，而取诸法。彼所缘相，从杂染生，能生杂染。实有不达其实，假有不知其假，谬计种种增益妄执。贪爱瞋恚起诸恶行集诸苦果，是即名为杂染所缘，名世俗有。依诸世间随情计度约定俗成以为真实，是故名为世俗有也。清净所缘者，离诸杂染，净心所缘。能起净心，令离杂染，即是舍离一切遍计所执，而实证取圆成实性。胜智所行，胜智境界，胜智所缘，是故名为胜义有也。

5. 何所有。如是依他起性，缘生幻相，此名所诠。于缘生相，起诸名言，以为能诠。即随名言，起诸实执，为法为我，此名遍计所执性。即彼遍计所执性，于依他起性上，常恒非有，非彼体性。即此无性，是依他起常遍实性，是为圆成实性。此遍计所执性，随情执起，假有非实。依他起性，因缘所生，幻相宛然，实有其事。圆成实性，离执取性，空理恒常，实有其理，俱实非假。遍计之有，有其执耳；依他之有，有幻事耳；圆成之有，有空理耳。即于依他执取我法，名世俗有；即于依他达我法空，名胜义有。如是所言一切有义，是则名为唯识法相真实说有也。

二、空义

已释有义，次说空义。

1. 言空有有，空非即无。云空义者，谓无所得。虽然，于此有难，既无所得矣，何复云空耶？言空，已是有所得矣。真无所得，即无所有。无所有者，心意不缘，言想不及。非思议境，非有非无。盖有必有所有，空无必有所空所无。苟无所依，有空俱不可说。又彼空言，不可直作无解。苟直作无解，将成自语相违。如说万法皆空，彼万法言，已先许有万法，空作无解，即成相违。如言我母，是其石女，石女无儿，何云我母？既我母矣，石女伊何？故言空义，应深决择。

今谓凡言无所得者，必先有所得也。凡言无者，必曾有也。凡言空者，必先有不空者也。盖有无之义，相待而立。设本无有，即无有无。如本无阿巴，即今不起无有阿巴之觉。要是先来城邑，房舍栉比，后来焚毁，片瓦无存，然后乃说城空无舍。先来房舍，高朋满座，胜友如云，后来主亡宾散，燕雀无依，然后乃说室空无人。经中亦言，所谓空者，如鹿苑中，无有一鹿，名鹿苑空，盖苑以鹿名，鹿所游处。今来无鹿，名鹿苑空。是皆于其先有所得，曾不空故，说无所得，说彼为空，宁本来空，思议不及，无所无依，而言空者。又宁可说，无即是空。然于此中，复应致思，设本来有，恒常有者，既无有无，有亦不立。浅喻以明，如鱼处水，不觉有水。要困涸澈，以无水故，始觉先来有水之贵。人在福中不知福，要经忧患，始知先来安居无事之乐也。设本无无，有亦何有？

2. 事变相较而有无生。既无依有立，有复依无。展转互依，宁有究极。当知无之依有，此由一事之变，或由二事相较而后形。此由事变，以起空无之觉也。有空觉故，有觉还生，此依无而觉有也。事物之有无，必先有而后无。觉感之生起，则先无而后有。此如何等？此如一室，先来有人，但觉其人，不起此室不空之感。后忽无人，因是而有室空无人之感。既觉此时之室空无人，则返觉先时之室不空矣。此一事前后之变也。又如此室有人，彼室无人，待于此室之有人，遂起彼室无人之感。因感彼室之空无人居，而后此室不空之感生矣。此二事俱时之相较也。有无空不空得无得之相待，大率如此。既有空之觉，依一事之变，与多事之较而后生，即一切空无无得，皆依不空、有及有得而起也。

3. 空但空执性。然则一切法空之空，何所依待耶？曰：即于一切法上依彼我执法执都无所有而立。故说一切法空，不同于说一切法无有，而是说一切法中无所执性耳。如说鹿苑空，就苑中无鹿说，非谓无是苑也。

4. 执性依似相起。苑中之鹿，先来是有，后时无故，说彼苑空。然则诸法上所执自性，先来是有，后时他去，或由消灭，今乃空耶？曰：是又不然，我法执性，本非有故。既本非有，今如何空？曰：彼性虽体非有，彼执先时则有。如何复起彼执耶？曰：执见起于谬解。谬解起于似相也。如旋火轮，非有轮体，而有轮相，痴人谬执以为轮。如梦中境，非有实境，梦识谬解，执为实境。如诸世间本无上帝，而人生世间因果感应自有定律，不随意转，一似冥冥中有主宰其间司赏罚之柄者，因谬执以为有上帝。五蕴之中本无作者受者，而业识感应，先后相续，作业受果，责无旁卸，一似有我司其作受，因谬执以为有我。一切法执之起，亦复如是。所执之性虽非是有，而有似相，生起彼执。既有所执，即于诸法无我法执性处，有我法执性可得。既有所得，执彼非无。后时通达彼执无性，即时于彼有所得处，无所得智生。无所得智既生，证于先来所不空处空相显现。由此说言，万法皆空。万法皆空云者，亦对万法不空执者而立之名。设万法非有，此空无义，无法不可施设空有故。设万法本有如是所执自性，彼空亦无义，本有不可空，空不能空有，但彼性自空故。设于万法先时无执，彼空亦无义，无执不待空故。设于万法后时仍有执，彼空亦无义，既执不除，有所得心不能起彼无所得想故。由是空言，唯是空彼诸法先来所有执性。

5. 取证中观。云何应知是义决定？答，《中论》中言："因缘所生法，我说即是空，亦即是假名，亦名中道义。世无有一法而不从缘生，故无有一法而不是空者。"此颂所言因缘所生法，又言世无有一法而不从缘生，即皆不说一切法无有。而说因缘有所生法，而说一切法皆从因缘生；有法有缘有生，云何非有？然以因缘生故，常住自性之执性不有，故说名空。应知空者，但空执性。

6. 真空不坏法相。世人不解真实空义，以为空者即是无有，由是生起破坏法怖。《中观释论》观圣谛品故有颂言："若一切法空，无生亦无灭，以无生灭故，四圣谛亦无。若知及若断，修证等作用，如是四圣谛，无体即不有。四圣谛若无，即无四圣果，苦等谛若无，亦无向果者。若无八圣人，是即无僧宝。若无四圣谛，亦即无法宝。若无法僧宝，云何当有佛。若如汝所说，是即破三宝。若因果体空，即无法非法，世俗诸所行，亦破一切法。"为释此疑，论主答言："诸法无自体，有执非道理。此中佛所说，空故有行相。……以有空义故，一切法得成。若不有空者，一切法不成。汝若见诸法，皆有自体者，法若非因缘，还成汝自见。因果有定性，作作者亦然，乃至生灭等，汝悉破果法。（《中论》此两颂云：汝若见诸法，决定有性者，即为见诸法无因亦无缘。即为破因果，作作者法，亦复坏一切，万法之生灭。意义更明显。）若从因缘生，诸法即无体。缘亦是假名，非一异可有。若不从缘生，无少法可有；由从缘生故，彼皆如幻士。（《中论》此两颂云：众因缘生法，我说即是空，亦为是假名，亦是中道义。未曾有一法，不从因缘生，是故一切法，无不是空者。各有短长。）若一切不空，无生亦无灭；以无生灭故，四圣谛亦无。若不从缘生，云何当有苦。无常是苦义，彼体无所有。苦体若不有，云何当有集。是故若无集，此即破于空。苦若有定性，自性无所作，自体若有著，此即破于灭。道若有定性，修即不可得。道若是可修，定性无所有。若彼苦与集，及灭无所有，而灭苦道谛，云何当可得。若苦法不生，灭法云何有。苦自体无知，彼法复云何。苦法不知故，余断及作证，修习亦复无，即无四圣谛。若无四圣谛，即无有法宝。以无法僧故，云何当有佛。不以菩提缘，佛随无缘过。不以佛为缘，菩提还成过。若佛有自体，无菩提可成，无菩萨修行，亦无得果者。不空何所作，自体所作无。法非法亦无，果亦无所有。因法非法故，是即有其果。法非法若生，不空何有果。汝亦破世间，一切所行相。以破空义故，复坏于缘生。若破于空义，即无法可作。此何能发起，无作有作者。世间众物类，老少等变异，若自体不灭，有定性为常。若见缘生义，见非见相应，即能见苦集，灭道谛亦然。”凡是种种，俱足证成中观言空，非是空无，亦不坏于一切有法。但坏一切有见故说。彼有见者非有执有，但有其见而无法体。一切有情无始时来于法生见，沉沦有海，故佛说空令除有执。有执既遣，空亦自空，更不于空更起空见。故《中观论》中，观行品颂言：“若有不空法，即应有空法。无少不空法，何得有其空。遣有故说空，令出离诸见。若或见有空，诸佛所不化。”

7. 真空四义。由是可知中观言空：一非空无一切诸法。二但空彼法上执性，所谓自体，常住本有，不从缘生。三法从缘生，故无自性。四由无自性，无实体故，乃能缘生一切诸法；设若法有定性，坚住恒常；苦自本有，不从集生；惑业凝然，非可断灭；灭不可证，道无可修；圣本自圣，凡本自凡；五趣有情，各有定性，轮回既失，转依不成；如是即坏世出世法。由法性空，从缘生故，因果染净，世出世间一切皆成。佛法言空，如是如是。

三、两宗对观，空有无诤

如上所说，法相言有：遍计执性但有其执，无所执性。依他起性，但有幻相，无我法体。圆成实性，远离二我，但有空性。《辩中边论颂》曰："虚妄分别有，于此二者无，此中唯有空，于彼亦有此。"是则言有，不碍于空也。中观言空，但空自性，一即所执性一不无一切法。而曰："以有空义故，一切法得成；若不有空者，一切法不成。"是则言空，不碍于有也。法相言有，则曰依他起性从缘所生，如幻事等。中观言空，则曰因缘所生法，如梦亦如幻，如乾达婆城，因喻俱同。是知有者有彼幻相，名为实有。空者空其执性，是曰真空。实有真空其义无二。无是实有之幻相，空义无依。《瑜伽论》言："恶取空者，由彼故空，亦不信受。于此而空，亦不信受。由彼故空，彼实是无。于此而空，此实是有。由此道理可说为空。若说一切都无所有，何处何者何故名空？亦不应说由此于此即说为空。是则名为恶取空者。"此恶取空是即空见，佛所不化者也。若无如是真空空义，有法不成；法体凝然坚住本有，中观所谓即无四谛亦无三宝等，是即名为遍计所执，正法相唯识之所破斥者也。

四、空有两义相待相入展转一味

吾人谛观空有实义，觉此空有展转相待：无有即无空，无空亦无有。又觉空有展转相入：有中有空，空理恒住；空中有有，幻相宛然。更觉空有展转一味：实有真空缘生如幻，其义同故。如是观察有空实义，法相唯识般若中观义正相成，何所乖反！诸有执有以破空者，不唯不解中观，亦且不达法相。诸有执空以破有者，不唯不解法相，亦自不达中观。自以妄执空见诽谤圣教，愚痴僻执自救不了，是诚大可哀怜者也。

二破邪执

上来辩空有义竟。次破邪执。

或有说言：我中观教胜义皆空，一切如幻；何当得有种子，何当得有阿赖耶识，何当说有唯识？当知一切皆是如来密意语言，不了义经，接引有见众生而宣说耳，故不应执。

破曰：何哉汝所谓胜义皆空，一切如幻耶？若汝空言是远离一切生灭断常一异来出若有若无诸戏论相，则我胜义理亦同然，相符极成，义何用立？若汝皆空唯空执性，如幻等事有相无体，则我但存依他，遮遣计执，义亦相符。若汝皆空谓一切无，是则汝自堕于空见断见，诸佛谓为不可救者。且一切无言，何但无于种子无于藏识无于唯识，即一切现法眼等六根、色等六尘、眼识等六识、五蕴、十二处、十二缘起、四谛、三宝、菩提、涅槃、皆无所有，然后乃符一切皆空，此则可谓最极无者！此于圣教，拨无二谛，无戏论界增益戏论，因缘法相一切皆无。又既无有一切诸法，何当得有一切空言？此一切空既成赘说，汝一切说岂不皆无，是则唯应听人起止。若必说言：我依胜义我依般若说是妙义，破斥有见；则是既有汝我差别、是非邪正、胜义世俗、般若瑜伽、妙非妙义、能破能立、有见空见，即不应说一切空无。既不可说一切空无，汝可从容听吾重申有空正义，种子藏识唯识必有之理，与其所以不碍真空之义；并当申言何谓了不了义、密非密意之旨。

一、佛法与世学之不同

于此当知：我佛圣教所以不同于世间一切宗教学说甚奇希有特异无二而不易了知者，厥有二事：

一者，不许五趣众生一切有情有自主宰、作者、受者、恒常无坏真实自我。而复俱时说诸有情起惑造业，流转诸趣，受苦受乐，生命无尽，前前无始，后后无终，自作自受，不作不受，亦无余人异作而此有情受异熟果。由著世间长沦生死，修习圣道自趣出离。自他既别，凡圣绝异，又似佛法实有我者。

二者，说一切法皆待缘生，自无定性，如幻如化，实体皆空；无我空性，实际真如、一切一味、平等平等。而复说言三界五趣、出世三乘、系不系法、善恶无记、漏及无漏、世出世间、有上无上、心王心所色等诸法、贪等信等、根等力等、若业若果、若修若断，一切诸法性各不同；或互增上，或相障碍；谁当厌患、谁当对治、谁当修习、谁当证得；念住正勤、止观作意、四无量心、六种神通、六度四摄、十力无畏，种种差别；因果秩然，业用悬殊，功德罪过，染净殊途；又似诸法实有自性者。

《说无垢称经》中，有如是颂：

> 诸法不有亦不无，一切皆待因缘立，无我无作无受者，善恶业报亦不失。

《中论颂》云：

> 虽空亦不断，虽有亦不常，业果报不失，是名佛所说。

大可标帜佛法真义矣。自来世间思想说无我者，则谓一切有情皆自然之产物，物质聚合生命以成，元气分化则心识以亡，魂散虚空，魄还大地，幻生幻灭，实体无依。此则断灭之论，无因果、无轮回、无染净，无流转还灭、无出世圣道、无佛法僧宝、无心无识、无修行证果，唯物质机械之转变演化而已。若依此说，则佛法无有安足处所。

若夫说有三世果报者，则内执有我作业受报。外有上帝或云梵天、或云神，司赏司罚为造物主，有情从彼而生，死没神复归彼。造善者上升天国，承事天父，执役膝前，荣宠无比。作恶者罚堕地狱，黑暗昏盲，永沦苦海，悲痛何依。此宗教之言，迷信之论，虽说有我，永为神奴。升堕无权，性灵汩没。涅槃无有，菩提妄希。若依此说，则佛法亦无安足处所。

吾以为诸学法者能通自宗内法之两义，能破他宗外道之两难，始可以发真实信心。说法者能通是义，能破彼难，始可以拔济有情，生其正见。边执易取，中道难循，此所以知法者希也。将欲通是义，释是难，于是而法相唯识之圣教尚也。

二、法相唯识义

何谓法相？何谓唯识？

云法相者，《瑜伽师地论》卷十三言："云何假施设？谓于唯法假立补特迦罗，及于唯相假立诸法。"此言何义？此意为说无有实我，但依诸法假立有我。亦无有法，但依诸相假立诸法。即说世出世间若我若法，二并非有，唯有诸相耳。然既有相，即依诸相假立诸法，便忆持故，便宣说故，便修治故。既有诸法即依诸法假立诸我，便呼召故，离怖畏故，顺世间故，显示凡圣自他差别因果前后各自成流故。此中唯法无我唯相无法者，是为胜义谛，诸法实相。此中依法立我依相立法者，是世俗谛，顺世立故。《金刚经》云："一切有为法，如梦幻泡影，如露亦如电，应作如是观。"又说："菩萨无我相，人相，众生相，寿者相，无法相，亦无非法相。”即是无我无法（我相、法相，此计执相），唯有相义（梦幻泡影是依他起相），以是故名法相宗也。当知一切佛法皆法相宗，断二障故，解二空故，证二果故。

1. 自相共相。相有几种，依何等相，立何等法耶？曰：相无量种。约而言之，有二种相：一者自相，二者共相。自相即一切事。共相即一切理。即依自相，立心心所及与色法。依彼共相，立无为法。不相应行诸法分位，虽有为摄，亦共相摄，生住异灭因果等相通诸法故。自相者，相局自体，不共余法。如色相非心，心相非色。又色蕴中色相非声，声相非色。又此色中青相非黄，黄相非青。如是事相各局自体，相各异故，名为自相。共相者，相共自他，通一切法。然此共相又别二种：一者假立，二者法性。云假立者，依类相似假立共名，青草青衣青各不同，而青相似，统名曰青。黄等亦尔。青相黄相赤相白相相各不同，俱眼识缘眼识境界，此义相似，统名曰色。色声香味触、眼耳鼻舌身、法处所摄色，相各不同；同据方所，可相示现，或有触碍，其相则同，同称色蕴。又色蕴受蕴想蕴行蕴及与识蕴相各不同，皆有生住异灭相，皆有业用，有为义同，同称有为。有为无为其义各别，俱可诠表，俱识所缘，俱各有相，统名曰法。如是始于青等，终于法名，以一分义相似因由，立以类名，同称一法，是则名为假共相也。此假共相随情施设，于不遍不常相上立以常遍之名。盖眼识所缘，现量所得，青青互异，前后各别，刹那刹那，现现别转；不待名言，此余根境，离言事相，非遍非常。随情施设青之共名，即便觉有常遍青性，常遍青法，随见一切青事青相，咸共彼名，此唯是青。乃至于法亦复如是。是则名为遍计所执法我执也。以是故言法唯假立，即此一切名假共相。实共相者，一切诸相皆缘生故，一切诸相皆无常故，一切诸相皆离名言非可言说思议故，一切诸相唯自相转，永无言说所执性故。此之缘生、无常、离言思、绝戏论、离所执性之相，是为诸法真实共相；遍一切一味，常恒如此，无有变易，真实不虚，故名空性、法性、实际、真如。佛说诸法皆从缘生，自无定性，如幻如化，实体皆空，无我空性实际真如一切一味者，就一切相真实共相以说。自余染净因果、善不善等、色心心所、乃至无为等，从一切自相说。自相实有如是差别。若无如是一切差别自相者，无业无用、无染无净、无善无恶、无断无修、乃至无有菩提涅槃。要有如是一切异相自相而后世出世间以分，三界五趣以别，知断证修皆成。若无一切假共相者，世间分别不起，言说不行，执著不生，俱达实相，无诸法执，即无流转生死诸法。若无诸相实共相者，等心不起，正智无缘，戏论不灭，执见不除，永沦苦海，无涅槃法。是故依诸自相起假共相，沉溺生死。于诸自相觉彼真理真实共相，得菩提，证涅槃也。执假相者，染自相也。达真相者，净自相也。法尔有如是自相种种不同，故法尔有如是迷悟等差别也。

2. 法相依缘生。吾人了知实有如是共相真理者，了达一切法空也。吾人了知实有如是自相实事者，了达一切染净差别也。一切法空，故说无自性，或说诸法皆同一相，所谓无相。一切染净差别，故说诸法有性，或说诸法各别异相，有种种相也。将欲推求诸法无性，则曰一切法等从缘生故也。将欲了知诸法有性各别异相者，宁可不知随因差别果性不同耶？由因缘差别而自相不同，于是不得不成立种子。

3. 种子。种子者何也？曰诸法亲因也。譬如阳春既至，日暖天和，风雨以时，人工不怠，则原田膴膴，花叶繁荣。其天时同，其地利同，其人工同，而所生之物，则豆与麦异，瓜与菜异，草与木异，是则何也？曰种子异耳。是故种子为诸法亲因。天时地利人工则其增上缘耳。无增上缘力固不足以生起诸法。徒有增上缘，无因无种，又何所生耶？诸法之生，其盛其衰、其枯其荣，则随助缘之力之强弱以定。若其自相之成、形体之异状、质性之异类、功用之殊途，则纯视亲因之异种。种瓜得瓜，种豆得豆，三岁童子皆得明知。佛法之精微，缘生之正理，亦如是焉而已矣。特常人之情识于粗而不明其细，详于境而忽忘其心，于是物种尚知推其由来，心种则盲然而莫解其所以。此唯物之论所以有物质变化是起生命，生命进化遂成心识之臆说也，今之科学家对物种由来尚未察其究竟，固不能妄断心识之唯物质产生。盖种瓜不得豆，因果不可乱也。今谬解中观之说者，以为缘生如幻，何得别立种子。则当知既诸法皆空矣，何为更说缘生。若谓胜义谛中，缘亦不立，生亦无生，是谓无生法忍。汝复不知何谓胜义。永绝戏论，永离分别，非有非空，非生不生，法无执性，缘亦无有所执自性，幻相宛然而无其体，是名胜义。若夫坏灭法相、拨无缘生、此正空无邪见，佛所不救者也。当知真空依缘生立，若无缘生，亦无空性。是故经言："若知缘生，则知法性。若知法性，则知空性。若知空性，则见智者如来。"汝言空而斥无缘生，是诚自外于道耳。既缘生不可谤，缘即不可谤。所谓缘者何也？曰：因缘、等无间缘、所缘缘、增上缘，四缘是也。拨无种子，将唯三缘，甚至或唯一增上缘，如是则又唯物论唯神论之说耳。何以建立诸法自相？何以显示善恶无记染净差别？何以得有色声眼耳心王心所种种相耶？是则名为破坏法相，殽乱因果，自甘愚痴，佛所不化。

或谓瓜种豆种世共极成，可见可触，可磨可食，有体有用，有相可得，说彼为有可也。心等种子不可见，不可触，无体无相，非识所识，汝何执彼决定有耶？曰：若必执可见可触可磨可食五识可得而后有者，则岂唯无有心等种子，亦且无有心等现行，谁谓心心所法是其可见可触可磨可食五识了别现量知耶？其在圣人，则以出世后得智知。其在常人，则以意识观察而知。盖有所见，必有能见。有所了别，必有能了别。有所领受，必有能受。有所想，必有能想。有所贪、瞋，必有能贪能瞋。有所信等，必有能信等。如是一切反观自知，不劳思构。特常人之心与禽兽等，但知直取外境，不能反观自心。则唯物之论，有拨无心识者也。心识且不可见闻，况其种子？心识虽不可见闻而不能斥为非有，则种子虽不可见闻，亦何得斥为非有耶？

心识之有，以能了别色等故也。汝心等种，何所用耶？曰为因缘，能生心等，是其用也。如何生耶？曰：待缘而生。既为亲因，何复待缘？缘亦待因而生法故。如彼束芦，互待不倒；因缘相待，理亦如然。缘不待因则无所生，如水土无种。因不待缘则不自起，如仓中豆粱。是以因缘生法非自然、无主宰，但有功能，都无作用，依他起相无自性性。中观所谓不自生、不他生、不共生，亦非无因而生者也。能知此者，是则正见中观。实证此者，则名无生法忍也。

种子既有，其相云何？曰《成唯识论》六义成相：一刹那灭，二果俱有，三恒随转，四性决定，五待众缘，六引自果。又所熏能熏各有四义，广如彼说。此非专论，故弗能详。以要言之，诸法之生，必先具彼能生之功能，非从无而忽有。诸法之灭，必留所熏之习气，非有已忽尽无。习气为因，复生诸法。后法既起，复植功能。如是种现熏生？无终无始。如种生禾稼，禾稼生种，生而不常，灭而不断，不一不异，不来不出。而后法相宛然，因果相续。种子者，能生功能，现法习气。具贪性者生即多求，本有贪种生现法也。习于贪者贪势转炽，现熏种也。夫唯有情具有能生可熏之种性，是以技能可资于学习，智仁可得以增长，经验得以储存，习惯得以成性。苟不承认有种子者，木石狗马可教以科学技艺，本无技能之种可无因而生故。人群社会不可以教化改良，虽加教育之功不能熏染成性，事随过而习消亡故。此如对牛弹琴，煮沙作饭，皆唐劳而无功者也。是故立有种子，缘生有寄，法相可成。拨无种子，因缘失坏，万法断灭。吾人既不能谤缘生，灭万法，如之何其可以妄斥种子？

4. 阿赖耶识。已知种子之必有者，则阿赖耶识之必有无疑矣。何谓阿赖耶识？曰：即一切种子之储藏识也。因缘生法必有依，依缘而生，亦依缘而住。法不孤起，事不自存，是故种子必有含藏之者。外法种子藏于仓室，内法种子藏于藏识。德国现今哲人杜里舒言：水之积蓄也有池，人之经验学习技能种种心力，亦必有如积水池者为之保存使不失。现代唯物的生理的心理学家以为人之一生，经验学习技能皆留影像遗迹于大脑脑膜之灰白质层，姑无论此脑物质之不宜于保存心理作用，彼人生之经历无穷，而脑之分量面积体积有限，如何能以有限之物质容受无穷之心能，而无逼塞破裂之忧耶？杜里舒曰：此经验之积水池，当即所谓灵魂者是也。而此灵魂有似于数论胜论无惭兽主之所谓我，亦名神我，体常实有，造作诸业，数取诸趣，能为身心主宰；身形无常此我是常，而有去来等相；此正佛法之所尽力驳斥，不许有者也。诸小乘人有说六识即能执持诸法种子？然彼六识善恶无记性恒转异，诸无心位六识俱无，有间断故，不常俱起，不恒相续，如何能持一切种子？要无记心，一味恒时，无间相续，性是所熏，与能熏识常俱时起，乃能受熏持种。故六识外必有如是持种子识。唯阿赖耶识性是无记，不断不常，无间相续，恒时俱起，乃为如是持种识耳。种子有故，有持种识。持种识有故，阿赖耶识决定是有。

设谓阿赖耶识定非有者，不但种子无依，经验学习一切唐劳都无其果，亦且生死轮转，业报相续，修习圣道，解脱出离，一切皆无。所以者何？生死轮回依业报立。业是前生所作，报是他生所受，故此业果名异熟果，异世而熟故。业既他生所作，已成过去，其体是无，云何能感当来异熟？又诸业于异熟果唯是增上缘，业是善恶，果唯无记。既非亲因，如何异趣异地造业能感当来异趣异地人天地狱旁生饿鬼色无色界种种异果？又生死位如闷绝位，六识俱无。死时，身色已坏。入胎，诸根未成。如是有情即同断灭，如何复能转趣余生，受种种果？又身与心安危共同，相依而住，既无阿赖耶识一类恒时执持根身，则无心睡眠及与闷绝、二无心定，彼时根身以无识故，即同死尸，如何乃能生长养育，不即坏烂，后时还能生起六识，领受苦乐，造作诸业？又有漏位不熏无漏种，若无藏识执持法尔本有净种，则出世道生起无因。又诸世间流转不成、死已断灭，如何三乘经历多生修习圣道，趣证涅槃？如何菩萨三大阿僧祇劫流转生死，上求佛法，下化有情，积集悲智无边功德，成大菩提，庄严佛土？如是一切，皆无所依。既坏世间，亦坏出世。既无业果，亦无圣道。四谛俱无，三宝断绝。唯有依从附和唯物论者，一死无余，身躯既坏，生命即绝，心识业用一切俱无，气归虚空，尸骸归地，原子分散，更变草木鸟兽去了。如此说来，成何佛法？中观般若固有如斯叛教谤法最极无见恶取空者之造孽徒耶？苟非其然，则何恶于种子，何憎于藏识，而必与破除之为快者。苟承认有业果轮回，苟承认有圣道转依，而反惧此世出世间缘生根本最极了义之种子之藏识，是诚见其少见多怪，僻执心乱，愚痴可悯而已！

或谓：云何应知一有阿赖耶识即便得有业果轮回、圣道转依耶？曰：阿赖耶识持种受熏，摄藏诸法，三界五趣名言种子皆持不失。由造业故，摄植生长。业虽造于过去，无力能招后生异熟。而彼业种摄存赖耶，虽经百劫其力不坏，要经受果既尽业用斯穷，转以余业受余异熟。又诸业种子唯招自应招果，十善业道招引人天，十恶业道招引三途，世间静虑无色定业招引色无色界。如来于此故起自业智力，及与处非处智力。《成唯识论》曰："由诸业习气，二取习气俱，前异熟既尽，复生余异熟。"皆依藏识而后得有。又此识恒续无间断时，无心睡眠及与闷绝、二无心定，彼皆恒有，故尔根身不坏，长养如恒。死时生时六识虽灭，此亦恒起。故能摄持现生多生业果一切种子，转趣余趣余地结生相续，无断绝事。又由此识寄存净种，故为出世圣道亲因。又由此识恒持种故，圣道三品转修转成，杂染种子转断转舍，经历多生乃至三大阿僧祇劫积集功德，修习圣道，得二转依，普度含识。是时转舍染识，无垢净识现行，四智三身，穷未来际。《大乘阿毗达磨经》中，故说是颂：

> 无始时来界，一切法等依，由此有诸趣，及涅槃证得。

此即显示此持种识为诸趣生死涅槃圣道等所依止。若无此识，一切无依，世出世坏也。又彼经言：

> 由摄藏诸法，一切种子识，故名阿赖耶，胜者我开示。

此正显示阿赖耶识为持种识也。

成立此识，理趣无边。圣教皇皇，成大王路。具如《瑜伽》

抉择，《摄大乘》所知依分，《成唯识》初能变，种种宣说。拙作《八识规矩颂释论》《人生学》等中，复据近代心理生理学等别义建立，具如彼书，此不复详。诸有智者应自抉择。

或谓说无阿赖耶识，则无死此生彼因果轮回等，始为无我。既有此识，死此生彼，不断可尔，不常如何？不空可尔，不有如何？应成我见，非如幻等。曰：此正佛之所难言者。故曰："阿陀那识甚深细，一切种子如暴流，我于凡愚不开演，恐彼分别执为我。"然复当知，佛法所以异于唯物论者，正以其各各有情造业受果自作自受，前后相续生命无穷，解脱出离彼岸高蹈故也。若非其然，正何须有佛法。幻生幻灭，一死无余！果报无有，圣道何修？然此业果轮回等所以不成为有我者，我性是常，相续非常；我性是一，聚集非一；我性主宰，阿赖耶识随业受生，自无主宰。彼业复由自种外缘相合生起，亦无主宰。既常一主宰之不成，但有五蕴聚集相续，待缘显现，是以即此但有流转，无流转者，但有还灭，无还灭者；有作，无作者；有受，无受者。譬如流水千古不断，聚集相续，而非一常，相似一常，逝者如斯，不舍昼夜，似有流者，而无流者。生命之流亦复如是。阿赖耶识譬如河身，水流不绝，如种现行。又如大海境风所击，识浪恒转，无断绝时。川流海浪，不怖无我。宁谓断灭空无，始无我耶？然此胜义，智者始知。设于痴人，实增其怖。此六识所以先陈，而藏识唯为胜者开示者也。

三、唯识双遣双诠非有非空中道了义

或谓我中观人于胜义谛一切法空，于世谛中心境皆有。唯识家言有空不空，岂非意存取舍，边执非中道耶？

曰：汝言何义？所谓胜义谛中一切皆空者，空无一切法耶？空

一切执性，离一切戏论耶？若谓空无一切法，是即空见，佛所不救者。若谓空诸执性，离诸戏论，则空亦复空，何得执有空义？如有偈言：“为遣有见，故说为空。有见既除，空亦自遣。”又世俗谛中，心境皆有者，为随顺世俗不坏假名，有境有心，为决定说世俗谛中执性皆有耶？若谓顺俗假名，我何不尔。若决定说于世谛中执性亦有者，是则胜义世俗截然两途。云何论言：“若不依世俗，即不说胜义，不得胜义故，即不证涅槃。”又说：“实际涅槃际，空际生死际，非彼二中间，有毫厘差别。”当知胜义离言，依俗谛而说。世谛实相，即胜义也。汝俗有真空，互相乖返，真是有见空见，俱落二边。且汝亦知我唯识言意何所指，识显依心现起万相，虽起万相皆不离心。唯遣外境所执我法，虽执我法，体唯是心。是故《成唯识论》作如是言：“奇哉固执，触处生疑，岂唯识教但说一识。不尔如何。汝应谛听：若唯一识，宁有十方凡圣尊卑因果等别，谁谓谁说，何法何求。故唯识言，有深意趣。识言总显一切有情各有八识，六位心所，所变相见，分位差别，及彼空理所显真如。识自相故，识相应故，二所变故，三分位故，四实性故。如是诸法不离识，总立识名。唯言但遮愚夫所执定离诸识实有色等。若如是知唯识教意，便能无倒，善备资粮，速入法空，证无上觉。救拔含识，生死轮回。非全拨无恶取空者违背教理，能成是事。”彼论又言：“唯言遣外，不遮内境。识唯内有，境亦通外。恐滥外故，但言唯识。或诸愚夫迷执于境，起烦恼业，生死沉沦。不解观心勤求出离，哀愍彼故，说唯识言，令自观心，解脱生死。非谓内境如外都无。或相分等皆识为性，由熏习力似多分生。真如亦是识之实性，故除识性，无别有法。”观此论说唯识正义，何当得有有心无境取舍边执。又彼论言：“诸心心所依他起故，亦如幻事，非真实有。为遣妄执心心所外实有境故说唯有识。若执唯识真实有者，如执外境，亦是法执。”观之所说，谁说唯识是其有见，谁说唯识执性非空？若非甚深般若，谁当了此双遣双诠非有非空中道了义。自堕二边，非过求过，是诚见其迷妄已耳。

四、唯识为真空实有之王路

间常论之，唯识义者，显示真空，诠标实有之王路；纲纪法界，庄严愿力之圣轨也。何以言之？有不归于识变，则识外有境，唯物之论张矣。空不达于唯心，则空何由寄，恶取之见炽矣。今言有，万象森罗，而俱识变，则如梦境，情计皆虚，而实有义显。言空，一法不立，而假名施设，则执见有因，而真空义著。有必究其如何有，空必穷其何所空。有唯梦现，空唯计执，是非有空皆不离识耶。苟识亦无，谁计于有，谁执于空。正理既无，妄情亦何由起？而复说言我空义正，尔识理乖，是诚石女生儿。当知即此谬见，仍唯是识耳！故无唯识，实有真空义皆不立也。

五、法相解散诸法，唯识统摄诸法

言空义者，空除一切遍计执性，而复成立一切诸法。此一切法，法相家言，唯有诸相。相无量种，有能缘相，有所缘相，有所依相，有了别相，有领纳相，有取像相，有造作相，有染著相，有恚恼相，有迷暗相，有净顺相，有崇敬相，有轻拒相，有勤勇相，有一切法相分位相，有一切诸相无相相。依此诸相假立诸法，于是有心法，色法，根法，有识，有受，有想，有行，有贪，有瞋，有痴，有信，有惭，有愧，有精进，有不相应行，有无为。如是一切相无量故，法亦无量。依于诸法假立诸我，则有佛授天授、项羽刘邦、饿鬼旁生、预流一来乃至诸佛。此依相立法、依法立我者，诸法之实相也。以法遣我以相遣法者、方便善巧，解散我法之道也。虽然，既经解散，如一盘散沙不相关预，如何复有因果之理、业报之义、凡圣尊卑种种差别，以为若我若法假立之所依耶？于是而唯识之教尚焉耳。盖法相之义五蕴百法，平列等观。而唯识之义则举胜独尊，令有系属。故其言曰：一切最胜故（心），与识相应故（心所），二所变现故（色），三法分位故（不相应行），是四实性故（无为），俱不离识，故曰唯识。由是而以识为主，臣属心所，变现诸色，分位迁流，识性常住。而法界有统，条理昭然，纲纪不乱，然后自性助伴，所依所缘，相应相属，作业受果，业识牵流，流转还灭，迷悟因果，凡圣不同，种种相起。而非散沙一盘，无和合用。故观真空，必极至于法相，我法并除，言诠尽遣。观妙有，必极至于唯识，万法纲纪，业果成流。此所谓统摄法界必归宗于唯识者也。

又识有八种，阿赖耶识摄持种子，随缘现起心等诸法。诸法熏习还摄藏于赖耶。是以果生相续，无尽无断。法起有因，无始无常。六识为业主，造业无穷。八识为报主，受果不息。而人天往返，沦落三途。九地四生，循环无际。五识现缘现前别境，意识分别计度措施。相依相维，不相离异。第七末那为意识依，恒审思量执八为我，由斯前六虽行施等而不亡相，流转生死，此为其根；要此转依，成净无漏，然后得证圣道真如，故此又名染净所依。此与八识又于俱时互为所依，而得生起。自余色根，五识所依。诸色境者，识之所缘。识既依彼缘彼而得生起，彼还依识从识而得变现执受。第八识变现根身及与器界，复缘彼二，并执受身，由斯世界得起，根身以成。五识所缘，疏仗八所变质，亲复仍缘自所变境。而心所依心，缘种种境，与心相应，助其事成。作意警心令趣自境。触和根境与识不离。受领苦乐。想取境像。行造诸业。贪瞋痴等一切烦恼者，缠缚其心沉迷不返。信惭愧等者，导引其心修习善行。不定四者，眠能令心昧略变境迷离。悔能令心恶作游移不决。寻伺令心取意言境，自性差别。如是心心所色，相依相助，互为果因，如因陀罗，如长流水。又如国家军政之组织，三公论道，六卿分职，政权领土，人民官吏，相维相系，纪律繁密，而政事以行，国家以立。至于国运之盛衰，政事之理乱，民生之苦乐，财货之亏盈，风俗之厚薄，乃至一切现象，亦如二十四种不相应行，得与非得，生住异灭，乃至和合不和合性，为心心所色分位差别也。国家军政既由众缘和合，多人聚集，及由前后人事相续绵延，是故除土地人民政权乃至一切，更无别有所谓国之实体。虽有种种事业发生，而实非有所谓离人之国者真有所作。虽有种种治乱盛衰，亦实无有所谓离人之国者真有所受。此亦正如有情流转还灭，造业受果，非有离识作者受者，流转者，还灭者。我法无性，其性本空。真如实际常住无为。如斯妙义，广说无边。非唯识教，何以穷宇宙人生之奥义，而显佛法之广大精微也耶?

六、识变天地，人各宇宙

又此唯识教者，义明识变天地，而人各一宇宙也。为自然哲学之言者曰：天地为洪炉，万类为产物，遵循天演进化之规律，基本物质能力之推移，而原始星云，洪荒世界，次第以成，矿物植物动物次第以出。生命感觉理智以生，故有情为天地所生，而心智由物质所起也。既有情同依止生养于天地，故一切众生同一宇宙也。唯识教义则不然。以为识之所缘，唯识所变。识生起时由自证分变生相见。相分为所缘，见分为能缘。如在梦中见种种境，其所见者，即识相分。其能见者，即识见分。又如幻觉无中见有，见豕负涂，载鬼一车。又如错觉于非见是，杯弓蛇影，草木皆兵。是知梦幻错境，皆自识变，非实外境也。五识现量必有所依，然彼亲所缘缘仍自识变。如人见山，远近异相，东西异形，老幼异状，眩翳异色，山相虽一，随识不同，是知五识亲缘，仍自识变。虽有疏所缘境，天地山川草木禾稼人禽等物，然根身器界藏识变故，仍不离心。云何应知阿赖耶识能变天地？同一时处，随有情异，所见殊故。如论说言：人见清水，鬼见脓河，鱼见安宅从游道路，天复见彼实庄严地，得空定者见彼唯空。已生上界，下界非有。已入涅槃，身器皆寂。既随有情而所见各别，即是天地仍各自识变耳。得神通者，随欲转变地等皆成。得胜解者，随意所缘种种皆现。诸如是等，具见境随心转，随心有无。所谓心生，种种法生，心灭种种法灭。既诸境界一切由心，故知天地唯识所变。是则非天地生人，乃人生天地。非自然造人，乃人造自然也。识得唯识之理，终至宇宙皆空，而后真不执有实法。既知心造天地，而阿赖耶识有情各异，七识六识心所法等亦各为群；业报因果各自相续，各自成流；则是所变宇宙，亦各异矣，是谓有情各一宇宙。夫观法体，极至于我法皆无，空之至矣。观缘生，极至于人各宇宙，有之至矣。空不至于我法皆无，则无分别智不起。有不至于人各宇宙，则流转还灭不成。何以言之？自然造物，天地生人，则人死复归于自然耳。有何业报轮回，有何涅槃解脱。且有情共一宇宙，作业受果，义有相牵。本为一体，则一作业时一切应作，一受果时一切应受，一受缚时一切应缚，一解脱时一切应解。然而一切有情既无一切俱得解脱之日，则是所谓声闻独觉菩萨如来，所谓修道证果菩提涅槃，一切皆为假说玄想而已。如是岂不夺圣教之帜，绝修行之路哉？彼宗教家，上帝造人，终为神奴者之无预于菩提涅槃，亦如是耳。今既知三界唯心，万法唯识。识迷梦故，沉溺生死。心觉悟故，解脱出离。非但其心识解脱而已矣，无常之身，化为金刚不坏。杂秽器界，转为净土庄严，心转而天地宇宙皆转。又人各宇宙，则作业受果，升进堕落，缠缚出离，自作自受，不作不受，自修自得，不修不得。心既非一，宇宙各异，彼此何相牵涉。凡愚颠倒沉溺，何障于圣人之超然解脱也哉？既凡俗不为阻，亦上帝不为障。上帝者何？若谓为色界欲界之天王，则不过五趣之一耳，与吾人平等平等。若谓为超然绝待，万类主宰，则自心所变，遍计所执，兔角龟毛，毕竟无有。何能司生人之大柄，操赏罚之权衡，而禁人之修证也哉？神既非有，人不为奴。唯业所生，唯心所现。故尔二乘则直趋涅槃，寂静解脱。菩萨则大愿大行，利生济物，成大菩提。廓清宇宙，表范人天，拔济三途，恩被五性，堂堂焉，巍巍焉，山海莫喻其高深，乾坤莫喻其久大。所谓唯识之教，为真空实有之王路，为纲纪法界庄严愿力之圣轨者，此之谓也。内法之奥义皆通，外道之两难并释。引而申之，逐类而长之，妙义无穷，此难更仆。应详读《瑜伽》《杂集》《二十》《三十》《唯识》《摄论》等书。拙作《唯识通论》《法相学》等，亦颇论其义旨，可参究之。

七、了不了义，密非密意

所谓了不了义、密非密意之辩者，或谓中观据二谛以决有空，依般若以为圣教。此如来最极了义，无著无得，永绝戏论，佛所从生者也。若夫唯识之教，乃偏空之说。阿赖耶识，乃为执有之人密意依真如法性以言之耳。异哉！此之所谓密意了不了义也。夫所谓了义者，一者决了，说理之至真，显诸法如理性是也。二者显了，说理之至圆，显诸法之如量性也。反此二者名不了义。理非决定权说非真，如对声闻乘说色等诸法皆有自性。义不圆尽，略说非广，如对菩萨说一切法皆无自性，不说无性无何等法。所谓密意者，有四秘密：一者令入秘密，如初不了义；二者相秘密，如次不了义；三者对治秘密，为调伏诸过失者，说种种密教；四转变秘密，谓经所说隐密语言，如觉不坚为坚等。

八、唯识非不了义教

今言唯识非了义，阿赖耶识密意说者，为何不了义，为何等密意？若谓不决了故名不了义者，汝所谓决了者，为是何等？曰：一切法空，故名了义耳。更复问言：此一切法空，为是无有一切法，为是一切法无性？若谓无一切法，则汝自堕空见，自救不了，自非了义，何以破他。若谓一切法无性，则此无性应更分别，为是诸法自相皆无，业用皆空，为是亦有自性，亦有业用，但无遍计所执实体作用故名无性耶？若谓自相业用一切皆无，则汝无性还同无有一切法。若谓但无所执体性作用名无性者，则我唯识岂不说言：一切外境我法等执，相无自性，体用皆无。依他起性，从缘所生，如幻事等，虽有非真，生无自性。又说若执唯识真实有者，亦是法执。又说圆成实性即是远离所执性故，即以无性而为其性，又名胜义无自性性。我唯识教何当得有所执自性而不空耶？若知此义而犹对我立空无性，即为相符。若不了知此唯识义而兴论者，不善他宗，盲目狂噬，是则名为愚痴者耳。若汝所说唯识之教不显了故名非了义者，当以何等为显了耶？岂不以理必究其所以然，事必穷其所知边，名为显了耶？若果如是，则正唯唯识是真了义。何以言之？中观立一切法空宗，以缘生为因，以梦幻为喻。如《中论》言："因缘所生法，我说即是空。"又说："世无有一法而不从缘生，故无有一法而不是空者。"《中观释论》则云："若不从缘生，无少法可有。由从缘生故，彼皆如幻士。"又说："如梦亦如幻，如乾闼婆城。所说生住灭，其相亦如是。"此宗因喻，散见全论，《般若经》中，亦如是说。《掌珍论》言："真性有为空，如幻缘生故。"则比量建立矣。此则所谓宗义既正，因喻圆成，是真了义也。其在唯识，则义更决了。遍计无性，依他缘生。遍计所执，既全无有，而诸有情死执不舍者，故为显示意识分别依他幻事，起其实执。依他缘生，即复推穷四缘奥旨。因缘建立种现熏生，等无间缘详究心心所法开避引导，所缘缘义分析相分本质亲疏所缘，增上缘义宣说广狭诸义。又复因建十因，果建五果，而后缘生之义，决了昌明。说性空言，更为分别显示所空何等，依何由何而说于空。然后实义显现，谬解都除。如理称心，发人深信，其为了义，有如此者！又小乘经论，唯有七十余法而已。般若经论，详于摧邪，略于显正。虽曰摧邪即所以显正，实义终不在言中，故曰破而不立。于空义所依依他起相，一袭小乘诸部，更不重建心心所法。《深密》《瑜伽》《唯识》不尔，于摧邪外，特为显正，故于缘生之根本，法相之宏规，莫不穷高极深，致其广大。而后七识八识广为建立，心所有法详为区分，一心心所又四分剖析，一所缘缘又亲疏别明。诸如是等，极其详尽。以视小乘中观，真乃朴略而不显了，唯此唯识为真实了义也。

九、阿赖耶识非密意说

至谓阿赖耶识为佛为执有之人依于法性密意说者，此为令入秘密，为相秘密，为对治秘密，为转变秘密？说者之意大约当为令入秘密也。然所谓令入秘密者，此有二种，一者宿执已甚，不欲根本破除令生怖畏，但当破其一分，余待后除。故我法二执，先破我执，许有色等，此声闻教则然耳。二者为贪等有情说佛土庄严，令生欣勇，为怯弱有情说但能发愿，即得往生。信愿既立，再为除遣我执法执。今说为执有者说阿赖耶识，两无所可。如谓令生欣愿者，此识本有，不待外求，何欣何愿？又复我爱执藏，染苦为相，何足欣愿？如谓除怖畏者，一切有情先来本不知有此识，不说有彼，复何所怖？既说有彼，除何等怖？且说有诸法令除我执也，说无自性令除法执也。今说为执有者说阿赖耶识，除何等执耶？且不但不能除执，反足以增人之执。增何执耶？《解深密经》言："阿陀那识甚深细，一切种子如暴流，我于凡愚不开演，恐彼分别执为我。"《阿毗达磨经》言："由摄藏诸法，一切种子识，故名阿赖耶，胜者我开示。"是知甚深缘起，根本赖耶，佛正惧增有情分别我执而不开演，但为已离我法二执诸大菩萨胜者开示。今乃说为执有众生说阿赖耶识，颠倒迷离，孰逾于此。圣教皇皇，亦可谤耶？故知说有阿赖耶识者是真了义，不说阿赖耶识者乃真惧诸凡愚增益我执，密意不说耳。如谓为相秘密者，遣除诸相，说相秘密。如说诸法无有自性，无生无灭等。今说阿赖耶识，遣何相耶？既无所遣，非相秘密。若谓为对治秘密者，当问何所对治。为对治烦恼乎，为对治诸见耶？意者必非对治贪瞋痴慢等烦恼。说法有无，定为对治诸见。见有五种：一身见，二边见，三邪见，四见取，五戒禁取。又见有四种：曰有曰空，曰断曰常。有见属于身见，空见属于邪见，断常属于边见。而常依身见起，断依邪见起。此阿赖耶，设谓本无而假说有者，必非对治身边常见，及与有见。定当对治邪边断见，及与空见耳。然汝翻说为有见众生说者，岂非转增有执耶？谓如来果如是不善巧耶？则佛已说我为凡愚不开演矣。故此对治秘密，又全无据。如汝之意，以为假依法性说阿赖耶识者，应为转变秘密也。然此转变，虽文字乖返，必义类相同。如说杀害父母等，父母能生，转说无明及与贪爱。由此为因有情生故，假名父母等。彼杀害父母，乃是断除无明及爱。能生义同故。今此阿赖耶识，与彼法性，何义相同？一为藏识，持种受熏，现生诸法；及为异热，诸趣生体。是有为，是有漏，是无常，是行苦。而彼法性，是无为，是无漏，是常，是非苦乐。义既无同，何因转变？况汝所言赖耶非有，法性是有。有无乖违，如何转变？又汝所言法性，其义云何？若云空理，空非生因。常法应为无常法种。又汝所言法性即是阿赖耶识者，亦许有彼阿赖耶识受熏持种执受根身变生器界等用耶？若许有彼用者，彼体即是阿赖耶识，汝以异名名为法性。既有彼用，云何不许有彼体性。彼用有为，不许在识。法性无为，翻许在彼。自语相违，抑何乖反。若谓彼用法性非有者，既无彼彼用，何得彼彼名。识有彼用，尔则不许。法性无彼用，尔则翻许成。如斯颠倒，斯为自害。又汝许有受熏持种等用不？设不许有，因缘不成，缘生义缺，便成空见。设许彼用是实有者，如何不许有彼用识。又既无用，体同空花，如何乃以法性转变，说阿赖耶。宁不俱时谤无法性？汝法性非有，许即阿赖耶识故，如汝阿赖耶识。或阿赖耶识非无，许即法性故，如汝法性。汝法性应非法性，许即阿赖耶识故，如何赖耶识。汝阿赖耶识非阿赖耶识，许即法性故，如法性。诸如是等体用有无，反复责难，皆不免过，或复成他义，是故不应作如是执，但依法性说阿赖耶识。依四秘密俱无一是。故阿赖耶识自相是有，持种依故，异熟体故。佛为胜者菩萨离空有见通达缘生甚义者，显了宣说。

十、重判两宗皆了义教

盖尝论之：佛以有情沉溺生死，皆为执著我法，不达二空。故佛为声闻，说于无常苦空无我之教，令舍我执，断烦恼障，出离生死。次为菩萨说于诸法缘生如幻自性皆空之教，令舍法执，断所知障，成大菩提。是故佛法，无不言空。小空空我，大空空法。般若二执俱空，是故名为诸佛之母，中道了义之教。是真佛子，谁敢兴谤。虽然，其所空者，空其有执。若夫法本非无，缘生幻有，本来有者，如何谤空。于有谤空，则无因无果、无修无证、无生死、无涅槃、无凡无圣、无佛菩萨。则佛何为劝人发心，修正加行，断障证真，观空脱苦，远离颠倒，成就菩提？故佛说言："宁起我见如须弥山，不起空见如芥子许。我见虽不通达法性，尚能依持净戒，勤修正行，渐次能得出离圣果。彼空见者，既自败坏，亦败坏他。自毁律仪，亦令他毁。加行慢缓，邪见炽然。死堕牛羊等类之中。"佛为如是空见有情，是故最后为说三性三无性义。遍计非有，相无自性性。依他缘生，生无自性性，及一分胜义无自性性。圆成真常，胜义无自性性。始将般若空义究竟阐发。依何故空，如何而空，何者所空，显了宣说。使知空不碍有，有不碍空，空中有有，有中有空，真空不空，实有不有，亦空亦有，非有非空。相待相入，展转一味，是为实有真空中道了义教也。虽如是理本即般若正义，而发挥尽致，厥在法相唯识。使执空者舍其邪执，迷空者释其疑滞。双遣双泯，齐彰齐度，可大有功于圣教也。般若得瑜伽而义益明，龙树得无著而理益显。佛说三时，既展转破立。龙树、无著，复双轨载驰。佛法本是一法，随机感而立破有殊。菩萨慈悲度世，泯我相而异辙同乘。《解深密经》中："胜义生菩萨白佛言：世尊初于一时施鹿林中，唯为发趣声闻乘者以四谤相转正法轮，虽是甚奇甚为希有，而是有上有容，是未了义，是诸诤论安足处所。世尊在昔第二时中唯为发趣修大乘者依一切法皆无自性，无生无灭，本来寂静，自性涅槃，以隐密相转正法轮。虽更甚奇，甚为希有。亦是有上，有所容受，犹未了义，是诸诤论安足处所。世尊于今第三时中，普为发趣一切乘者依一切法皆无自性，无生无灭，本来寂静自性涅槃，无自性性，以显了相转正法轮。第一甚奇，最为希有，无上无容，是真了义，非诸诤论安足处所。"圣言正义，理教如斯。谁敢猖狂，妄起谬执。即于此中有当申言者，何故初时四圣谛教是诸诤论安足处所？以未显了法空义故，不遣法执，犹为有见诤论处所。第二时中无自性教何故仍为诤论安足处所？以未显了何等自性，于何无故，不遣空执，犹为空见诤论处所。何故三时无自性性教是真了义，非诸诤论安足处所？以依三自性说三无性故，但无所执性，及自然生性，而不遣除离言实事，二空所显真如法性，胜义无自性性。有空俱遣，我法齐空，故是了义，非诸诤论安足处所。又复当知，二时唯为发趣大乘菩萨说，三时普为发趣一切乘者说，是则所云了义者，普摄群机，普应三乘，说义周圆故名了义。非于般若无自性教有所轻也。何以故？独为菩萨者，上根利器闻法空而自悟；空其执性，有见遣而空见随亡。开一知十，举一反三，虽不为说三自性教，而已悟真空。普为三乘者，则说空须防其堕空，说有须防其堕有，是以双立双遣而后免于诤论矣。吾故曰：一切佛经应机而说皆是了义，不应机说皆非了义。般若义高，瑜伽义周。高者不免于危，故下根闻而吓走，邪慧闻之颠狂。周者立破精严，三乘各得其解，虽下根犹有所持循；故最极了义，仍在法相唯识也。至于无著、世亲、安慧、护法皆释般若，及龙树、提婆论。安慧之《中观释论》，护法之《广百论释》，其尤著者也。故法相唯识诸菩萨于般若教、龙树宗，拳拳服膺，有发挥，无贬抑。菩萨胸怀固不许常人测也。吾昔年作《大菩提论》曾会通两家之义曰：若能了知诸法缘生无我义者，即于大乘空有两教皆得悟入。

云何悟入空义？以缘生法无有我故，自性无有。譬如梦境，虽相显现，若实是有；从梦觉已，知彼性空。所云空者，非由觉故，彼体乃空。彼梦自性本自空故。而执实者，非彼体实。但由迷情，执为实故。空宗依如是义说有为法空，待缘生故，如幻事等。又说菩萨不能以空空一切法，而一切法自性空故。说为有者，但随世俗。于胜义谛一切皆空，坚确不摇。

云何悟入有义？以缘生法，从缘生故。实性虽无，诸相是有。由彼诸相如是显现非无有故。如彼幻事，幻事非无。又如梦境非真，体是空寂。而彼梦相，实是有故。依有是梦，故执梦实，或说梦空。原无是梦，亦无执实，亦无空故。是故说言："虚妄分别有，于此二都无，此中唯有空，于彼亦有此。"由有缘生法，乃有二我执，乃有空性故。故彼无者，但无二执。依他圆成体不无故。是为有义，真实不动。

二义俱是，云何和会者？当知般若宗但说梦幻体空，不说无是梦幻。瑜伽宗但说梦幻是有，不说梦幻体真也。是故般若说空，亦不执空。瑜伽说有，亦不执有。以彼二宗俱能通达缘生无我如幻事故。如达此义，空有无诤。诸有不识此义而妄执瑜伽以攻般若，妄执般若以攻瑜伽者，当知皆是不达圣教真实义趣者也。昔讲《真实义品》，曾论此义。其言曰：

空宗讲二谛，相宗讲三性。空宗胜义空，世俗有。相宗胜义有，世俗空。所以然者，胜义世俗，有二义：就迷悟言，迷为世俗，悟为胜义。凡俗所执，胜义皆空。凡言有者，皆随世间极成真实而立言故。如是故言，俗有真空，是般若家义。就法相言，圆成依他，理事真实，是为胜义。遍计所执法相都无，但随妄情而施设故，是为世俗。俗无真有，是法相家义。虽然，若就法相言，则般若亦说俗无真有。《智度论》卷一云："人等世界故有，第一义故无。"如如法性实际，世界故无，第一义故有。若就迷悟说，《瑜伽》亦说俗有真无。如此《真实品》云："由胜义谛故非有色，于中无有诸色法故。由世俗谛故并无色，于中说有诸色法故。……"由是可知，随义不同，说或有异。真实道理，无二致也。

读是义者，两家互诤，是此非彼，高下之见亦可以已乎。以平等心，以巧便慧，以忠实态度，以广大胸怀，熟读深思圣教止理，自能解超于言相，执舍于毫厘，为佛真子利益有情无难矣。

跋

空有性相优劣高下之诤，自印度以至中国，将二千年矣。近代佛法衰微至极，此诤亦即不起。迩来佛法稍稍兴矣，诤论又复哗然。虽然，非法门之幸也。将欲调和而折中之，不如厘订而判决之，真理既明，妄执自去。于中多纠正学中观者，而申辩唯识，则以治中观者毁唯识故也。

窃叹方今西方学说昌明，而僻执转盛。为佛法之敌对者，盖非一家。中观唯识诚能合力以御之，庶有其济。又唯识之教思辨特详，说义既精，立破尤密，是诚金城汤池，法门依赖，不可或缺者也。学中观者不知天地之大，不以法城为忧，局守一宗，不善通达。对此精深博大之唯识教义不能弘扬之，反为弃毁之，是诚不识时务者。且法住法位，法界安立，唯识真如遍一切法，百姓日用而不知，尽力谤毁，蚍蜉撼树，终何伤于日月乎！然而损人善根，埋没己灵，亦可悲也。犹记余讲学南京法相大学时，一夕问诸生曰：中观唯识，异同安在？诸生各据所见作答。余曰：在余之意，不欲谓根本上两家有所不同。断二障，证二空，求二果，无不同故。所不同者，门庭施设有异耳。余读《中论》，破因缘，破去来等品。颇觉其论辩方法，善以世人之矛，陷世人之盾。使人之言穷辞丧，无以为答。如破去来品偈云：已去无有去，未去亦无去，离已去未去，去时亦无去。论云：已去无有云，已去故。若离去有去业，是不然。未去亦无去，未有去法故。去时名半去半未去，不离已去未去故。问曰：动处则有去，此中有去时，非已去未去，是故去时去。随有作业处，是中应有去，眼见去时中有作业，已去中作业已灭，未去中未有作业，是故当知去时有去。答曰：云何于去时，而当有去法。若离于去法，去时不可得。去时有去，是事不然。何以故？离去法，去时不可得。若离去法有去时者，应去时中有去。如器中有口。如是等类，展转破斥。真使人口欲言而词丧，心欲缘而虑亡。亦云善辩者也。虽然，此但能服人之口，而不能服人之心也。何以故？世间现见有从此方转至彼方，有从彼方转至此方。依事物之转移方所，世俗共立去来。此是事实，不能否认其有故。若在唯识，其破去来也则不然。彼言：诸法刹那生灭，前者去而后者续。如乐音，如光明，念念生灭。今于此室然灯，转至余处。以为此处之光，去至后处也。实则在彼室之光，先已生已灭。今来此处之光，新生新灭。如此念念生灭，刹那不住。先已非后，此即非彼。故此光不去彼，彼光不来此也。光光如是，法法皆然。但有多法之相续，而无一法之去来。以如此而破去来，非徒思辨，实为事实也。不但服人之口，亦且服人之心。以今日之术语判之，则中观者，哲家之玄辩。唯识者，科学之论证也。克实论之，后来之法，为更善美，且更应时机也。又某夏某比丘问吾曰：藏佛学分中观瑜伽两宗，谓一为深观派，一为广行派，如何？余曰：不然，龙树《大智度论》《十住毗婆沙论》，备述菩萨之修行。《瑜伽》之真实品，抉择分等，乃至《成唯识论》等，广辨四真实，五法三自性，及三界唯心，万法唯识，空非有诸义。其观宁不深乎？龙树、无著，各自有其广行，各自有其深观，教理行果缺一不成佛法，缺一不成宗义。盖行不本于观，则行为盲行。观而不起行，则观为虚观。前五度皆行，后一度即观。由五度而生般若，是由行起观也。依般若而修五度，智为前导，随智而行，则由观而起行也。如此观行展转，互为因缘，宁可谓瑜伽无观，而中观无行乎？宗喀巴大师，于行则取瑜伽，于观则依中观，此则可名曰黄教派之教法，因无所不可。倘若执一唯广行，一唯深观，割裂不全，则区区以为不可。问者曰若然，龙树、无著，各自有其整个的佛法矣。曰：诚然。然更当知，佛法本是整个的也。今更欲于整个的佛法中横生取舍之见，使整个者而破碎不全焉，益为不善矣。或问龙树无著既各有其整个的佛法则专学一宗不及其他可乎？曰：是又不可。昔善财童子五十三参，何尝拘守一门乎？窃谓不读中观不读般若，而但守法相唯识家义者，名相广陈，法义胶漆，每易失之支离而破碎。入般若中观胜义一切空教，而后解粘去缚如鸟翥空，一切自由。再返治法相唯识，则其精深邃密，广大博通之义，益活跃于心田而无所拥滞。不读法相唯识，而但治般若中观家言者，阔达空虚，陈陈相因，每易失之倘恍迷离而无确解。通法相唯识依他幻有遍计空无之义而后如理如量，如脚著地，不落玄谈。再返观般若中观，则其无罣无碍超然绝待之理，始语语亲切，句句称心。两宗互相切劘，互相增上，法味无尽有如此者。余初治唯识，转读《掌珍论》《中论》及《般若经》，其经验有如此。后更读四《含》，及根本说一切有部毗奈耶藏，于我佛如来之盛德，及其立教之易简而委曲详尽，向往无穷。益叹从来之判教者抑扬高下于大小空有之百无一是也。凡此皆吾对佛法宗派之意见，拉杂书之，以就正于世之博学深思之士焉。昔者玄奘法师在天竺，作《会中论》《制恶见论》，外道稽首，诸宗归敬，惜二论不传。今作此论，犹其志耳。敬愿迷人舍执，正法久住。三十二年三月龟山白衣王恩洋作于内江圣水寺东方文教研究院。

广四缘论

广四缘者，法从缘生，缘有几种？体义云何？

缘总四种：一因缘，二等无间缘，三所缘缘，四增上缘。分别释之如次。

一、因缘

言因缘者，《成唯识论》云："谓有为法，亲办自果。"此即因缘所有定义。诸有为法，能亲办自果，是为因缘。无为法无亲办自果用，故非因缘。有为法中非亲办自果者，亦非因缘。谓有为法助生他果者，虽亦为缘而办于果，然自不亲办，所办复非自果，不名因缘也。此如禾稼，从种子土壤等众缘生，虽此众缘同办此果，然独种子得名因缘，能亲办自禾稼等果故。余土壤等于所生果非亲非自，故非因缘。（此中言禾稼等种为因缘者，譬喻假说，非真种子，非因缘故。）

此因缘者，其体是何？《唯识论》云："此体有二：一种子，二现行。"种子、现行，是因缘体也。种子、现行义复云何？且先言种。

言种子者，谓本识中功能差别。谓若有法相不显现，非如眼等识正所了别色声法等体相可得，亦不如彼心心所等业用可得，而有势力，能正为因亲生自果，色心心所诸显现法皆从彼生，以具如是潜在势力能生现起色心等法，是故说明功能差别。法亲因故，复名种子。言功能差别者，诸有为法皆有能办业果用故，说有功能。然诸种子功能潜伏业用未显，异彼现法，故名功能差别也。或复功能者，对现用说，是种子独具之名。业用未显，但能有彼业用功能故，说明功能。复云差别者，此之功能各别，唯生各别自果，随功能异，生果亦殊，非一功能能生一切果，非一切功能共生一果，显因与果类各别，故名功能差别。非如异类助生异果，彼非因缘非种子故，故论特名功能差别。此之功能力能是有，而相不显现，故随世俗亦可说明潜势力也。如谷麦等种，虽不具有谷麦等物根茎花叶等相，然能为因起根茎等诸禾稼等，其茎叶虽复凋丧，然有种子故，遇缘还能生自茎叶，故可说言诸禾稼等，形体虽灭，然有势力潜伏存在，遇缘即生。彼潜势力者，谓即彼种子。一切种子，其义悉然。

诸禾稼等从种子生，可从实验；余色心等从何得知定有种子作自因缘而生现果？复次，吾人既言种子亦名功能差别，谓即诸法潜在势力，当知诸法体相虽灭，为有潜在势力相续存在作彼生因。潜势力有故，即种子有。此如何等？例如火，以火烧石成灰，方其未遇水也，冷然犹之常石也，未偿有暖也。及其得水而化也，火势猛烈，破石沸水使之俱尽，悉为灰焉。方是时，火之出自石也，固非石变成火也，尤非水之候变为火也，体用差殊决无容变也。水之不容成火，犹之火之不能成水也。然而生火者盖别有故，方火之初烧石也，其势固倍倍而焦之，续续而不已，石体红热不可复执，则固遍体而积之以火力也。迨乎石之出窑而冷也，则火固不显现而灭矣。然火虽灭，其功能固存，隐于石中为潜势力焉。夫唯其潜势力之储积者愈多，是以得水而遂勃然奔溢而不可复禁也。斯其为火起之因也。火既非由水变，然必待水而后发者，何也？曰：物之生也，或相引焉，或相激焉。以火燃灯引之也，以水化石激之也。虽皆有待，而皆非火亲因，亲因别有在，则种子也，石灰之出火如是，他物无不可以是推之，是知一切色法皆有潜存之功能势力以为因也，即皆有种子也。再例之心法亦然。吾人之读书识字也，于其未曾习者当前而不辨其声音名字，更不知其有何意义也。待夫诵之习之，讲解而讨论之，习之既成，则虽十年二十年三十年后取故书而复阅之，其音声句读及其义理是非，复恍然重现于心，而历然一一能辨，是则何也？盖昔之读诵讨论此也，已植其势力于吾人心中，虽十年二十年三十年未尝重现，然其潜势力固依然存在也，是以遇缘而复起也。习于贪者见色而辄欲淫，习于瞋者无端而辄怒，是亦其潜存之势力特盛，如石灰之火遇水而辄暴发也。以是类知心心所法莫不各有其潜在之势力焉，以为现法生起之亲因，是即功能也，即种子也。故一切有为法，皆有种子为自因缘，其理决定。

此之功能储于何所？曰：本识中。何谓本识？曰：阿赖耶识名为本识，以能受熏持种故，种子独存焉。此识体性如上章言，此不重述。又种子六义乃至本有新熏一切论议，《唯识通论》中当应详述，此姑不明。

问：种子为因亲办自果者，办何等果？答：约有二种，一者办生同时俱起自类现行，二者，办生异时后念自种。《瑜伽》说言无常法与他性为因，亦与后念自性为因故。问：种子生果为是一种生多果耶，为是余种为因生余现行等耶，为是自种为因生自现行等耶？答：一因生一果，自类种为因生自类果，是因缘故。《唯识》说言：性决定故，引自果故，若如是言，因果不乱。虽有人言多种随缘性类齐者能共生果，然非正理。不见多种共生一芽故。虽有说言众多极微共生一法，然极微义是假非实，又应生果成聚积假，谁有大乘而主此说，故不依之。一种已能办自现法，如种生种自类等流，无增无减，何假余种而共生耶？设种生果性决定者，何故《瑜伽》说种子与他性为因？此他性言显种生现，异种生种为自性故，说彼现行以为他性，非谓不善种为因能生善法，有漏种为因生有漏法。由诸种子生果决定，故《成唯识论》作如是言："种子者谓本识中善染无记性界地等功能差别，能引次后自类功能，及起同时自类现果，此唯望彼是因缘性。"言种子义，且略止此。

次言现行者，《成唯识论》云："谓七转识及彼相应所变相见性界地等，除佛果善极劣无记，余熏本识生自类种，此唯望彼是因缘性。"

现谓显现，行谓生起，异诸种子势力潜存相用隐伏，是故说名为现行也，即心心所及与色法，于现起位皆名现行。诸法现行有大势力，故能熏习成自类种，故诸现法虽生即灭，而有余势相续潜存生起后法。即以此故种子亦名习气。习谓熏习，从现行法数数熏发令生长故。气谓气分，是现行法之气分故，谓即余势。习所成气，名习气也。诸现行法能熏成种，故于自所熏习而为因缘。此现行法既为能熏，复以何法为所熏耶？曰第八识。性是无记，能容习气故；其性坚住，一类相续，能持习气故；自在为主，性非坚密，能受习气故，常与能熏和合转故。由具斯义，独是所熏。所熏四义，如《唯识》详。

复次，诸现行法一切皆能作因缘生种子耶？答，如唯识言非谓一切。诸能熏者必具四义，一有生灭，二有胜用，三有增减，四与所熏和合而转，唯七转识及彼心所有胜势用而增减者具此四义，可是能熏。第八心品无所熏故，非除所依独能熏故，又性无记一类相续无有胜用无增减故，非是能熏。七转识中为尽能熏，为亦有不能熏者耶？答，非尽能熏。为是何等？谓佛果善，极劣无记。佛果善法不能熏者，功德圆满不待熏故，佛智功德前后平等无增减故。设有熏习便有增减，设有增减便非圆满，设非圆满便非佛果，是故佛果不更熏习。除极劣无记者，势力羸劣无力能熏故，此即四无记中异熟生无记。如第八识是业所招，但酬前因，无别胜能故。问：唯心心所独是能熏，诸色声等不熏种耶？答：并能熏种。何故不说？依唯识理摄境从心，色声等法是识相分摄故，总说为识。云何应知相分亦能熏耶？论诚说故。如论说言："谓七转识及彼相应所变相见，性界地等，乃至余熏本识，生自类种。"即此可知心心所色并能熏种。

复次，诸现行法唯于自种作因缘耶，亦于余法作因缘耶？答：唯于自种，是自果故，余非自果，非亲所办，故非因缘，如《成唯识论》云："现行同类展转相望皆非因缘，现行必从自种生故。一切异类展转相望亦非因缘，不亲生故。"若实尔者，何故《对法》说自性故，差别故，助伴故，等行故，增益故，障碍故，摄受故，是因缘相，因是建立能作，俱有，相应，同类，遍行，异熟，六因为因缘耶？答：如《成唯识》言，彼是假说，或随转门。言假说者，实是增上缘，假说为因缘故。或随转门者，随顺萨婆多说俱有等五因为因缘故。是小乘义，非真实说。《显扬》十八已广破故。或因缘者自有二义，一者广义，二者实义。言实义者，四缘中因缘是，如唯识所说。广义者，谓普遍义，凡法能生所生果者，望彼果法即说为因。能生方便正因助因皆是因故，是故十因皆名因也，亦如四缘皆名缘也。此因缘言，二义平等，因即是缘，缘即是因，复叠为名，名曰因缘，非谓四缘中之因缘也。依因缘普遍义说六因为因缘，故无有过，宁可随文而便执著？故因缘法唯办自果，现行不为异类法因。

二、等无间缘

上来已辨种子现行为因缘义，等无间缘相复云何？

《成唯识论》云："二等无间缘，谓八现识，及彼心所，前聚于后，自类无间，等而开导，令彼定生。"此缘法体为是何等，望于何法而作缘耶？谓八现识及彼心所是此缘体，非是无为，亦非种子，亦非色等。仍望于彼心心所法而作此缘，更不为缘生色等法。唯心心所得有此缘，余法无故。然虽缘法及所生法并心心所，而为缘者必是前聚，其所生者必为后聚，后聚识等于前聚识不作此缘，前聚不从后聚生故。总依此义，说如是言："谓八现识及彼心所前聚于后。"

既前聚识并能为缘生后聚识，为是诸聚识得互为缘生自他识聚耶，为是各别自聚为缘生自聚耶？答：唯自聚心心所为缘生自聚心心所，如眼识聚唯生眼识聚心心所法，非于耳识等亦作是缘，是故复说此"自类"言。

既前聚识缘生后聚识，此前后聚为是前前一切心心所望彼后后一切心心所为缘生耶？答：否。唯前后聚中无间者，彼一无间前聚生一无间后聚心心所法，设有间者，即非为缘。若尔眼等五识既常间断，又闷绝等位意识亦无，中既间隔，复依何法为缘而得生耶？答:对法说言,中无间隔等无间者,不必刹那中无间隔,虽隔刹那，但于中间无异心隔，亦名中无间隔。唯识复云，无心睡眠闷绝等位意识虽断，而后起时彼开导依即前自类，间断五识应知亦然，无自类心于中为隔名无间故，彼先灭时已于今识为开导故。故无间言非无间断。彼间断心即以前灭心心所法为无间缘，中无余心隔，仍名无间故。

等无间缘生无间法，无间已了，等复云何？释此等义，基师有二说：一者功用等齐，二者体相同等。言功用等齐者，谓自前聚心心所法于后聚心心所法功用齐等，为缘令生。即显心心所得互作等无间缘义。盖前聚心心所法为后聚心心所法缘时，非但前心为缘令后心生于彼作缘，亦于后聚心所等为缘故，等令生故，前聚心所望后聚心应知亦尔。即后心从缘生时，非但从前聚心生，亦等从心所生。心所不但从心所生，亦等从心生。故《述记》云:“前灭一心为后心心所缘，前一切心心所为后一心缘。”意即齐等而开导，故名等开导，此乃等属前后通因果也。即简相似法沙门义，彼一一心心所自望为缘非望余故。言体相同等者，谓前聚心心所法体唯各一，所生后聚心心所法体亦唯各一，非一眼识为缘令多眼识起及多受多想多思等起，非一受想思等为缘令多眼识多受想思等法起，自聚前后心心所法能生所生俱是同等体唯是一，体相等故名为等也。或云，心心所聚前后既有不同，如有时心有贪等俱，有时无贪等俱，心法虽一，所或多少，云何说言等开导耶？答：此中等言但显一心唯引一心心所，一心所法唯引一所一心，虽贪信等时或有无，相应心所或有多少，但心心所一时不能有二自体，于贪起时体唯是一，信等亦尔，既贪信等体唯是一，望能引心是即同等，非前后心心所法一类数齐名为等也。若尔，心心所法何有等开导义？一心望心及所，一所望所及心，已非等故。故言等者，非如彼说，如言无间，非说刹那。故《述记》云："又等者，显此心心所聚中唯一心一所，后亦尔故，一法非多故成等，非一聚中如色不相应有多类起彼非等故。"若尔，一身八识既多类并起，何名等耶？答:《述记》云，一身八识虽名多类，然体用各别，名但是等，其色等法体用无别多类并生故非是等，如草火等喻。

已知此缘等无间义，此缘功用为是何等，心心所法以何义故必待此缘而后生耶？答：为开导依令彼生故，设无此缘作开导依令彼定生，则心心所无生起理，故心心法必待此缘。何谓开导？开谓开避，导谓导引。由前心心所法开避其位与后处所招引领导令彼来生，是故说名开导依也。心心所必待此缘者，其故有二。一者，诸心心所自类无并时生，于一根中不生二识，必前灭已后乃得生，故前不开避，后即无处所，此其必待彼开者义一。又心心法非突然生，善染无记后心望前不无关系，适无先容何容生起，如初见道必有世第一法为之开导，否则胜无漏法何由得从劣有漏生。又如相见道必从真见道后起，乃至一切莫不皆然。善染等心亦作此缘，性既相反，开义可尔，导复如何？对治恶法，善法生故；于善作障，恶法起故；相反相成，相激相生，前望于后作用岂无？故三性法，有导引义。虽心心所生更待余缘，非谓即此便引令生，而离此缘必无引起。否则一身前后，截然两人；有情相续，自他差别有德无德，从何施设？是故此缘必有，心心法生。

上来已释此缘体相，复有数难，理应重释。以何义故异类心聚于异类心无此缘义？答：无用故。彼自类心自足为缘，何劳异类？复有过故，设异类心心所对异类心心所作此缘者，失等义故。谓自类心心所引自类心心所，同类心聚无有二体得并生故，可有等义。一身八识既得并起，设互为缘，应有一心生多心失。如一意识引生六识，引六遍行五心所法，乃至多贪等，即失等义。如色等法前后相生，多少不定，应色等法亦有此缘。彼前后生亦容得有引发义故。然无此缘，是故此缘能生所生其体必等。又异类心所依、所缘既各差异，何须异类心心所法开避处所引令生耶？若定须彼开避引导始得生者，应八识聚心心所法无并起义。然非不并起，即无开避义，不开避故，亦不引导。不开不导，何须用此为？缘依用立，用义既无，缘义亦失。是故异类心心所法，于余心心所，不作此缘，其理决定。诸如是义，如《成唯识》开导依中广辨，恐繁不尽述。问：既异类心不互开导，何缘心心所既非同类而互作缘耶？《成唯识》云："心所与心虽恒俱转，而相应故，和合似一，不可施设离别殊异，故得作等无间缘。"《述记》释云："心所与心……同一所缘及同所依，同一时转，同一性摄，不可离别令其殊异，不同八识行相所缘衣各不同，故非互为缘。良以等无间缘以开导用立，心心所法既恒相应，依缘同故，前聚于后，开避义同。性既是同，和合似一，互为助伴同起作用，合办事业，凡所施作无不等同，故于引导后心法生亦等有力，开避引导既并同等，是故得互为此缘也。

既现八识聚，为此缘体，为是一切，为亦有不作此缘者耶？答：有，谓入无余涅槃心心所法，无所生故，凡为缘者，望所生立。既无有果，望谁为因？故入无余心，非此缘摄。故唯识言，入无余心最极微劣，无开导用，又无当起等无间法，故非此缘。

复次：八现识聚，前望于后，善染等类既时不同，而得为缘互引令生，依何教理实证此耶？答：如《对法》言："中无间隔等无间故，同分异分心心所生等无间故，是等无间缘义。”释云：“谓善心心所望同分善，异分不善无记，无间生心心所为等无间缘。如是不善无记心心所，望同分异分无间生心心所亦尔。又欲界心心所望欲、色、无色，及无漏、无间生心心所为等无间缘。如是色界心心所等，各各别望色界等及欲界等无间生心心所，如其所应尽当知。”即八现识前聚于后善、染、无记、三界九地、有漏无漏皆容得作等无间缘。若不尔者，五趣轮回造业受果，转凡入圣，见道成佛，皆无由立，以一类相续不生余法故。此八现识前后引生三界九地善染无记有漏无漏其相如何？答：《成唯识论》广辨其相，恐繁不引。又《杂集论》说前后心聚各别决定无间生起相，十种力等。又基师《杂集述记》十二心三界相生相，均大有理致，可自寻之。他日专论唯识时，当更广辨。如是已释等无间缘竟。

三、所缘缘

所缘缘者，《成唯识论》云：“三所缘缘，谓若有法，是带已相，心或相应，所虑所托。”定义如是，次别释之。

此缘法体为是何等？谓诸有法，此有法言，遮非无法，兔角龟毛，既非是有，即不能作所缘缘也。凡有法者皆可作此缘，有为无为并可作此缘也。

一切有法望于何法作所缘缘耶？答：心及相应。相应者，谓心所，唯望心及心所作所缘缘，更无望余色、不相应及无为法为所缘缘也。以所缘言，对能缘立，唯心心所是能缘故。为一切有法望一切心心所法悉为所缘缘耶？答：否。非一切法望一切心。唯有法中，设有一法，望带已相之心心所作所缘缘。以何义故于带己相之心心所作此所缘缘耶？以己于彼是所虑故，又己于彼是所托故。所云托者，谓彼心心所藉己势力而起义。设无己者，彼不得起，即以是故缘义成立。所云虑者，虑谓思量，分别显了，谓即是彼心心所法之所思量分别显了，即以是义所缘义成。所缘之缘名所缘缘也。因等众缘亦心心所之所托起，然非即彼所缘虑故，不名所缘。设无体法如兔角等，虽亦为心之所缘虑，有所缘义，然心心所不托彼生，不名缘也。必所缘及缘，二义具足，然后望彼能缘心等作所缘缘。是故说言“谓若有法，是带己相，心或相应，所虑所托”也。即此可知，设虽有法，然望余心不带己相，不托己起，亦不缘己，即于彼心等不作所缘缘。复次，此中“带己相”言，义有多释。《述记》云：“带有二义，若古西方师释，己者境体，带者是心似彼境相义，即能缘之心，有似所缘之相名带相状，小乘是行相，能缘体摄，大乘是相分所摄。……正量部师般若毱多造谤大乘论，遂破此云：无分别智不似真如相起，应非所缘缘。我之大师造《制恶见论》，遂破彼云：汝不解我义，带者是挟带义，相者体相，非相状义。谓正智等生时，挟带真如之体相起，与真如不一不异，非相非非相。若挟带彼所缘之，己以为境相者，是所缘故。”此中二义，古谓带是变带，相谓相状，变似己相名带己相。奘师谓带是挟带，相是体相，挟带体起名带己相。智缘真如不变而缘，故前义有失。然心心所亦互挟带体相而生，何非此缘耶？《述记》释云：“有所托义，无所虑义故。镜等所照物非此缘摄，其义亦尔。彼非能虑，所缘义无。故虽带己相，非彼所缘缘。定望带己相者，作所缘缘，非于带己相者即作所缘缘也。”上来奘、基两师之义已陈。然在愚意则古师义犹有可申，于答正量师非无据。然于变似之义，应别诠释。今谓变似云者，非必变作似本质之相分故始名为似，能缘心法于自所缘所起行相亦互似故。眼识缘色于自相分非无似色行解行相，耳识于声亦然，行相所缘定必尔故。无分别智缘真如时，既有行相，如如证彼，何乃无有变似之义。彼如无相，此智如实证彼无相。彼无差别，此无分别故。智如平等，非一非异，云何而无有相似义耶？虽不变相，岂不变见？见分起时，显现似彼，故能所缘，似义安立。《杂集论》中释此缘相云："谓若义是似此显现心心所生因，彼既生已，还能执著显了内证此义，是所缘相。"似此显现心心所生因言，即谓心心所法似于所缘缘显现生起也。若尔，诸带质境遍计所执于无常法执著常等，能缘所缘既不相似，何成所缘缘？言相似者，本非同一，似彼一分，亦何有过。如第七识缘第八识时，于不断相遂执为常，亦有一分相似义故。若如此说行相所缘相似显现，于所缘缘义更显了，且志于此待详焉。次复将此前后三义表之于次：

	带义	相义	指法
古师	变带	相状	心心所法变起相分似于本质
奘师	挟带	体相	心心所法挟带亲所缘体（或相分或真如）
今义	变带	相状	心心所法自体行相变似所缘缘法（或相分或真如或疏所缘，一切不遮）相状而生

如是三义，私谓今义理长，既合《对法》似此显现心心所生因之旨，且无前两义诸过，盖古师义变起相分似于本质，固有正智缘如不变而缘之过，即望独影境无本质相亦同斯失。彼相原属心等所变，更不变相似彼相故。奘师之义固可无此失。然挟带相体于疏所缘缘义亦未周，故至智周法师复兼取古师带似之义以释

疏所缘缘(《唯识演秘》卷六)。今以带似之义属诸行相(见分),行相所缘既必相似，而一行相于所缘境兼摄亲疏。固望相分真如而为行相，亦望本质为行相故。固于相分起无常无我等行解，即于本质同此无常无我等行解故。七识执自相而起我解，即缘八识而执我故。故依此释，诸义并通（自证缘见等如见缘相释)。又眼等识缘色等境，似色等法，显现而生，是故又名色声等识。变似之言摄入能缘自体见分，固不违正理也。

释义已竟。此体有几?《成唯识论》云:“此体有二：一亲，二疏。若与能缘体不相离,是见分等内所虑托,应知彼是亲所缘缘。若与能缘体虽相离，为质能起内所虑托，应知彼是疏所缘缘。”

依所缘缘与能缘法体有相离不相离故，所缘体分为二种，前谓内识所变相分，或如正智亲证如体，又如自证缘见等，并亲所缘缘摄，能缘所缘定不相离故。是见分等内所虑托者，等谓等自证分及证自证分。内所虑托者，对疏所缘缘外所虑托故。此亲所缘缘从自证起，识体生时变起相见二分，即以所变为自所缘，从识生故，名内所虑托。疏所缘缘不从内识生，故名外所虑托也。疏所缘缘谓与能缘体相离法，如他识所变，及自身中异识所变者是。然相离法并是疏所缘缘耶？不尔。必为质能起内所虑托者，方此所摄。此内所虑托即是亲所缘缘，即谓为质能起亲所缘缘者为疏所缘缘也。此疏所缘缘但为质起内所虑托故名疏所缘缘耶？为于心等更有所虑托义耶？答：有。虽非亲所虑托然有疏所虑托义。彼既为质能起相分，见分托相分而得生起，设无本质相亦不生（此据具有疏所缘缘者，如五识等)，相不生故，见亦不起，故质于见有所托义。所缘虽二，行解是一，亲虑相时即虑于质，而有青黄赤白等自性差别分别决了，故亦同有所虑义也。即依是义，见分亦带彼相，如前已说。诸义具足，成所缘缘。若尔，何故此中不说是见分等所虑所托耶？答：总中已说故。如《演秘》云："总中言带己相心或相应不遮何相，别中方说能所二缘不离相离。"此解极是。依此可知所虑所托亦尔。总中已说所缘缘义，别中但释亲疏义耳。即此应知《述记》中释疏所缘缘义有未尽。彼云："要为本质，能起内所虑托之相分，名疏所缘。谓为质起故名缘，见分亦变内相分似本质法，故名所缘。亲所缘者即为见分是带己相，此即疏中即影像相分是带本质之相名所缘。故名能起内所虑托，不言起内心，以起是缘义，起相分是所缘义。"即以是故，有义（未详何人何书，见《演秘》引）弹云："若尔，疏者应是相分之所缘缘。"虽《演秘》广释，然正未能掩基师此文之瑕也。复次，《唯识》下文复云："疏所缘缘能缘或有，离外所虑托亦得生故。"明对能缘为外所虑托，何故非心之所虑托。而但起相分故为所缘缘耶？今本此理详定所缘缘差别之义于次：

一、所缘缘义：谓若有法是带己相，心或相应，所虑所托。

二、亲所缘缘义：是带己相，心或相应，所虑所托，复与能缘体不相离，是见分等内所虑托。应知彼是亲所缘缘。（上所虑托作动词解，下所虑托作名词解，疏缘中亦尔，文不重复。）

三、疏所缘缘义：是带己相，心或相应，所虑所托，然与能缘体相离，是见分等外所虑托，而为质起内所虑托，应知彼是疏所缘缘。（此中意谓疏所缘缘生果有二：一者生带己相心心所法；二者为质生起彼相分也。亲所缘缘生果但一。）

复次，此缘二种，望彼能缘为是必具不必具耶？答：《成唯识论》云："亲所缘缘能缘皆有，离内所虑托必不生故。疏所缘缘能缘或有，离外所虑托亦得生故。"今释此义，总有五层：

一、心心所法必具所缘缘：心心所法必托四缘生故，体是能虑，必有所虑故。

二、心心所法必具亲所缘缘：以是内所虑托故。即依是义，得第三义。

三、具疏所缘缘时，同时必有亲所缘缘：离内所虑托必不生故。又唯识义，识不亲取外境故。

四、疏所缘缘或有或无：以是外所虑托故，离外所虑托亦得生故。同理得第五义。

五、具亲所缘缘时不必具疏所缘缘。

疏所缘缘既非必有，八识心品有无若何？若详分别是唯识事，今但列表如次，示其大略：

一、第八识心品一切位中有无不定；

二、第七识心品未转依位定有，已转依位有无不定；

三、第六识心品一切位中有无不定；

四、前五识心品未转依位定有，已转依位有无不定。

如是略说所缘缘义竟。若依《杂集》，尚有多门。诸所缘缘为定实有，为但安立？依唯识义心外境无，故所缘缘但尔安立。又此差别二十九种，谓非有有等。乃至遍知、永断，诸义分别，此不详述。《唯识》《对法》别自广陈，可自寻之。

四、增上缘

增上缘者，《成唯识论》云："四增上缘，谓若有法有胜势用，能于余法或顺或违。"此缘依于何等法立？谓诸有法，诸非无法，皆可作此缘故。即说无为，亦作此缘。望于何法作此缘耶？除自体外，于余一切皆能为缘。所以者何？以诸有法皆有胜用，能于余法作顺违故。所云顺者，助令生长。所云违者，碍不令起，起已坏灭。以于余法有如斯用，故名增上缘也。若无为法亦作此缘，何上章言无为无体亦无有用？答：《述记》云："此用非是与果等用，但不障力。"无为于诸法不相障碍，故彼得生，是增上缘义也。以不障即是随顺因故。诸法于余助令生者，可说增上缘。既于余法障碍相违，云何亦说为此缘耶？答：于被损害者有此缘用故。彼法不生，或生已灭，皆待此力，故有缘义。若尔，亦应有失。若望不生法为增上者，彼既未生何有于彼作缘义？若望所灭法为增上者，灭不待因，何要此缘？若云此灭谓不相续者，还同不生过，相续即生故。又因缘义依生果立，彼既无果云何得立以为缘耶？诸如是义，理实难详，自昔有疑，非今始也。谨竭思虑，强释如次。诸有为法，染净不同，同类相招，异类相碍，顺于此者即违于彼，体性法尔无容思议。故一切法，凡有用者，其用皆有二义可得。一者，对同类法为随顺因。二者，于异类法为障碍因。即随顺时，即障碍时，此灭彼生，此生彼灭。如正见与邪见，如明与无明，顺流转者即碍还灭，顺灭者即违流转。两敌不并，起仆代兴。显一切法不并起义，故说诸法胜用二种。凡增上缘，皆有此正负二种功能也。理实为缘但望所顺生果，不望所违诸不生法。然显此缘功用有此，是故因便说或违言，不谓于所违名增上也。下文复言："此顺违用，于四处转，生住成得，四事别故。"但望生等而为此缘，即但于所顺为此缘也。若如是解，理不乖常，因缘之义，定如此也。然若是者上有法言应除无为，以诸无为不碍一切法故，于生住等亦无与果功能故，胜用既无，顺违俱缺，需彼何用。然通途说，无为作增上缘者，是随顺说。或于所缘缘义说增上耳，以广义说，四缘皆名增上缘故。

诸因缘等亦有胜用，能于余法或顺或违，何非此缘耶？《成唯识论》言：“虽前三缘亦是增上，而今第四除彼取余。”为显诸缘差别相故。此差别相，为如何等？因缘异此者，彼亲办自果，此亦疏办余果故。与等无间缘异者，彼现八心，前聚于后，自类无间，等而开导，此体宽广，不现心法，非定前后，非定自类，无间开导故。与所缘缘异者，彼唯望带己相，心及心所法虑托己者，为彼生因，此望一切，但于余法有顺违用者，即此缘故。是故此缘与前三相均有差别，故离彼三，别立此缘。

此缘胜用于何处转？《成唯识论》云：“此顺违用，于四处转，生住成得，四事别故。”所云生者，《显扬》十八云：“自种子为先，除所依种外，所余若色非色，所依及业以为建立，伴及所缘境为和合故，如其所应，欲系、色系、无色系，不系诸法生。”此中除种子及所缘境，又所依中除开导依，诸余俱有所依业及助伴，皆此中增上缘也。所云住者，《对法》第五云：“住持增上者，谓风轮等于水轮等，器世间于有情世间，大种于所造，根于诸识。”风轮为依，水轮等住；器界为依，根身得住；大种为依，造色得住；诸根为依，诸识得住，是此缘义。所云成者，《述记》云：“大论第五等云：谓成立成办，即摄彼二成，谓所知胜解，爱乐为先，宗因譬喻为建立，大众敌论者为和合，所立义成。成办者谓工巧智为先，劬劳为建立，处具为和合，工巧业成办等。”得者，《显扬》十八云：“三乘种姓为先，内因力为建立，外因力为和合故，证得烦恼离系涅槃。”是等皆增上缘也。得中此但望无为故，三乘种姓亦增上缘。说得菩提者，自乘种姓即因缘摄，余随所应为增上缘，《显扬》复有作用。此中无者，《述记》云：“即此四法更无别法，四体上用也。或唯第三，第四无为无作用故。又彼无住，略不说也。”

复次，此增上缘虽体广遍，无有一法而非此缘，而圣教中显胜增上，说二十二根。二十二根者：眼、耳、鼻、舌、身（五色根）；意根；男根、女根；命根；苦、乐、忧、喜、舍（五受根）；信、勤、念、定、慧（五世间善根）；未知当知根、已知根、具知根（三无漏根是）。此五体性者，《唯识》云：“前五色根以本识等所变眼等净色为性。男女二根身根所摄故，即以彼少分为性。命根但依本识亲种分位假立，非别有性。意根总以八识为性。五受根如应各自受为性。信等五根即以信等及善等而为自性。未知当知根，体位有三种：一根本位，谓在见道，除后刹那。……二加行位，谓暖顶忍世第一法。三资粮位，谓从为得谛现观故发起决定胜善法欲，乃至未得顺抉择分所有善根。于此三位，信等五根，意、喜、乐、舍为此根性。加行等位，亦有忧根。始从见道最后刹那乃至金刚喻定所有信等无漏九根，皆是已知根性。未离欲者亦有忧根。诸无学位无漏九根一切皆具知根性。此等根性望于何法作增上缘得根名耶？《瑜伽》五十七，有八复次建立二十二根。最初义者，《枢要》颂云：“取境续家族，活命受业果，世间出世净，依此量立根。”谓五色根及意根于取境界而作增上，男女二根于续家族而作增上，命根于活命久近而作增上，五受根于受业果苦乐等境而作增上，信等五根于世间净法而作增上，三无漏根于出世净法而作增上。以殊胜增上义而得根义。《枢要》云：为显于彼彼事，彼彼法最胜义故，非一根法于一切法有增上义故，意显于别别法中有最胜义立为根。二十二根诸余义门如《瑜伽》五十七中广辨。三无漏根，《唯识》广明，恐繁不述。今将名相体性所作三门略表如次：

一列名	二体性	三增上用
1. 眼根	五净色根为性	取境
2. 耳根		
3. 鼻根		
4. 舌根		
5. 身根		
6. 意根	八识	
7. 男根	身根一分	续家族
8. 女根		
9. 命根	本识亲种分位	活命
10. 苦根	苦受	受业果
11. 乐根	乐受	
12. 忧根	忧受	
13. 喜根	喜受	
14. 舍根	舍受	
15. 信根	信	世间净
16. 勤根	勤	
17. 念根	善念	
18. 定根	善定	
19. 慧根	善慧	
20. 未知当知根：根本	无漏信等五根及意乐喜舍	出世净
20. 未知当知根：资粮、加行	信等九根外亦有忧根	
21. 已知根	漏无漏信等九根忧根少分	
22. 具知根	无漏信等九根	

复次，增上缘义，依诸经论，体义广狭常有不同，略为四层表之如次：

一、最广义。有法于余，有增上用，令得生长，或不障碍，皆是此缘，即摄四缘，摄一切有法。

二、广义。有法于余助令生长，除正因缘亲办自果，余方便因皆是，即摄因缘外三缘，摄一切有法。

三、狭义。有胜势用，能于余法或顺或违者是，除上三缘外，增上缘摄，但摄有为。

四、最狭义。于别别有法有最胜增上用者是，即增上缘中二十二根。

问答抉择

已辨四缘别义，次问答抉择。

问：此四缘中，为摄诸法缘尽否耶？答：然，除此更无若过若增。

问：一切法生为必待此四缘否耶？答：应分别，若心心所必备四缘，必前聚心所开导故，必有境界为所虑托故。若色法者但须二缘，性非能缘故无所缘境，随识所变小大多少前后不定无等无间，然因缘增上二缘必具。无有一法从一缘生，亦无有法不待缘起，否则便有无因自然等过。问：此四缘者为各别生果，为和合生耶？答：无各别生，但和合生。问：此四缘义为是佛法独自有，为亦与外道共耶？答：唯佛法独有。岂诸外道不讲因果耶？虽亦有之，然以未得无漏智故，于缘生理终不能明，故一言因果即有不平等因如诸神教，无因自然如自然外道，多因无因杂乱因，如一元多元二元诸哲学家，元子电子等诸科学家等过。彼皆不知四缘义故。四缘之理，殊胜云何？立此四缘，离一切过；此理微细，难一一明。昔年海内有科学玄学之论战，余静观局外，曾随所感志有数言，附载于次，亦可略见佛理殊胜之所在也。

附

近日阅《科学与人生观》，藉观外间思潮及西欧学问之所进至，得知比来西方学说已能了然于诸法之生必待于因，又常流转无有住时，少数心理学哲学家已能了知物我之成，由和合相续而起，所谓物我皆主观勾画所成，是则诸行无常、诸法无我之义均已窥其崖略矣。思辨及此，成绩可嘉。以佛眼观，殊足赞叹。虽然，若一一揆以至理，则仍无有当。生必待因是也，然彼之因，初无亲因自种义，不过曰于某种之元素能力状态之下则某种之物象即生耳。此之所云，但得当于佛法之增上缘耳。增上缘可直生诸法则异因可生异果，是故彼辈直以心之生起但以神经等物质为因，又谓心理者即物之质力交推而起之特别状态，因是以完成其唯物主义。又诸法生增上缘可多，即以增上为亲因者，则诸法亦可多矣，遂有多因共生一果等过。电子、原子论者，谓世间万法者电子等组合变化所生，诸法既同一元，何得有个体自性之异，此其说极类极微论，斯则大乘早于千余年前所已破者也。至哲学家主张意志自由说，谓心之与物大有鸿沟即一为机械式之活动全受因果律所支配，一则自动自由而可无待。良以物之动也必受外界之影响，非有外界之推荡则无动作也。而心则否，静坐斗室遐想千里，横卧一榻魂游万年，苦乐悲欢，莫可究诘，而所待者谁乎？故心之为物诡怪幻谲，实超乎物质而独存者也。斯其说也，谓心与物各有自性义则可然。遂谓心不待缘而自然生作，斯则精察心识穷源究底如佛法者所绝端不谓然也。以佛法论，则外色之生二缘已足，一者因缘，二增上缘。心心所生，则二缘以外尤必增等无间缘，及所缘缘，四缘具而始得起焉。是则心之于物，岂但同必待缘而已，所待乃益繁多。无因云乎哉？又主张唯物论者，以为宇宙万象虽皆有改转，体非常住，然彼物因若元子电子或原力等，体则是常。则彼所云无常者，转变无常，非灭坏无常也。此同数论三德和合转变大千，象虽数转自性不灭之说。此之无常非实无常。又常法为因，生无常果，因果乖戾，无有道理。千余年前大乘已破。是知西方诸家竭尽智力所构获仍不出佛法所破范围也。至乃云物我非有，但由心理作用所执者，虽略有当于遍计所执性，然依他起义固仍懵然未之及也。

按佛法之异于外道等者，自是诸佛正智亲会真如，圆成实性如理而知。然亦由后得智中依他事相如量尽知，方便善巧，妙穷因果，于宇宙万象生灭成坏幽微之故，莫不言之周尽，穷其本源，有以折伏世俗之邪思也。非但于遍计我法，上帝梵天等能破焉而已矣，尤必有所立也。佛法之说缘生也，曰诸法不自生，亦不从他生，亦不从共生，亦非无因生。不从自生者，谓不但从自因缘生，必待增上缘也，故无自然生失。不从他生者，谓不以他为亲因，必有自种也，故无异因生异果失。不从共生者，谓诸法之生虽待外缘，而所生果仍有自性，非以多缘共作亲因而生自果也，因无共固杂乱因失，非无因生，故正义即定立二缘，一者因缘，二者增上缘，必有是二缘而果乃生。如外禾稼及大种造色是等也。又于心心所法别立四缘，而心心所等又必互作助伴相应而起。有如是等深赜要义，匪易论思。有因缘故法有自性，有增上缘故不自然起。了之此义而西方唯心唯物一元多元等论，无不迎刃而解，势成破竹矣。又佛法因缘特立种子，尤为精妙，无可比拟。西洋学者科哲诸家，外道诸教，乃至一切凡夫，种种妄执，其故何哉？一言以蔽之曰：种子者非五识所得见，非凡智所得窥，昧其本焉，瞻顾俯仰无不成迷途矣，如斯焉耳已矣！

名学逻辑与因明

一、释义

中国有名学，西洋有逻辑，印度有因明，是皆思辩之术也。

思谓思想，辩谓辩论。于境有疑故起思，于理不决故兴辩，思所以通其疑，而知所未知；辩所以明其理，而定所未定。

思辩有术，术者方法也。其方法奈何？曰：一者在求正常之理由，二者在得确实之证据。理由正当，证据确实，则其思必通，便能知所不知；其辩必胜，便能定所不定；此思辩之术也。

且如好生恶死，人之常情也，然而人果可以不死耶，则为可疑者，吾今固精力强，神智清，随时食息工作，欣欣然以生矣，但不如其果能长生否？则必加之以思想。如何思想？则必取鉴于他人而推知之。则试观于父母，既已弃我而死矣，生我父母之父母，乃至高曾远始之祖父母无不死者。历史之所记载，无量英雄圣哲亦无不死者，与我并世而生者，有长我而死者，有幼我而死者，有年岁与我同而死者。于是恍然有觉，诸是人者若皆不免于死然。其生而未死者，亦如已死之人于其未死之时之暂得生存耳。既生人之必死，我既生人，岂独免于死乎？于是乎可以断言之曰：我必死，以是人故。诸是人者，无不有死，如已死诸人。“我是人”者，我之必死之理由。“诸是人者，无不皆死，如已死诸人”则其证据也。既理由正当，证据确然，则我之必死，虽在未来，今固已推知之而确信之，此之谓思。

吾既确知吾之必死，设有人焉，谓吾必不死，是则两人之见解各异，而死与不死，复成问题矣。将欲断定此死与不死之孰是孰非，于是乎有辩。辩也者，岂有他术哉？亦伸其理由，举其证据，就其所以思者以言语陈述之于人，如是焉而已矣。如有生之人皆必有死，人故，诸是人者皆见有死，如已死诸人。我必死，以是人故，诸是人者，皆见有死，如已死者。既思辩之术无所异，然思辩之性质复何以分乎？曰：思者，一己内心之筹度；辩者，对他言语之争执。思以自为，独求其知；辩者为他，令人得解。思重比度，辩重言说。二者之性质固确乎其不同也。然不能思者固不能辩，诸能辩者则必能思，是者相关而不可离析也。是故可说：思者自己对自己辩论，而辩者自己令他人思想也。因明于思名曰比量，于辩名之曰立破。比量为自悟，立破在悟他。此二者之分别也。

二、思辩之学之缘起

思辩者常人之所共能，不待学而成者。即如生人有死之事，岂非夫人而皆知者乎？故人遇疑惑之事当前皆能思，而两人之意见相远则必辩。思辩者亦人类常有之事，而何须学乎？虽然，常人皆能思，而所思不必得实。常人皆能辩，而其辩不必合理。于是邪思横议出，诐词诡说兴，真理反晦，是非混淆。不得思辩之益，反受思辩之害，是不可以不加订正。于是而思辩之述乃有专门之学矣。在中国则有正名之论，在希腊则有思想之律，在印度则有三支比量。浸浸发展，遂有名学逻辑与因明，而思辩乃有专科之学问，明定规律，昭示典型，使思必合度，言必有则，而诡说邪思无所容其奸。正理得伸，真知可得，思辩乃收其实际之功效，是不可以不察也。今且先论正名，次论思想律，次论因明三支比量，以见思辩之学之大凡焉。

三、正名

吾人何以能思想能辩说耶？曰以有“名”为工具也。“名”也者，实之宾也，宾则非即实。然实但可现见，不便记忆，但可想象，不可言说。使徒有实而无名，则思维之道困，而论辩之术穷矣。是以人类因实而命名，因名以举实，既便记忆，益利想象，古往今来之事，虽已灭未生不现在前者，皆得因名以举之，于是想象之范围广阔，材料丰富，取精多，用物宏，足以资比较，而得其真理。设无有名，则吾人何得知往古之兴衰，而预测来世之成败，又何以知异地异域之人物山川、草木禾稼、社会状况、国度风俗乎？一无所知，则比度无据，而思维路绝，此思之不能离名者也。既能思之，即能言之，言也者，以其所知而说示他人也。然可说者名也，非实也。实不可说，故制名以说实。制名以说实，则名者所以代表实者也。名既可以表实，则人可闻名以知实。是故我目之所见，我耳之所闻，我身之所触，我意之所思，唯我独知之耳，不能与人共喻也。制之以名，则可就其所见所闻所触所思而说示他人，使人亦有同知同感，如身亲之焉。名也者，人己心知交通之具，无名则人己之交绝也。

名言既立，而辩说随兴。辩也者，曲折晓喻，所以使人曲喻吾意者也。故荀子曰："实不喻，然后命。命不喻，然后期。期不喻，然后说。说不喻，然后辩。故期命辩说也者，用之大文也，而王道之始也。"吾作《荀子学案》释之曰：命，制名以命实也。期，举其所已知者，以显其所未知以期人之必知也。说，直说其理由也。辩，曲解其疑滞，通释其问难，而反复辩说其必然也。如说某也当来必成一大儒，此之谓命也。人犹不喻所谓大儒者如何。答之曰：如古之孟子荀卿是也。然而不知此人何以当来必成大儒耶？曰：以其好学也，以其笃志也，以其实践躬行圣人之道，而又聪明好思，能变通而不固。此之谓说也。然而不知何以好学笃志、力行好思，便能作大儒耶？如是再申其所以然之故而辩证其必然之理，反复判断以明之，则辩也。四事者，用之大文也，即名之大用也。何以为王业之始耶？将有若何之事业，必先有若何之理论，以领导群众而昭示天下，以说服人心。放期命辩说之文事，与政治军事之力量等而导乎其先也。孔子曰："不教而杀谓之虐，不戒视成谓之暴，慢令致期谓之贼。"又曰："以不教民战，是谓弃之。"名言辩说者，岂徒为清谈戏论而已哉？人群之所以合，社会之所以成，国是民风之所以定，皆由之也。

已知名言之用，次当知正名之要。名何以必正乎？曰：名所以举实，而以喻诸人者也。故一者，名必须有恒久固定性，恒久而固定，则常能举其所举之实而不误矣。两翼而飞者，吾人名之曰鸟。四足而走者，吾人名之曰兽。鸟也，兽也，在初原为随意施设假立之名。设吾人最初名两翼而飞者为兽，四足而走者为鸟，亦奚其不可。正犹吾人生子或名之曰玉麒，或名之曰良驹，或名之曰伯牛，或名之曰小狗，原为随意施设也。但既名两翼而飞者以鸟，则不得更名之曰兽。既名四足而走者以兽，则不得更名之曰鸟。玉麒、良驹、伯牛、小狗，亦尔。设使朝命而夕改之，今日此而明日彼，则名实变易将自不知其所谓，即名不足以举实，而名言之用废，即有名等于无名矣。故物象心理，纵然瞬息须臾，千变万化，而无定性；然此命彼，瞬息须臾千变万化之名言，则必前后一贯，始终不变，而有其常性。一实之中，纵有不同不一相反相违之质素存焉，而命彼不同不一相反相违之实之名则必一致共同无相违反而有其定性。譬之夫水火不同而可以并存，固体液体气体不同而可相转变，是以水可以出火，水可以成冰，俱时先后不定不恒。然而水火之名，固体液体气体之词，则始终不变不改其所谓。水但以名流而湿者，火但以名炎而温者，固体指冰等不以名水等，液体名水等，不以名冰等。此实际界与名言界两界不同之性，不可混而一之也。实际界本实，原有变化之相生而互违。名言界本假，必有固定恒常之指谓，以不如此，则失名言之功用也。二者名言必有人群共同承认之公共性，所以然者，名言原非一人之所独造，乃为社会人群之所共许者，荀子所谓约定俗成是也。荀子曰："名无固宜，约之以命，约定俗成谓之宜。异于约，则谓之不宜。名无固实，约之以命实，约定俗成谓之实名。名有固善，径易而不拂谓之善名。"言夫名原为社会之产物，约既定，俗既成，则即为彼此共用之公器。既为共享用公器则不随私意而改作而变易也。共用之公器，此人所共喻共晓者也。私意造作，此人所难知者也。名以举实，言以达意，实不举而意不喻，是则自绝于社会人群，又乌贵乎有名言哉？故荀子曰："异形离心，交喻异物，名实玄纽，贵贱不明，同异不别，如是则志必有不喻之患，而事必有困废之祸。故知者为之分别，制名以指实，上以明贵贱，下以别同异，贵贱明，同异别，如是则志无不喻之患，事无困废之祸，此所为有名也。”异形，人与人之身体异也。离心，人与人之心理别也。而能交喻异物者，纯持名言之公器，吾有见于物，而以名命之，以言说之，人闻吾言而知吾所说之名，由名而知所举之实，则吾之所见，人可交喻矣。设使名实玄纽，隐暗错乱，晦蔽纷歧，玄则使人难知，纽则使人异诤，如此则贵贱不明，同异不别矣。物有自性，鸟兽是也。鸟与鸟类同，鸟与兽类异，是物之自性有同异也。物有差别，美恶是也。美者为贵，恶者为贱，是物之差别有贵贱也。同者命之以同名，异者命之以异名，贵者命之以贵名，贱者命之以贱名，如此则贵贱明，同异别，志可喻而行可通。苟名实玄纽，贵贱之不明，同异之不别，所贵所贱所同所异不能使人知，则不喻。如是则教命无由而行，实不能使人劝，刑不能使人惧，人群纷扰，昏昏冥冥，而事有困废之祸矣。是以知者为之分别，制名以指实，明贵贱，辨同异。贵贱明，则赏罚可得而施。同异别，则教令可得而喻。志无不喻之患，而事无困废之祸，此名之所由起也。而乌可意为颠倒纷纭哉？故荀子谓：“析词擅作名以乱正名，使民疑惑，人多辩讼，则谓之大奸，其罪犹为符节度量之罪也。”孔子亦曰：“名不正则言不顺，言不顺则事不成，事不成则礼乐不兴，礼乐不兴则刑罚不中，刑罚不中则民无所措手足，故君子名之必可言也。言之必可行也。君子于其所言无所苟而已矣。”古人之重视正名也如此。当荀子之时，惠施公孙龙等名家者流，合同异，离坚白，然不然，可不可，困百家之知，穷家口之辩（《庄子》秋水篇）；饰人之心，易人之虑，能服人之口，不能服人之心，以反人为实，以胜人为务（《庄子》天下篇）；好治怪说，玩奇词，甚虑而不惠，辩而无用，多事而寡功

（《荀子》非十二子篇）；为诡辩之雄。而庄周《齐物论》又以泯是非，一大小，齐寿夭，等胜负为说，复走入怀疑论。前者徒从矜言辩以胜人，后者否认言辩之功用，是以《墨辩》《荀子》之书出，而以明辩正名为务，岂得已哉？

四、思想律

在西洋传统逻辑，有所谓思想律者。一曰同一律，律曰：甲者甲也，主谓并同。二曰矛盾律（章行严氏译曰毋相反律为当），律曰：甲非非甲；亦曰：甲不能为甲又为非甲。三曰不容中律，律曰：凡物必为甲，或为非甲。余初治逻辑诧之，以为此废词耳，甲者甲也，甲非非甲，凡物必为甲或为非甲，此三义也，人孰不知之，而何须言之，苟非疯狂则未有以甲为非甲者也。苟非愚瞽，亦未有不知凡物之必为甲或为非甲者。是其义为常情所共知，而何事严定以为思想之律欤？久而思之，始悉古人之所以严定此三律者，必有所为而然，盖在古希腊有诡辩之徒自称智人，智人之务以辩说相高，以胜人为务，亦如中国战国时代名家者流，惠施公孙龙之徒，合同异，离坚白，然不然，可不可，困百家之知，穷家口之辩，好治怪说玩奇词，以反人为实，以胜人为务。于是在常识曰，甲者甲也。后必曰，甲者非甲。人皆曰，凡物必为甲，否则当为非甲。彼必曰，凡物既非甲又非非甲。此其事例，吾不得而详之，例之以吾国往哲之言可乎。惠施公孙龙庄周之言，实间有至理。然其反常情之论则至多。如曰“今日适越而昔来”，是以未来者为来也。“连环可解也”，是以不可解者为可解也。“卵有毛”“鸡三足”“郢有天下”“犬可以为羊”“马有卵”“丁子有尾”“火不热”“山出口”“轮不辗地”“目不见”“指不至”“至不绝”“龟长于蛇”“矩不方”“规不可以为圆”“凿不围柄”“飞鸟之影未尝动也”“镞矢之疾而有不行不止之时”，如是等，均皆以无为有，以此为彼，名实玄纽，淆乱是非之说也。而庄周曰；“恶乎然，然于然。恶乎可，可于可。无物不然，无物不可。莫大于秋毫之末，而太山为小。莫寿于殇子，而彭祖为夭。是不是，然不然，是若果是也，则是之异乎不是也，亦无辩。此泯绝是非，不辨黑白，毁灭义理之说也。此种态度，纵许有冥思独造之真境，然于世间人之相接所以喻意而举事，明定是非而平制曲直之道，固相悖驰而不合也。于是乎有墨辩与正名。传统逻辑之三律，其意义当不外此。其意若曰：既谓甲者甲也，则不能更谓非甲。凡物必为甲或非甲。此言乎事也。以言乎辩，则两违立说，是则是，非则非，不是则非，不能亦是亦非。不是则非，不容中也。是是非非，决定也，不能亦是亦非，无相违也。必如此，然后可以有思想；必如此，然后可以有辩说。如此律不遵，则逻辑不立。是故逻辑首立三律，以为辩之权舆焉。

是律也，二千余年，西方人承受之，以杜诡辩者之说，无异义者。自近代黑格尔出，立辩证法。马克思承受之，立唯物辩证法，则极端反对传统逻辑之三律，而曰同一律，不成律也，以物理本成于相反律，由对抗，由斗争，由变化，由消长，乃以成宇宙及人世之进步。良以凡物之成，均原始于原子而原子成于电子，电子者，阴阳二电所合成者也。故凡物之自身，即非同一。由其非同一，是以有变化。或由量变质，或由质变量，由渐变以至于突变，则水可以凝为冰，又可以化为汽。物之变态如此。而焉有所谓无相反律乎？是则思想律不能成立矣。由是而成立其唯物辩证法之逻辑焉，以为治逻辑者之所遵循，思当由于此思，思万物之成于辩证。辩当由此辩，辩万物之如此辩证。乍观之，似合于物理,切于人事。细案之则与逻辑之道,相去万里也。何以言之?

盖逻辑者，思辩之术，只论思辩之应遵何等规律，始合思辩之道，始能推论无误，始能辩论有果，只在论究方法，更不论究原理。纵以原理论，亦只限于思想论辩之理，更不涉及物理心理生理政理法理等也。今言同一律、无相反律云云者，亦只就命名立义当有决定不可犹移不可反复不可自相矛盾言之耳。如曰：两翼而飞者为鸟，则不得曰，两翼而飞者为非鸟。四足而走者为兽，则不得曰四足而走者为非兽。此之谓甲者甲也，既为甲则不得为非甲也。设更有物焉，似鸟非鸟，似兽非兽，暂无以名之，则必详察而定其何属焉，如有蝙蝠，四足而能飞，以为鸟则四足，以为兽则能飞。然不能既非鸟又非兽，于是更加察焉，虽能飞而以莫不以羽翼，又胎生而非卵生，遍身有毛，口有齿，于是可断言之曰，非鸟也，兽也。思想之定律，其用止于此耳。至于鸟兽之身体，有无内部之对立，其生理有无先后之变化等，均非所问，然亦不反对之也。岂唯不反对之，凡欲建立万物之成于对立，人事之起于离化者，亦必依思想之律而思之而辩之也。由其既主张万物成于对立者，即不应忽变其说为不成于对立，既主张人事起于变化者，即不应忽变其说为不起于变化。苟对立变化之为一原理者，此原理仍必依思想之律而表示之而论辩之。而所以成立其原理者，又必陈述其理由，取证于事实，乃以完成思辩之功。则传统逻辑顾何伤于辩证之论乎？吾故常谓逻辑与因明者，一切科学之科学，论究一切原理之方法。使反对之，则思想无从思想，辩论无纵辩论，自谓为智，实则愚耳。今以物理人事之变化反对思想论辩之同一，宁非过哉？吾故又谓唯物辩证法，只能说明宇宙人事之一种现象、一种原理，或可以称为一种哲学（其所论之是否尽合于真理可不论），然决不可称为一种逻辑也。

辩证论既非逻辑，近有主张形而上学逻辑者，亦不得称为一种逻辑。以形而上学，唯资于证悟，其所悟之绝对之理不可思，绝对之理亦不可辩。思也者，假于已知，以推所未知；辩也者，藉人之所已喻，而喻其所不喻；二者皆资于名言概念以为用。若夫形而上学，离语言，离文字，不可思议之境，如之何可以思辩哉？既非思辩之境，即用不着逻辑，即其自身为超出逻辑之范围也。倘其必欲说示他人，则只有遮遣之一法，遮之遣之只以说明其不可用常情常识以窥测耳，即此遮遣之法，亦仍必遵普通逻辑因明之途，而标胜义以简过，如《掌珍论》立量云：

真性有为空（宗） 如幻（喻） 缘生故（因）

无为无有实（宗） 不起（因） 似空花（喻）

释此二量自有本论，此不能详。于此具知逻辑只有一种，不能有二有三有四。西洋人近来好谈逻辑，每嫌于旧逻辑之不足用，于是有数理逻辑，有辩证逻辑，有形而上学逻辑等。风起云涌，洋洋大观，其实均无当也。逻辑者，思辩之术耳，思辩起于人心，中外古今不能有二正路，妇人孺子皆能之，而哲人为之调理融会，使成系统，严其规律，定其方式，详其过误，使之遵守率由，而勿蹈歧途，斯则思辩之术，所以成为学问者也。其道理是一，不能有多，犹之物理天文等然，设有多说，则必只有一是，其余皆非也。

五、因明

印度因明始于足目之《正理经》，后经佛教整理补充，遂成为佛教因明，陈那天主为此学巨子，严于立破，故因明可称之曰辩证之术。因明内容至深，要皆集中心智于三支立破，及三十三过。兹且略示其义，并与西洋传统逻辑一较其短长焉。

因明立破，严于三支，所谓宗、因、喻是也。

《因明入正理论》曰：

> 此中宗者，谓极成有法，极成能别，差别性故，随自乐为所成立性，是名为宗，如是成立声是无常。

释曰：何谓宗？盖辩论之道，立敌双方各自独立之主张也。如有声常论者，立“声是常”，佛教徒破之，立“声是无常”，此二主张各自不同，是之谓宗。宗以何法成耶？曰：就此“声是无常”一宗言之，则第一是“声”，此名“有法”，能有无常义故。二则是“无常”，此名“能别”，能诠别声性是无常故。此之二者皆必极成，极成者，双方共许，世共极成；既共承认有声，又共承认有无常之义，如此方可以立宗。倘对无神论者说，“宇宙万物由神造”。此神造之能别，既非极成。如说“阿赖耶识是万有之所依”，对不知有此阿赖耶识者，即为有法不极成。如说“亚当夏娃食知识之果遂被上帝谪降人间”，对非耶教徒即为俱不极成，凡此皆不能据以立宗，必如此中“声是无常”，声及无常立敌共许，方可立宗。虽二极成，然此二者，但为宗依，犹非宗体；即宗所立，既非是“声”，亦非“无常”，乃“声是无常”耳。原夫声既极成，不须立宗。无常极成，亦不须立。惟独“声是无常”乃是立敌所争，此为宗体。故论说云“差别性故”。“随自乐为所成立性”者，意显此宗为自所乐，非他所许。设为他许，彼此极成，立以为宗，成相符过。人众共知，立之何为？故此声是无常之宗，必为自许，非敌所许，随自乐为所成立性，其思想主张独立自立，与他相违，方名为宗。

因有三相，何等为三？谓遍是宗法性，同品定有性，异品遍无性。云何名为同品异品？谓所立法均等义品，说名同品，如立无常，瓶等无常，是名同品。异品者，谓于是处，无其所立，若有是常，见非所作，如虚空等。此中所作性，或勤勇无间所发性，遍是宗法，于同品定有，于异品遍无，是无常等因。

能为宗之因者必具三义，故说“因有三相”，相者义也。何等为三，即一、遍是宗发性，二、同品定有性，三、异品遍无性。如立“声无常”宗，因云“所作性故”或“勤勇无间所发性”故。言所作性者，意显随缘造作，非本来有。如风声待风吹林树起，雨声待雨打瓦屋起，名所作性。“勤勇无间所发性”者，此即人类语言之声，心欲有言，发动喉舌，勤勇无间乃发此声，显非本有。缘声常论者共有二宗，一内外声俱常，一惟许内声常。对内外声俱常家，立所作性因，遍内外故。对内声常家，立勤勇无间所发性因，惟遍内声故。故此论中举是二因，如此二因，各俱三相。一者遍是宗法性，谓此“所作性”因，或“勤发”因定遍于宗中有法声，是彼声性故。立敌双方共许所作性，或勤发性，遍是宗法，然后可据以之为因。设义不遍是宗法，如说“鸵鸟是兽”，“有四足故”，此之四足既不遍鸵鸟，非彼性故，何得为因。或说南洋群岛人是黄种人，以是中国人故，南洋群岛中虽有许多之中国人——华侨，然其土著人种皆非中国人，此中国人不遍宗法，不能为因。故必如说四川人是黄种人，以是中国人故，此中国人遍是宗法，方许为因。同品定有性者，因明之法，宗因喻三，合以成量。喻有二种，一同一异。此因一支管摄宗喻，既必遍是宗法，又必同品定有，异品遍无。同品定有，显证据之确实；异品遍无，显不滥他宗。言同品者，宗中无常之同品，如瓶盆等，虽与声性各各不同，而皆无常，以无常义，即为同品。定有性者，定有如是“所作”“勤发”之因性。既瓶等所作勤发而无常，即证明声是所作之必无常。故此因性必为同品定有。设立声无常宗以“所闻性故”为因，此所闻性虽遍是宗法，然无常品中，除声以外，更无一法是所闻者，同品遍无，即无同喻，宗即不立，为因不成。异品遍无性者，无常之宗，常法为其异品，如虚空等。此所作勤发性因，必于空等遍无，然后可证所作勤发不滥常宗。设谓声无常，所知性故，虚空异品，亦是所知，此所知因，何以证明声是无常？故必同品定有，异品遍无，方成因性。何以异品之无则言遍，同品之有则言定耶？异喻简滥必尽，故必遍无。同品取证有据，但有少分即得。如说声无常，勤发性故，其同品中电雹等虽非勤发，但有瓶等勤发即足为据立无常宗。复次何以所作勤发，能立无常耶？所作勤发，皆本无今有，待缘起者，体无常住，遍观万法，无不尽然，故所作勤发因，能正成无常。

喻有二种，一者同法，二者异法。同法者若于是处显因，同品决定有性；谓若所作，见彼无常，譬如瓶等。

因为立宗之理由，喻为立宗之证据，是为同喻。为显证据无滥，复立异喻。故喻有二种也。云同法者，宗中之声是名有法，其无常者名之为法，所作性因遍是宗法亦名为法，瓶等实物为声同品，同有所作无常法故，名曰同法，故此说言若于是处显因同品决定有性也。谓若所作见彼无常，譬如瓶等。声既所作，故声无常，此理决然矣。夫然如立声无常宗，勤发性因，电等无常，但为同品，不得更为同法喻也。以“谓若勤勇见彼无常”，不于电等上转故。

异法者，若于是处说所立无，因遍非有；谓若是常，见非所作，如虚空等。此中常言表非无常，非所作者，表无所作，如有非有，说名非有。

异法喻以简滥，说所立无处，因遍非有。谓若是常，见非所作，如虚空等。声既所作，故声无常。以常既非所作。则所作定非常，反显所作无常义更确立。此中常言表非无常，非所作言表无所作者，此显异喻惟在简宗因之滥，不在成立异宗异因，如说虚空是常，非作性故。本自乐为以所作因，成无常宗，何得反以非所作性成常宗耶？故此常言但用以表非无常，显其为异品；非所作言，但以表无所作，显因于彼无；此二皆但遮遣为性。“如有非有说为非有”，此是陈那破胜论宗，彼立“大有”，离“实”“德”“业”别有。陈那破云“有性非有”，此非有言，但遮有性非有，更不成立“有”有非有之性。异喻遮诠，亦复如是。

已说宗等如是多言，开悟他时说名能立。如说声无常，是立宗言。所作性故者，是宗法言。若是其常，见非所作虚空者，是远离言。惟此三分，说明能立。

总结能立。因名宗法者，本是宗法，又能成立宗中无常法故，即是以宗中声上共许因法，成立所不共许之宗法。随同品言者，同品瓶等所作故无常，此声所作应随同品亦无常故。远离言者，若是其常，见非所作，此既所作，即应远离彼常性故。故此三分说明能立。

因明三支，略释如右。其精绝处，必须比较西洋传统逻辑三段论式而后知之。

自来论三支者，每与三段论式会通说之。以为三支，即三段也。其式如次：

三支比量	三段论式
声是无常（宗）	凡人皆有死（大前提）
所作性故（因）	苏格拉底是人（小前提）
如瓶盆等（喻）	故苏格拉底有死（结论）

三段论式之结论，即三支比量之宗也。其小前提，因也。大前提，喻也。故二者形式可以互换，改作如次：

凡所作者皆是无常（大前提）	苏格拉底有死（宗）
声是所作（小前提）	以是人故（因）
故声无常（结论）	如已死诸人（喻）

以常识观之，固无不可。虽然，如果习于因明者观之，必见其绝对不同也。且如三段，凡人皆有死，此语为难立也。以凡之云者，必遍观过去现在未来之人而言，夫固无有一人焉能遍观所有一切之人而皆见其有死也。所以然者，现在之人，尚多未死者，汝安能知其必有死乎？故此凡人之死，为多例外，以未死者不应包括其中故。如果欲说明未死者之必有死，则尚须一论证曰：

凡人皆有死；

未死之人是人；

故未死之人必有死。

然此亦有过，以凡之云者，已包括未死之人故，是则凡人有死，乃始终为一未经论证之武断之词，据此未经论证之一武断之词，何以能为大前提而断定所论之人之必死耶？此其过一。

又凡人皆有死者，即苏格拉底已在凡人中。即无异于说，如苏格拉底如柏拉图如亚里士多德如耶稣如穆罕默德，如某甲某乙等，凡是人者皆有死。则小前提与结论皆已包括于大前提中而再重说之，即为废词。如说："苏格拉底等凡人皆有死，苏格拉底是人，故苏格拉底有死。"岂不笑话！夫思辩者在以已知求所未知，今既先已具知之，凡人皆有死者，具知之词，而何用推论思辩耶？此其过二。

又如谓凡人不摄苏格拉底，但指彼以外之人，即无异说：除苏氏外凡人皆有死。即无异说：独苏氏为非死者矣。既说彼非死，何以更成彼死耶？即成自语相违过。如云：除苏氏外，凡人皆有死；苏氏是人，故苏氏有死。岂不笑话！此其过三。

又因明之法，必以已成之法，成所未成。绝不能以未成之法，成所已成。如立已成，有相符极成，立已成过。如以未成立法，成立所成，有能立法不成过。今凡人皆有死之大前提尚待成立，即有能立法不成过。而苏格拉底之死乃为既成之事，人所共知，不待成立，成立彼死，相符极成，立已成过。今乃以未成立之因喻，立已成立之宗，其为颠倒，可笑孰甚！此其过四。

今之学者，乃更逐类旁通，改苏格拉底为孔子，而曰凡人皆有死，孔子是人，故孔子有死。其意盖恐苏格拉底不为国人所共知，故易之也。然而遍国之人凡知孔子者，谁不知孔子之已死。思也者，起于疑也。辩也者，起于争也。于已无疑，则不用思。与人无争，即不用辩。孔子之死，已不疑，人不争，立此三段，戏论极矣！

因明家共知此矣，故于立宗则曰随自乐为所成立性。不随他意立所已成，犯相符过也。如立声无常，对声常宗立，破彼声常，立声无常，故非无的放矢。

其立因也，有其三相。遍是宗法，同品定有，异品遍无，如说声常，所作性故，遍是宗法，声尽所作。同品定有，瓶等所作而性无常。异品遍无，空等是常，性非所作。彼“是人”之因，虽遍是宗法，同品已死诸人虽定有性，而异品诸不死者，见彼非人，未死诸人其死尚待成立，即成犹豫，有不定过。即小前提亦有过矣。

因明立喻尤为精绝，但说诸所作者见彼无常，此为喻体。不说凡是所作，皆是无常，言“诸”，显非尽类之词，即所立之声不在喻中。言“见”，显是实证，非为武断。必曾见者，言彼无常故。如瓶盆等，是为喻依。此显乃取证于事实，诸所作者见彼无常，依瓶等实物而建立故，即非空说。今凡人皆有死，“凡”为尽类之辞，人固无能尽见一切之人。“皆”为武断之辞，人更未能尽见人之有死，诸现生者，未见其死故。又不实举事例以为证明，即为空说。设欲举例，亦为不可，如举正死者，则未死者即为例外。如举未死者，则成相违，本欲成立其人之死，而以未死者证之，则苏格拉底之死与不死，反成疑问矣。——或谓瓶等无常，瓶等之中亦有尚未无常之者，即未毁坏者，既可以为喻，证声之无常，未死之人何不可以作同喻以证苏之必死耶？答：所作定无常，取证瓶盆等，瓶盆等皆无常，其未毁坏者，取证于自类，不以瓶证盆，亦不以盆证瓶，故瓶盆皆无常，无有未成过。凡人皆有死，取证于已死未死一切人，未死之人，其死尚当取证于已死者，故有未成过，故可说：

声无常　所作故　如瓶盆等

而不可说：

苏格拉底有死　人故　如已死未死一切人

盖人但见瓶盆等之皆有毁坏，不见已死未死之人皆死也。

因明同喻，不立凡所作者皆无常，以人之智力绝不能尽知一切所作皆无常也。即瓶盆等亦不能尽举，以穷于言说故也。然则何以证所作之必无常耶？则异喻尚矣。异喻者，证明常者之定无所作，即显此所作性不滥于常宗，由是即无有例外。证据既确，例外复无，于以成因，于以立宗，不裕如耶？故因明之法，同喻异喻，全无武断臆说，而极严密周详，有科学家之实验精神，其论为内籀，为类比，与演绎法之执一理以驭万事者，相去盖有径庭矣。

因明精约，义理丰盛，聊举概略，以示方隅。是诚思辩之学之宗极，驾中国西洋之名学逻辑而上之。大经大法，正理微言，恶可忽也。欲知其详，可读拙作《因明入正理论释》，及古德诸书，此弗能备述矣。

近时言逻辑者，说凡人皆有死，是真是假姑且不论，有无实据亦所不论，但为一种假说耳。苟此假说而真者，则由此假说推出之理亦必真。即苟凡人而必死者，汝是人则汝必死。其价值存于理论，并不问乎事实；此之谓论理的真理，逻辑的真理。形式上的必然，不问事实上如何如何也。吾谓此等机械的形式，为自制自造，自买自卖的形式，为编造的真理，非真理也，戏论耳。安有离事实而有真理者？安有离内容而有形式者？

王恩洋（1897—1964）：四川南充人；1919 年，到北大从梁漱溟学习印度哲学；1922 年，到南京“支那内学院”师从欧阳竟无研习佛学；1927 年，返回四川，在南充创办龟山书房；1942 年，赴四川内江创办东方文教研究院；1957 年，迁居北京，任教于中国佛学院；1961 年，因病返回成都。王恩洋与吕澂，乃欧阳竟无大师的两大得意弟子。

王恩洋的著作，正式公开出版的主要有：唐仲容整理的《王恩洋先生论著集》（共 10 册，四川人民出版社，1999 年）；黄夏年选编的文集《中国佛教与唯识学》一书（宗教文化出版社，2003 年）。其唯识学的著作，大致可分为三类，每一类数量都很可观：1. 概论性的著作，2. 专门问题的研究论文，3. 注疏性的著作。其中注疏性的著作，如《二十唯识论疏》《因明入正理论释》《摄大乘论疏》等，后续将单独整理出版。本文集主要选编其唯识概论性和专论性的论著，兹作简要说明：

一、概论性著作：《唯识通论》《法相学》《瑜伽宗综述》这三部著作，以不同的理路来组织法相唯识学的学说体系。

二、专论性论文：《实有真空中道了义论》《广四缘论》《名学逻辑与因明》这三篇论文，都涉及唯识学中极为关键的问题。

此外，王恩洋批判熊十力的《评〈新唯识论〉者之思想》这一长文，收在了即将出版的熊十力《新唯识论（批评本）》中。

我思
敢于运用你的理智
崇文书局·我思图书

唯识学丛书

徐梵澄系列著作

尼采自传（德译汉）
薄伽梵歌（梵译汉）
玄理参同（英译汉并疏释）
陆王学述（简体本）
老子臆解（繁体横排本）
薄伽梵歌（印度版影印）
孙波：徐梵澄传（修订版）

经典维新丛书

熊十力：新唯识论（批评本）
马一浮：泰和宜山会语 法数钩玄
汤用彤：汤用彤讲西方哲学
胡 适：说儒
国学到底是什么
阳明心学得失论

禅解儒道丛书

憨山大师：老子道德经解
憨山大师：庄子内篇注
蕅益大师：四书蕅益解
蕅益大师：周易禅解
马 一 浮：老子注
章 太 炎：齐物论释
杨 仁 山：经典发隐
欧阳竟无：孔学杂者

太古丛书

谭嗣同：揭乡愿与大盗——仁学
梁启超：国民自新之路——新民说
章太炎：学问与革命——章太炎文选
鲁 迅：解剖我自己——坟 热风